TEPS BY STEP

GRAMMAR
+
READING

BASIC

장보금

현) 이익훈 어학원(강남본원) TEPS 강사

토마토 TEPS 〈청해〉_능률교육

It's TEPS Basic 〈문법/독해〉_에듀조선

How To TEPS 1000제 〈문법〉_넥서스

http://cafe.daum.net/tepswinners 운영자

써니박

현) EaT 영어발전소 대표

현) 에듀조선 TEPS 대표강사

토마토 TEPS 〈청해〉_능률교육

How To TEPS 1000제 〈문법〉_넥서스

http://cafe.naver.com/jumboteps 운영자

TEPS BY STEP
GRAMMAR + READING   BASIC

지은이	장보금, 써니박
선임연구원	김동숙
연구원	이현주, 이지희, 임효정
영문 교열	Patrick Ferraro, Alicja Serafin
표지·내지 디자인	윤혜정, 김지연
맥 편집	김종희
영업	이강석, 윤태철, 조훈희, 노승근
마케팅	박수언, 원선경
제작	류제양, 김민중

본 교재의 독창적인 내용에 대한 일체의 무단 전재·모방은 법률로 금지되어 있습니다.

파본은 교환해 드립니다.

Preface

TEPS 수험생 여러분께

순(純) 토종 실용영어 검정 시험인 TEPS는 1999년 처음 실시된 이래, 한국인들의 살아 있는 영어 실력을 효과적이고 정확하게 측정하는 영어능력 평가 시험으로 인정받고 있습니다. TEPS의 용도가 점차 다양해지면서 많은 수험생들이 고득점을 목표로 시험을 준비하고 있는 실정입니다.

TEPS는 청해, 문법, 어휘, 독해 영역별로 고유한 유형과 문제 패턴을 가지고 있습니다. TEPS에서 고득점을 받기 위해서는 단계별로 체계적인 학습이 선행되어야 합니다. 또한 최근 시험 경향을 잘 반영한 유형과 패턴을 잘 익혀두어 실전에 완벽하게 대비해야 합니다.

하지만 시중에 출간되어 있는 대부분의 교재들은 TEPS 각 영역의 유기적인 학습과 연속성이 보장되지 않아 고득점을 목표로 하는 학습자들이 기본에서 실전까지 단계별로 사용하기에 적합한 난이도와 구성을 갖추지 못하고 있는 경우가 많습니다. TEPS BY STEP은 수험생의 사용 편의에 적합한 영역별 및 단계별 시리즈 구성으로 학습자들이 TEPS의 기본기를 쌓을 수 있도록 하였습니다. 또한 최신 시험 경향을 반영한 문제들을 수록하여 실제 시험에서 고득점을 받을 수 있도록 구성하였습니다.

수험생 여러분들이 이 책을 통해 TEPS의 기본기를 다지고 실전에서 고득점을 받을 수 있기를 바랍니다. TEPS BY STEP이 제시하는 영역별 학습방법, 고득점 비결, 그리고 최신 기출 응용 문제들이 여러분이 원하시는 목표점수에 닿을 수 있도록 도와줄 것입니다. TEPS 성적이 단기간에 향상되지 않는다고 해서 조급해하거나 포기하지 않고 TEPS BY STEP과 함께 순차적으로 꾸준히 학습해 나간다면 분명 좋은 결과가 있을 것이라고 확신합니다.

이 책을 출간하는 데 큰 힘이 되어준 김동숙 팀장님 이하 편집부 모든 분들께 감사의 마음을 전합니다. 또한, 우리 EaT 영어발전소 식구들, 특히 윤혜영 팀장님과 이경아 씨 수고 많으셨습니다. 마지막으로 함께한 날보다 함께할 날들이 훨씬 많은 우리 서로에게 다시 한번 고맙다고 말하고 싶습니다. 모두 수고하셨습니다.

그럼 수험생 여러분, 건투를 빕니다!

저자 일동

Contents

GRAMMAR

READING Comprehension

이 책의 구성과 특징

기출 탐구

해당 문법 항목에 대한 개념을 점검하고 기출 응용 문제를 직접 풀어 봄으로써 적용 능력을 배양할 수 있습니다.

TEPS 문법 탐구

TEPS에 자주 출제되는 문법 포인트와 실전 유형의 예문을 학습하여 TEPS 문법 영역에 대한 자신감을 키울 수 있습니다.

Basic Drill

간단한 연습 문제를 통해 주요 문법 포인트에 대한 이해도를 확인할 수 있습니다.

Practice TEST

실제 시험과 같은 형식의 연습문제를 풀어봄으로써 보다 확실히 실전 적용 능력을 배양할 수 있습니다.

Mini TEST

다양한 문법 항목의 문제들이 골고루 출제된 미니 테스트를 통해 앞에서 학습한 내용을 확인하는 것은 물론 실전에 효과적으로 대비할 수 있습니다.

READING Comprehension

기출 탐구

해당 유형에 대한 소개 및 단계별 해결 전략을 확인하고 기출 응용 문제를 풀어보면서 유형에 대한 감을 잡을 수 있습니다.

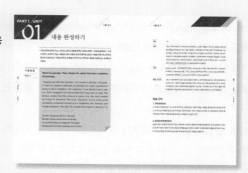

Basic Drill

간단한 연습 문제를 통해 해당 유형에 대한 문제 해결 능력을 훈련할 수 있습니다.

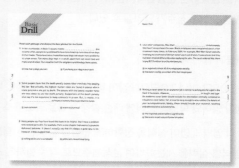

Practice TEST

실제 시험과 같은 형식의 연습 문제를 풀어봄으로써 보다 확실히 실전 적용 능력을 배양할 수 있습니다.

Mini TEST

다양한 유형의 문제들이 골고루 출제된 미니 테스트를 통해 앞에서 학습한 내용을 확인하는 것은 물론 실전에 효과적으로 대비할 수 있습니다.

TEPS란?

TEPS(Test of English Proficiency developed by Seoul National University)는 서울 대학교 언어교육원에서 개발되어 1999년에 처음으로 시행된 국가공인 영어시험이다. 언어 테스팅 분야의 세계적인 권위자인 Bachman 교수(미국 UCLA)와 Oller 교수(미국 뉴멕시코대)의 검증을 받아 그 신뢰도와 타당성이 입증된 TEPS는 국내외의 영어 관련 전문 인력 100여명에 의해 출제된다.

TEPS는 청해, 문법, 어휘, 독해의 4개 영역으로 이루어져 있으며 각 영역은 문제 유형에 따라 총 13개의 파트로 구성되어 있다. 문항 수는 총 200개이며 140분간 진행된다. 문항별 난이도와 변별도를 근거로 성적을 산출하는 문항반응이론(IRT: Item Response Theory)에 따라 채점이 이루어져 회차 별로 만점의 최종 점수가 달라질 수 있다.

TEPS는 다음과 같은 특징이 있다.

- TEPS는 TOEFL이나 TOEIC과 같이 비즈니스 또는 학문 등 특정 분야의 영어능력에 초점을 맞추기보다 생활 영어와 학문적 영어에 대한 활용 능력을 골고루 측정하는 종합적인 시험이다.

- TEPS는 각 영역의 영어 실력을 정확하게 변별할 수 있는 시험으로서 이러한 점이 성적표에도 반영이 되어 영역별 실력을 세분화하여 분석해주므로 각 수험자가 보완해야 할 취약점을 정확히 제시한다.

- TEPS는 한국인 영어사용자들이 흔히 범하는 오류를 개선하기 위해 시험에서도 이를 반영한다.

- TEPS는 짧은 시간 내에 많은 지문이 주어지므로 암기 위주의 영어가 아닌 완전히 체화된 영어능력을 측정한다.

- TEPS는 맞은 개수를 기계적으로 합산하여 총점을 내는 방식이 아닌 각 문항의 난이도와 변별도에 대한 수험자의 반응 패턴을 근거로 하여 채점하는 최첨단 어학능력 검증기법인 문항반응이론을 도입한 시험이다.

- TEPS는 1지문당 1문항을 출제함으로써 한 문제의 답을 알게 되면 연결된 문제의 답도 유추가 가능하게 되는 편법이 통하지 않는 시험이다.

TEPS 영역별 구성

영역	파트별 내용	문항수	시간/배점
청해 Listening Comprehension	Part I : 문장 하나를 듣고 이어질 대화 고르기 Part II : 3문장의 대화를 듣고 이어질 대화 고르기 Part III : 6-8문장의 대화를 듣고 질문에 해당하는 답 고르기 Part IV : 담화문의 내용을 듣고 질문에 해당하는 답 고르기	15 15 15 15	55분/400점
문법 Grammar	Part I : 대화문의 빈칸에 적절한 표현 고르기 Part II : 문장의 빈칸에 적절한 표현 고르기 Part III : 대화에서 어법상 틀리거나 어색한 부분 고르기 Part IV : 문단에서 문법상 틀리거나 어색한 부분 고르기	20 20 5 5	25분/100점
어휘 Vocabulary	Part I : 대화문의 빈칸에 적절한 단어 고르기 Part II : 단문의 빈칸에 적절한 단어 고르기	25 25	15분/100점
독해 Reading Comprehension	Part I : 지문의 빈칸에 들어갈 내용 고르기 Part II : 지문을 읽고 질문에 가장 적절한 내용 고르기 Part III : 지문을 읽고 문맥상 어색한 내용 고르기	16 21 3	45분/400점
총계	13개 파트	200	140분/990점

• 문항반응이론(IRT: Item Response Theory)에 의해 최고점이 990점, 최저점이 10점으로 조정됨

TEPS 등급표

등급	점수	영역	능력검정기준
1⁺급 Level 1⁺	901-990	전반 Holistic	외국인으로서 최상급 수준의 의사소통능력: 교양있는 원어민에 버금가는 정도로 의사소통이 가능하고 전문분야 업무에 대처할 수 있음 (Native Level of Communicative Competence)
	361-400	청해 독해	교양있는 원어민에 버금가는 수준의 청해력 교양있는 원어민에 버금가는 수준의 독해력
	91-100	문법 어휘	교양있는 원어민에 버금가는 수준으로 내재화된 문법능력 교양있는 원어민에 버금가는 수준으로 내재화된 어휘력
1급 Level 1	801-900	전반 Holistic	외국인으로서 거의 최상급 수준의 의사소통능력: 단기간 집중 교육을 받으면 대부분의 의사소통이 가능하고 전문분야 업무에 별 무리 없이 대처할 수 있음 (Near-Native Level of Communicative Competence)
	321-360	청해 독해	다양한 상황의 수준 높은 내용을 별 무리 없이 이해할 수 있는 정도의 청해력 다양한 소재의 수준 높은 내용을 별 무리 없이 이해할 수 있는 정도의 독해력
	81-90	문법 어휘	다양한 구문을 별 무리 없이 신속하게 이해할 수 있을 정도로 내재화된 문법능력 다양한 표현을 별 무리 없이 신속하게 이해할 수 있을 정도로 내재화된 어휘력

등급	점수	영역	능력검정기준
2⁺급 Level 2⁺	701-800	전반 Holistic	외국인으로서 상급 수준의 의사소통능력:단기간 집중 교육을 받으면 일반분야 업무를 큰 어려움 없이 수행할 수 있음 (Advanced Level of Communicative Competence)
	281-320	청해 독해	일반적 상황에 보통수준의 내용을 별 무리 없이 이해하는 정도의 청해력 일반적 소재에 보통수준의 내용을 별 무리 없이 이해하는 정도의 독해력
	71-80	문법 어휘	일반적인 구문을 별 무리 없이 이해하는 정도의 문법능력 일반적인 표현을 별 무리 없이 이해하는 정도의 어휘력
2급 Level 2	601-700	전반 Holistic	외국인으로서 중상급 수준의 의사소통능력:중장기간 집중 교육을 받으면 일반분야 업무를 큰 어려움 없이 수행할 수 있음 (High Intermediate Level of Communicative Competence)
	241-280	청해 독해	일반적 상황에 보통수준의 내용을 대체로 이해하는 정도의 청해력 일반적 소재에 보통수준의 내용을 대체로 이해하는 정도의 독해력
	61-70	문법 어휘	일반적인 구문을 대체로 이해하는 정도의 문법능력 일반적인 구문을 대체로 이해하는 정도의 어휘력
3⁺급 Level 3⁺	501-600	전반 Holistic	외국인으로서 중급 수준의 의사소통능력:중장기간 집중 교육을 받으면 한정된 분야의 업무를 큰 어려움 없이 수행할 수 있음 (Mid Intermediate Level of Communicative Competence)
	201-240	청해 독해	일반적 상황에 보통수준의 내용을 다소 이해하는 정도의 청해력 일반적 소재에 보통수준의 내용을 다소 이해하는 정도의 독해력
	51-60	문법 어휘	일반적인 구문에 대한 의미파악이 어느 정도 가능한 문법능력 일반적인 표현에 대한 의미파악이 어느 정도 가능한 어휘력
3급 Level 3	401-500	전반 Holistic	외국인으로서 중하급 수준의 의사소통능력:중장기간 집중 교육을 받으면 한정된 분야의 업무를 다소 미흡하지만 큰 지장 없이 수행할 수 있음 (Low Intermediate Level of Communicative Competence)
	161-200	청해 독해	일반적 상황에 보통수준의 내용을 이해하기 다소 어려운 정도의 청해력 일반적 소재에 보통수준의 내용을 이해하기 다소 어려운 정도의 독해력
	41-50	문법 어휘	일반적 구문에 대한 신속한 의미 파악이 다소 어려운 정도의 문법능력 일반적인 표현에 대한 신속한 의미 파악이 다소 어려운 정도의 어휘력
4⁺급 4급	301-400 201-300	전반 Holistic	외국인으로서 하급수준의 의사소통능력: 장기간의 집중 교육을 받으면 한정된 분야의 업무를 대체로 어렵게 수행할 수 있음 (Novice Level of Communicative Competence)
5⁺급 5급	101-200 10-100	전반 Holistic	외국인으로서 최하급 수준의 의사소통능력: 단편적인 지식만을 갖추고 있어 의사소통이 거의 불가능함 (Near-Zero Level of Communicative Competence)

TEPS 활용처

전국 30여개의 주요 특목고에서 정기적으로 TEPS에 단체 응시하고 있으며 일부 특목고에서는 입시 및 졸업 요건으로 TEPS 성적을 요구하고 있다. 또한 80여개의 주요 대학교에서 입학 전형 시 TEPS 성적을 반영하고 있다. (2009학년도 입시 기준)

* 아래 사항은 변경될 수 있으므로 반드시 해당 학교의 입시요강을 확인하시기 바랍니다.

특목고

경남외고, 광양제철고, 김해외고, 대원외고, 명덕외고, 민족사관고, 부산 부일외고, 부산국제고, 서울외고, 안양외고, 울산과학고, 인천과학고, 전남외고, 전주상산고, 충남외고, 해운대고

대학

가톨릭대학교, 건국대학교(서울), 경북대학교, 경상대학교, 경성대학교, 경인교육대학교, 계명대학교, 고려대학교, 국민대학교, 군산대학교, 단국대학교(죽전, 천안), 대구대학교, 대진대학교, 덕성여자대학교, 동덕여자대학교, 동아대학교, 동의대학교, 목포대학교, 목포해양대학교, 부경대학교, 부산외국어대학교, 삼육대학교, 상명대학교(서울, 천안), 서경대학교, 서울기독대학교, 서울대학교, 서울시립대학교, 서울신학대학교, 서울여자대학교, 선문대학교, 성결대학교, 성공회대학교, 성균관대학교, 성신여자대학교, 세종대학교, 순천대학교, 신라대학교, 아세아연합신학대학교, 아주대학교, 안양대학교, 연세대학교, 영산대학교, 우송대학교, 울산대학교, 을지대학교(대전, 성남), 이화여자대학교, 장로회신학대학교, 전북대학교, 전주대학교, 제주대학교, 중앙대학교(서울, 안성), 청원대학교, 청주대학교, 총신대학교, 충남대학교, 충주대학교, 카이스트, 한경대학교, 한국해양대학교, 한동대학교, 한림대학교, 한성대학교, 한신대학교, 한양대학교

문법 영역 유형소개

문법 (Grammar) 영역의 유형과 학습 전략	• 문법 영역은 총 50문항이며 4개의 파트로 구성되어 있다. 파트 1, 2는 각 20문항, 파트 3,4는 각 5문항이 출제되며 시험 시간은 25분이다. • 밑줄 친 부분 중에서 틀린 것을 골라내는 유형 등과 같이 단편적인 문법적인 지식을 기계적으로 적용하는 것을 지양하고, 문맥을 통해 문법적 오류를 판단하는 능력을 평가한다. • 하나의 문법적 포인트보다 두 가지 정도의 문법 포인트를 동시에 적용할 수 있어야 풀 수 있는 문제들이 출제되므로 종합적 문법 능력을 문맥 내에서 활용하는 능력을 배양해야 한다. • 구어체 문법의 출제 비중이 문어체 문법과 동일하므로 실제 상황에서 쓰이는 구어체 문법도 충분히 익혀두어야 한다. • 주어와 동사의 수의 일치, 시제, 태 등 동사와 관련된 문제의 출제 비중이 30%를 차지하므로 동사를 중심으로 학습해야 한다. • 한국인들이 빈번하게 틀리는 문법 사항들을 반영하고 있으므로 우리말과 영어의 차이에서 비롯되는 혼동되는 점들을 꼼꼼히 숙지해야 한다.

Part I 구어체 (20문항)

Part I은 짧은 대화 형식으로 되어 있으며 주로 후자의 대화 중에 있는 빈칸에 적절한 말을 고르는 문제이다. 전치사 표현력, 구문 이해력, 품사 이해도, 시제, 접속사 등에 관한 문법 능력을 측정한다.

> **Choose the best answer for the blank.**
> A: May I speak to Mr. Jackson?
> B: Sorry, he _____ for the day.
>
> (a) goes
> (b) has gone
> (c) will go
> (d) was going
>
> **정답** (b)

Part II 문어체 (20문항)

Part II는 한 두 문장으로 구성된 짧은 글에 빈칸을 채우는 문제이다. 개별 문법 포인트를 전체적인 구문에 대한 이해를 바탕으로 적용할 수 있어야 한다.

> **Choose the best answer for the blank.**
> The jet can fly at _____ of sound.
>
> (a) speed of twice
> (b) the twice of speed
> (c) twice the speed
> (d) twice speed
>
> **정답** (c)

Part III 대화문 (5문항)

Part III는 A-B-A-B 형식의 대화문에서 어법상 틀린 문장을 고르는 문제이다. 대화의 흐름에 대한 이해도 및 구문 이해도, 개별 문법에 대한 적용 능력 전반을 측정한다.

> **Identify the option that contains an awkward expression or an error in grammar.**
>
> (a) A: Have you heard that Mike won first place in the speech contest?
> (b) B: That's really great.
> (c) A: I'm proud of he is my friend.
> (d) B: At the same time, I envy him.
>
> **정답** (c)

Part IV 담화문 (5문항)

Part IV는 네 문장으로 구성된 하나의 단락에서 어색한 문장을 고르는 문제이다. 글의 흐름에 대한 이해도 및 구문 이해도, 개별 문법에 대한 적용 능력 전반을 측정한다.

> **Identify the option that contains an awkward expression or an error in grammar.**
>
> (a) The annual number of deaths caused by automobile accidents has increased over the years. (b) This is largely due to drivers and passengers are careless about using seat belts. (c) So make sure you and your children buckle up. (d) It just might save your lives.
>
> **정답** (b)

독해 영역 유형소개

독해 (Reading Comprehension) 영역의 유형과 학습 전략	• 독해 영역은 총 40문항이며 3개의 파트로 구성되어 있다. 파트 1에서 16문항, 파트2에서 21문항, 파트3에서 3문항이 출제되며 시험 시간은 45분이다. • 실용문(서신, 광고, 홍보, 공고, 신문 기사 등)과 여러 분야의 비전문적인 학술문을 골고루 다룸으로써 다양한 글에 대한 독해력을 측정한다. • 지엽적인 정보에 대한 이해 수준에서 벗어나 글 전체의 의미와 구조에 대해 빠른 시간 내에 정확하게 이해할 수 있는 독해력을 길러야 한다.

Part I 빈칸 채우기 (16문항)

Part I은 빈칸 채우기 유형이다. 한 단락으로 이루어진 글의 전체적인 흐름을 이해하여 문맥상 빈칸에 들어갈 알맞은 말을 골라야 한다. 주제문이나 부연 설명을 고르는 유형과 연결어를 고르는 유형이 있다.

Choose the option that best completes the passage.

Even if you have little experience with children, you probably have a sense that older children are better able to pay attention to a given task than younger children. Parents read brief stories to their two-year-olds but expect their adolescent children to read novels. Preschool teachers give their small students only brief tasks, like painting or coloring; high school teachers expect their students to follow their lessons for an hour or more at a time. Clearly, children's _____ undergo recognizable changes with development.

(a) physical condition
(b) power of concentration
(c) school records
(d) tastes for amusement

정답 (b)

Part II 내용 이해하기 (21문항)

Part II는 글의 주제, 세부 정보, 추론 내용 등을 묻는 질문에 대한 올바른 답을 찾는 문제이다. 질문이 요구하는 정보가 무엇인지 먼저 확인하고 지문을 빠르게 훑어 읽어야 한다.

Choose the option that best answers the question.

University education should aim at teaching a few general principles, along with the ability to apply them to a variety of concrete details. Your learning is useless to you until you have lost your textbooks, burned your lecture notes, and forgotten the petty details you memorized for the examination. The ideal of a university is not so much knowledge as power. Its business is to convert the knowledge of a youth into the power of an adult human being.

Q. Which of the following is the best topic of the above passage?
(a) Changing knowledge into actual power
(b) The meaning of useful learning
(c) The real purpose of university education
(d) The ability to apply general ideas to details

정답 (c)

Part III 흐름 찾기 (3문항)

Part III는 한 문단으로 이루어진 글에서 흐름상 어색한 문장을 고르는 문제이다. 글의 주제와 전체적인 흐름을 파악하여 불필요한 문장을 골라야 한다.

Identify the option that does NOT belong.

Comet was the guide dog of a blind man named David Quarmby. (a) He helped his owner make a 120-mile trip home, and then died from cancer. (b) Although Comet wasn't interested in his usual treats during the trip, his owner never thought that he had cancer. (c) In fact, animals can suffer from many different types of cancer, just like humans. (d) Quarmby later said, "Losing Comet was a terrible thing. He was with me everywhere I went."

정답 (c)

TEPS BY STEP

GRAMMAR

Section 1

TEPS 기본 다지기

UNIT 01

문장의 구성

문장을 구성하는 요소에는 주어, 동사, 목적어, 보어가 있다. 이 중 가장 중요한 요소는 동사로, 동사의 종류에 따라서 나머지 문장 요소들이 결정된다. 동사는 목적어와 보어의 필요 유무에 따라 5가지의 유형으로 분류가 되며, 이에 따라 문장 형식이 결정되므로 동사의 종류를 정확히 파악할 수 있어야 한다.

기 출 응 용

Choose the best answer for the blank.

A: What made you _____ to become a lawyer?
B: It was the advice of my teacher.

(a) decide
(b) to decide
(c) deciding
(d) decided

정답 (a)

해석 A: 왜 변호사가 되셨나요?
B: 제 선생님의 조언 덕택이에요.

해결 포인트 make는 '~를 …하게 만들다'란 의미의 사역동사이고, 사역동사가 쓰인 문장의 경우 '주어 + 사역동사 + 목적어 + 원형부정사'의 어순을 따른다. 따라서 빈칸에는 원형부정사인 decide가 알맞다.

1 동사의 종류

1. The sun **rises** in the east.
2. Leaves **turn** red in the autumn.
3. The factory **produces** only ten cars a week.
4. My friend **asked** the teacher a question.
5. You should **leave** her alone.

1. 주어 + 완전자동사 : 1형식 문장
   완전(보어 필요 X) 자동사(목적어 필요 X)는 '주어 + 동사'로 문장이 구성된다.

2. 주어 + 불완전자동사 + 주격보어 : 2형식 문장
   불완전(보어 필요 O) 자동사(목적어 필요 X)는 '주어 + 동사' 뒤에 명사나 형용사를 보어로 취한다.

3. 주어 + 완전타동사 + 목적어 : 3형식 문장
   완전(보어 필요 X) 타동사(목적어 필요 O)는 '주어 + 동사' 다음에 목적어를 필요로 한다.

4. 주어 + 수여동사 + 간접목적어(~에게) + 직접목적어(~을) : 4형식 문장
   수여동사는 '주어 + 동사' 다음에 두 개의 목적어를 필요로 한다.

5. 주어 + 불완전타동사 + 목적어 + 목적보어 : 5형식 문장
   불완전(보어 필요 O) 타동사(목적어 필요 O)는 '주어 + 동사' 다음에 목적어와 보어를 모두 필요로 한다.

2 1형식 동사

1. The Enter key doesn't **work**.
2. The plate **fell** from his hands.
3. The Korean War **began** in 1950.

: 완전자동사는 목적어나 보어를 필요로 하지 않기 때문에 1형식 문장은 '주어 + 동사'로 구성된다. 의미상 필요한 경우에는 부사(구) 수식어가 추가되기도 한다.

3 2형식 동사

> 1. He **is** *a pilot*.
> 2. Your shoes **look** *great* on you.

1. 주어 + 불완전자동사 + 명사보어
   명사보어는 주어와 동격관계(He = a pilot)이다.

2. 주어 + 불완전자동사 + 형용사보어
   become/go/come/turn/get/grow/run(~하게 되다), keep/remain/lie/stay (~인 상태로 있다), seem/appear(~인 것 같다), look, sound, feel, smell, taste 등의 동사는 형용사를 보어로 취한다.

4 3형식 동사

> 1. She **married** a famous singer.
> 2. I **paid** ten dollars for this skirt.

1. 완전타동사가 만드는 3형식 문장은 '주어 + 동사 + 목적어'로 구성되며, 동사 뒤에 불필요한 전치사를 동반하지 않도록 주의해야 한다. 전치사를 필요로 하지 않는 완전타동사에는 다음과 같은 것들이 있다.

   marry(~와 결혼하다)　　　　　　attend(~에 참석하다)

   enter(~에 들어가다)　　　　　　mention(~에 대해 언급하다)

   discuss(~에 대해 논의하다)　　　approach(~에 다가가다)

   join(~에 합류하다)　　　　　　reach(~에 도착하다)

2. 3형식 동사 중에는 반드시 두 개의 목적어와 특정 전치사를 동반하는 동사들도 있다.

   (1) remind/inform + 목적어 A + of + 목적어 B

   (2) replace/provide + 목적어 A + with + 목적어 B

   (3) prevent/keep/stop + 목적어 A + from + 목적어 B

   (4) exchange/blame/pay + 목적어 A + for + 목적어 B

   (5) regard/consider + 목적어 A + as + 목적어 B

5   4형식 동사

> 1. He **brought** me a sandwich.
>   간·목   직·목
>   = He **brought** a sandwich to me.
> 2. My parents **bought** me a new cell phone.
>   간·목   직·목
>   = My parents **bought** a new cell phone for me.

: 수여동사가 만드는 4형식 문장은 '주어 + 동사 + 간접목적어(~에게) + 직접목적어(~을/를)'로 구성이 되는데, 두 목적어의 순서를 바꾸고 간접목적어 앞에 전치사를 써서 3형식 문장으로 바꿀 수 있다.

(1) give/bring/teach/show/sell/send 등 → 전치사 to를 쓰는 동사

(2) buy/make/find/get/choose 등 → 전치사 for를 쓰는 동사

(3) ask/require/beg 등 → 전치사 of를 쓰는 동사

※ 4형식 동사로 혼동하기 쉬운 3형식 동사들

introduce, explain, suggest, say 등은 3형식 동사로 4형식으로 쓸 수 없으며 '~에게'라는 뜻을 표현하기 위해서는 'to + somebody'를 덧붙여야 한다.

6   5형식 동사

> 1. Everyone **calls** him *a genius*.
> 2. You always **make** me *angry*.
> 3. I **asked** them *to be* quiet.
> 4. She **made** her son *wash* the car.
> 5. I **saw** him *dancing* in the hall.

1. 명사를 보어로 취하는 동사: call/name 등
2. 형용사를 보어로 취하는 동사: make/find/leave/keep/consider/drive 등
3. to부정사를 보어로 취하는 동사: want/get/advise/ask/tell/cause/order/like/allow/get 등
4. 원형부정사를 보어로 취하는 동사: 사역동사(make/have/let), 지각동사(see/watch/hear) 등
5. 분사를 보어로 취하는 동사: make/have/get/see/hear/watch/feel 등

A 빈칸에 들어갈 알맞은 표현을 고르시오.

1 I think this old milk has gone _____.
ⓐ bad   ⓑ badly

2 He decided to _____ Rena's farewell party.
ⓐ attend   ⓑ attend to

3 I had my brother _____ his room.
ⓐ clean   ⓑ cleaned

4 I found his riddle _____ to solve.
ⓐ easy   ⓑ easily

5 A: What did your doctor say?
B: He advised me _____ as often as possible.
ⓐ work out   ⓑ to work out

6 A: Can you exchange _____?
B: It's not a problem if you have the receipt.
ⓐ this shirt for another one   ⓑ another one for this shirt

B 밑줄 친 부분을 어법에 맞게 고쳐 쓰시오.

1 His son entered into a university, but didn't graduate from it.

2 He explained me the rules in detail.

3 Your idea sounds greatly.

4 The heavy rain kept me enjoying my trip.

5 Her kindness made us comfortably.

Practice TEST

Choose the best answer for the blank.

Part 1

1 A: Why are you standing outside?
   B: My brother ordered me _____ out.

   (a) get
   (b) to get
   (c) getting
   (d) got

2 A: I find Japanese _____.
   B: Really? I think it's quite hard.

   (a) easy
   (b) easily
   (c) being easy
   (d) being easily

3 A: I'm going to travel to Japan next month.
   B: Great! Then I'll teach _____.

   (a) some Japanese words you
   (b) some Japanese words for you
   (c) you some Japanese words
   (d) to you some Japanese words

4 A: Do you need a hand with the box?
   B: It's okay. I'll have Mike _____ it.

   (a) carried
   (b) carry
   (c) to carry
   (d) carrying

5 A: I'd like some coffee.
   B: Wait a moment. Let me _____.

   (a) to get it for you
   (b) to get you for it
   (c) get you for it
   (d) get it for you

Part 2

6 Many experts expect that the stock market will remain _____ for the next month.

   (a) stable
   (b) stably
   (c) stability
   (d) of stability

7 The company has finally _____ with the striking employees.

(a) an agreement to reach
(b) to reach to an agreement
(c) reached an agreement
(d) reached to an agreement

8 The old letter reminded _____.

(a) his first love of him
(b) him his first love of
(c) of him his first love
(d) him of his first love

9 She wanted to be with him, but nothing could stop him _____.

(a) leave
(b) from leaving
(c) to leave
(d) of leaving

10 I saw an old couple _____ hand in hand through the park.

(a) walks
(b) walking
(c) to walk
(d) be walking

Identify the option that contains an awkward expression or an error in grammar.

Part 3

11 (a) A: What is that smell? Did you cook something?
(b) B: I just baked an apple pie. Would you like a piece?
(c) A: Sure. That sounds wonderfully.
(d) B: It's a new low-calorie recipe, so you will love it.

Part 4

12 (a) During the economic slump, your relatives and friends are more likely to ask you lend them some money. (b) If they do, you'd better check how well they manage their money in ordinary times. (c) If they tend to waste money, you shouldn't lend them any. (d) However, if they are good at money management, you can help them.

UNIT 02

동사의 시제

시제란 동사의 형태 변화를 통해 다양한 시간을 나타내는 것이다. 현재, 과거, 미래의 기본시제를 비롯하여 각 기본시제에 진행형, 완료형이 결합된 총 12가지의 시제가 있다. TEPS에서는 시제부사 문제와 문맥상의 시제 일치 문제가 주로 출제된다. 따라서 특정 시제와 함께 쓰이는 부사(구)들과 함께 특정 시제가 반영되어 있는 전형적인 표현들을 잘 익혀둘 필요가 있다.

기출응용

Choose the best answer for the blank.

A: Are you sure that John is trying hard in school?

B: Absolutely! He _____ in the library.

(a) always study
(b) always studies
(c) has always studied
(d) was always studying

정답   (b)

해석   A: 존이 학교에서 열심히 하고 있다고 확신하세요?

B: 당연하죠! 그는 항상 도서관에서 공부하거든요.

해결 포인트   always라는 부사는 시간의 흐름에 상관 없이 항상 같은 상태임을 나타내는 데 사용된다. 위 문제에서는 그가 항상 도서관에서 공부를 한다는 의미가 되어야 하므로, 현재시제를 써야 한다.

1

기본시제: 현재 – 과거 – 미래

1. The Olympic Games **are held** *every four years*.
2. The earthquake **occurred** in China *last night*.
3. He **will be** back *in five minutes*.

1. 현재시제

   현재의 상태나 습관, 변하지 않는 사실, 반복적으로 일어나는 일 등을 표현할 때 사용되며, 주로 now, every..., always 등의 부사(구)와 함께 사용된다.

2. 과거시제

   과거의 사실, 상태 또는 동작, 역사적 사실 등을 표현할 때 사용되며, 주로 yesterday, at that time, last..., in those days, ... ago, just now, the other day, then, in 연도/세기 등의 부사(구)와 함께 사용된다.

3. 미래시제

   미래에 대한 예측이나 주어의 의지를 표현할 때 사용되며, 주로 tomorrow, in 시간, next ..., this (coming) ... 등의 표현과 함께 사용된다.

2

미래시제 대신 사용되는 시제

1. The train **leaves(=will leave)** *at 3 o'clock*, so don't be late.
2. *When* he **comes** *tomorrow*, I will tell him the truth.
3. *If* it **rains** *next Friday*, the picnic will be canceled.

1. 출발/도착/시작/끝을 나타내는 동사

   go, come, arrive, leave, start, begin, finish, end 등의 동사가 미래를 나타내는 부사와 함께 쓰인 경우, 현재시제나 현재진행시제가 미래시제를 대신할 수 있다.

2. 시간부사절에서의 미래시제 대용

   when, after, before, until, as soon as, by the time 등의 접속사가 이끄는 시간부사절에서는 반드시 현재시제가 미래시제를 대신해야 한다.

3. 조건부사절에서의 미래시제 대용

   if, unless, in case, as long as, once 등의 접속사가 이끄는 조건부사절에서는 반드시 현재시제가 미래시제를 대신해야 한다.

3 진행시제: 현재진행형 – 과거진행형 – 미래진행형

1. He **is sleeping** *now*, so call back later.
2. *When I entered the shop*, a man **was reading** a newspaper.
3. *When you get there*, my cousin **will be waiting** for you.

1. 현재진행시제(am/are/is + v-ing)
   현재 진행 중인 동작이나 상태를 나타내는 시제로 (right) now, at the moment 등의
   부사와 함께 사용되기도 한다.

2. 과거진행시제(was/were + v-ing)
   과거를 나타내는 부사나 과거시제와 함께 쓰이는 과거진행시제는 과거 시점에서 일시적으
   로 진행 중이던 동작을 나타낼 때 사용된다.

3. 미래진행시제(will be + v-ing)
   미래를 나타내는 부사나 미래시제와 함께 쓰이는 미래진행시제는 미래의 어떤 시점에 진행
   중일 일을 표현할 때 사용된다.

4 진행시제로 쓰지 않는 동사

1. I **am hating** him because he makes fun of me. (x)
   I **hate** him because he makes fun of me. (o)
2. I **have been knowing** him since he was young. (x)
   I **have known** him since he was young. (o)

: know, think, remember, have, own, hate, like 등의 상태동사나 look, see,
hear, feel 등의 수동적인 감각을 나타내는 동사는 일반적으로 진행시제로 사용하지 않는다.

상태동사 · 지각동사의 진행시제
상태동사와 지각동사도 다음의 경우에는 진행시제로 사용할 수 있다.

(1) 일시적인 상태를 나타낼 경우
   I **am thinking** about his offer. 나는 그의 제안에 대해 생각해보고 있다.

(2) 다른 의미로 사용될 경우
   He **was having** dinner when I came home. 내가 집에 왔을 때 그는 저녁을 먹고 있었다.

5

완료시제: 현재완료 – 과거완료 – 미래완료

1. I **have lived** in this city *since last year*.
2. *When he arrived at the party*, many people **had already left**.
3. We **will have been married** for 10 years *next year*.

1. 현재완료시제(have/has + p.p.)
   since, so far, in[for, over] the last ..., until now, for + 시간의 부사(구)와 같은 특정 표현과 함께 사용되어서, 과거의 특정 시점으로부터 현재까지의 상황을 나타낸다.

2. 과거완료시제(had + p.p.)
   과거보다 한 시제 앞서 발생한 상황이 과거까지 영향을 미쳤을 때 사용되며, 반드시 과거시제와 함께 사용되어야 한다.

3. 미래완료시제(will have + p.p.)
   미래의 특정 시점까지 계속 또는 완료되는 일을 나타내기 위해 사용된다.

6

완료진행시제: 현재완료진행 – 과거완료진행 – 미래완료진행

1. I **have been living** in this city *since last year*.
2. He **had been studying** for two hours *when I visited him*.
3. *Next year*, I **will have been working** at this company for ten years.

: 현재완료/과거완료/미래완료가 나타내는 '지속'의 상황을 좀 더 강조해서 나타내는 표현이다.

1. 현재완료진행시제(have/has been + p.p.)

2. 과거완료진행시제(had been + p.p.)

3. 미래완료진행시제(will have been + p.p.)

Basic Drill

A 빈칸에 들어갈 알맞은 표현을 고르시오.

1 He _____ his project by the end of this month.
   ⓐ has completed   ⓑ will have completed

2 Nothing about his background _____ at that time.
   ⓐ was known   ⓑ has been known

3 The economy in this country _____ dramatically in the last three years.
   ⓐ grew   ⓑ has grown

4 As soon as he _____ reading the book, he will return it to you.
   ⓐ finishes   ⓑ will finish

5 A: Hello, this is Mason. May I speak to John?
   B: Sorry. He _____ a shower now.
   ⓐ takes   ⓑ is taking

6 A: How did you recognize him so quickly?
   B: Because I _____ him earlier.
   ⓐ have seen   ⓑ had seen

B 밑줄 친 부분을 어법에 맞게 고쳐 쓰시오.

1 Take your umbrella in case it <u>will rain</u>.

2 I <u>am owning</u> a farm in the country.

3 I <u>have lost</u> my watch yesterday while washing my hands.

4 The plane <u>has already taken off</u> when I got to the airport.

5 It has been three years since his father <u>has left</u> home.

Practice TEST

Choose the best answer for the blank.

Part 1

1 A: Paul, you _____ me that Jake was single, right?
   B: Two months ago it was true, but not now.

   (a) tell
   (b) told
   (c) have told
   (d) had told

2 A: What are you going to do this weekend?
   B: I _____ for a presentation in my office.

   (a) prepare
   (b) am preparing
   (c) will be preparing
   (d) will have prepared

3 A: Do you know when this package will arrive in London?
   B: If it _____ by ship, it will take about a week.

   (a) goes
   (b) will go
   (c) have gone
   (d) will have gone

4 A: Can you tell me what happened to Sam?
   B: His mother _____ last month.

   (a) passes away
   (b) passed away
   (c) has passed away
   (d) had passed away

5 A: My grandparents _____ married 70 years next month.
   B: Wow! That's amazing.

   (a) are
   (b) will be
   (c) have been
   (d) will have been

Part 2

6 He _____ a short story for children since last week.

   (a) writes
   (b) was writing
   (c) has been writing
   (d) had written

7 When you _____ his pictures, you will be impressed by their bright colors.

(a) see
(b) will see
(c) are seeing
(d) will have seen

8 Tina found working with Mr. Smith much more difficult than she _____.

(a) imagined
(b) was imagined
(c) has imagined
(d) had imagined

9 The concert _____ at 6 tomorrow evening as scheduled.

(a) starts
(b) started
(c) has started
(d) will have started

10 When I saw the police on the street, they _____ people questions.

(a) ask
(b) were asking
(c) have asked
(d) have been asking

Identify the option that contains an awkward expression or an error in grammar.

 Part 3

11 (a) A: Sara, will you join us?
(b) B: No, thank you. Something unexpected occurs this morning.
(c) A: Really? Do you need any help?
(d) B: Don't worry. I can handle it myself.

Part 4

12 (a) According to experts, depression will be the biggest health problem for our society in the near future. (b) They say more than 450 million people in the world currently suffered from it. (c) About 60% of the suicides committed by people between the ages of 15 and 44 are related to depression. (d) Surprisingly, many cases of depression begin before the age of 14.

UNIT 03

동사의 태와 수 일치

TEPS 문법에서 동사와 관련된 문제는 시제 외에도 태와 주어–동사의 수 일치 여부를 묻는 문제가 자주 출제된다. 태란 주어와 동사의 능동·수동 관계를 나타내는 형식으로, 이 유형의 문제를 풀기 위해서는 동사가 자동사인지 타동사인지를 판단할 수 있어야 한다. 수 일치란 주어가 단수인지 복수인지에 따라 동사의 형태를 알맞게 변형시켜 사용하는 것을 말한다.

기 출 응 용

Choose the best answer for the blank.

The number of the smokers in our company _____ reduced thanks to the non-smoking policy.

(a) has
(b) have
(c) has been
(d) have been

정답   (c)

해석   금연정책 덕분에 우리 회사의 흡연자들의 수가 감소되었다.

해결 포인트   'the number of + 복수명사'는 '~의 수'라는 의미이므로 그 뒤에는 단수형 동사를 써야 한다. 또한 reduce는 '~을 감소시키다'란 의미의 타동사인데 문맥상 주어인 흡연자의 수가 '감소된' 것이므로 수동태로 써야 한다. 따라서 이를 종합하면 정답은 (c)이다.

1 능동태와 수동태

> 1. They **speak** *English* in Australia. 〔능동태〕
>   = *English* **is spoken** in Australia. 〔수동태〕
> 2. Everyone **loves** *her*. 〔능동태〕
>   = *She* **is loved** by everyone. 〔수동태〕

: 능동태는 주어가 동사의 행위를 하는 행위 주체일 경우, 수동태는 주어가 동사의 행위를 당하는 입장일 경우를 나타낸다. 수동태의 형태는 'be + p.p.' 이다.

> **수동태로 쓸 수 없는 동사**
> 〔자동사〕 break down(고장 나다), appear/disappear(나타나다/사라지다),
> emerge(떠오르다), happen/occur/take place(일어나다, 발생하다),
> exist(존재하다), belong to(~에 속하다)
> 〔타동사〕 resemble(~을 닮다), cost(비용이 들다), fit(~에 알맞다),
> have(~을 가지고 있다)

2 수동태의 형태

> 1. The wounded soldiers **(are/were/will be) carried** to the hospital.
> 2. The wounded soldiers **(are/were) being carried** to the hospital.
> 3. The wounded soldiers **(have/had/will have) been carried** to the hospital.

1. 기본 수동태: be + p.p.
   현재시제/과거시제/미래시제를 반영한 수동태의 형태이다.

2. 진행 수동태: be + being + p.p.
   현재진행시제와 과거진행시제를 반영한 수동태의 형태이다. 미래진행시제는 수동태로는 거의 쓰이지 않는다.

3. 완료 수동태: have + been + p.p.
   현재완료시제/과거완료시제/미래완료시제를 반영한 수동태의 형태이다.

3 주의해야 할 수동태

1. He sent ①*them* ②*some books*. 〔능동태〕
   = ①*They* **were sent** ②*some books* by him. 〔수동태1〕
   = ②*Some books* **were sent** ①*to them* by him. 〔수동태2〕
2. They **elected** *Joe* the captain of their team. 〔능동태〕
   = *Joe* **was elected** the captain of their team. 〔수동태〕
3. His parents **encouraged** *him* to try it again. 〔능동태〕
   = *He* **was encouraged** to try it again by his parents. 〔수동태〕

1. 4형식 문장의 수동태
   give, send, show, offer, teach 등의 4형식 동사의 경우 두 개의 목적어를 취하기 때문에 두 가지의 수동태 문장으로 변형될 수 있다.

2. 5형식 문장에서 명사가 보어인 경우의 수동태
   5형식 동사 중 call, name, elect, consider처럼 명사를 목적보어로 취하는 경우, 명사 보어를 또 하나의 목적어로 혼동하지 않도록 주의한다.

3. 5형식 문장에서 to부정사가 보어인 경우의 수동태
   5형식 동사 중에서 ask, advise, cause, encourage, enable, allow, require 등은 목적보어로 to부정사를 취하며, 수동태로 전환할 때에도 to부정사가 계속 사용된다.

4 주어 + 단수동사

1. Each student has to write a report.
2. Five hours is a long time to wait for a plane.
3. His family is a big one.

1. each/every + 단수명사 + 단수동사
   'each/every + 단수명사'나 'each of the + 복수명사'가 주어이면 단수형 동사를 쓴다.

2. 단위명사/과목명/병명 + 단수동사
   단위명사(시간/거리/가격/무게 등), 과목명(physics, ethics, statistics 등), 병명(diabetes, AIDS 등)의 경우에는 단수 취급한다.

3. 집합명사 + 단수동사

family, staff, audience 등이 집합체를 구성하는 각각의 개체를 가리키는 것이 아니라 하나의 집합체를 의미하는 경우에는 단수 취급해야 한다.

5 주어 + 복수동사

> 1. Your scissors **are** under the sofa.
> 2. The police **are** looking for the killer.

1. 쌍을 이루는 명사 + 복수동사

pants, trousers, socks, gloves, glasses, scissors 등의 명사는 복수 취급한다.

2. 단체를 나타내는 명사 + 복수동사

people, the police, cattle 등의 명사는 복수 취급한다.

6 주의해야 할 동사의 수 일치

> 1. The number of people in the city **is** decreasing.
> 2. A number of people in the city **have** pets.
> 3. Two thirds of his money **was** wasted on clothes.
> 4. Many kinds of fish **are** found in this river.

1~2. The number of 복수명사 + 단수동사 / A number of 복수명사 + 복수동사

the number of는 '~의 수'라는 뜻이기 때문에 단수동사를, a number of는 '많은' 이라는 뜻이기 때문에 복수동사를 쓴다.

3. 부분, 나머지를 뜻하는 명사

분수, percent, the rest, part, most, some, all 등 부분이나 나머지를 나타내는 명사가 of 앞에 올 경우에는 of 뒤의 명사에 동사의 수를 일치시킨다.

4. 단수와 복수의 형태가 같은 명사

deer, sheep, fish, shrimp, aircraft, species, series, means 등 단수와 복수의 형태가 같은 명사는 수식어를 보고 단수인지 복수인지를 판단해야 한다.

Basic Drill

A 빈칸에 들어갈 알맞은 표현을 고르시오.

1 Five kilometers _____ a long distance to run.
   ⓐ is   ⓑ are

2 My brother _____ a good job, but he wants to study more.
   ⓐ offered   ⓑ was offered

3 Your glasses _____ on the table.
   ⓐ is   ⓑ are

4 Every teacher and student _____ take part in this festival.
   ⓐ has to   ⓑ have to

5 A: I saw you waiting for a bus this morning. What _____ to your car?
   B: It is being repaired.
   ⓐ happened   ⓑ was happened

6 A: _____ served?
   B: No, but I'm just looking around.
   ⓐ Are you   ⓑ Are you being

B 밑줄 친 부분을 어법에 맞게 고쳐 쓰시오.

1 Each student <u>have</u> a different answer to the question.

2 High school students are allowed <u>watch</u> this movie.

3 His car <u>was broken down</u> again.

4 A number of fish <u>was killed</u> by the pollution.

5 He <u>called</u> "Little John" when he was young.

Practice TEST

Choose the best answer for the blank.

Part 1

1   A: Hello, I'm calling about the position advertised in the newspaper.
    B: Sorry. It _____.

   (a) will already be filled
   (b) is already filling
   (c) has already filled
   (d) has already been filled

2   A: Sally, do you know when they collect recyclable garbage?
    B: As far as I know, _____ every Thursday.

   (a) it picks up
   (b) they pick up
   (c) it is picked up
   (d) they are picked up

3   A: Can I keep my cell phone while I'm taking this test?
    B: No, it must _____ in this box.

   (a) leave
   (b) be left
   (c) be leaving
   (d) have been left

4   A: What does the report show?
    B: It shows that the number of car accidents _____ nowadays.

   (a) increase
   (b) is increasing
   (c) are increasing
   (d) is increased

5   A: Did anybody call while I was in the meeting?
    B: Yeah, there _____ several calls from your brother.

   (a) was
   (b) were
   (c) has been
   (d) have been

Part 2

6   About two thirds of the sculptures in the temple _____ near the entrance.

   (a) locates
   (b) locate
   (c) is located
   (d) are located

7   A new type of crime using cell phones
    _____ as a serious problem in our
    society.

    (a) has recently emerged
    (b) have recently emerged
    (c) is recently emerged
    (d) are recently emerged

8   Women _____ to vote and possess
    their own property since the 20th century.

    (a) allowed
    (b) have allowed
    (c) were allowed
    (d) have been allowed

9   The library _____ in the center of
    the campus last summer.

    (a) built
    (b) builds
    (c) was built
    (d) were built

10 When I was a student, physics _____
    one of my favorite subjects.

    (a) is
    (b) was
    (c) were
    (d) have been

Identify the option that contains an awkward
expression or an error in grammar.

 Part 3

11 (a) A: We must deal with these complaints
        from our customers quickly.
    (b) B: I agree. If we don't, the image of our
        company will be harmed.
    (c) A: The board members wants to settle
        it before the end of this week.
    (d) B: We'd better come up with a good
        idea as soon as possible.

 Part 4

12 (a) Traveling with friends often creates
    strong relationships. (b) Experts say that
    going on a trip with friends has many
    advantages. (c) Among them are the
    ability to share feelings and the possibility
    of helping each other with problems. (d) A
    study found that a journey with a close
    friend was improved people's level of
    happiness by 50 percent.

UNIT 04

조동사

조동사는 본동사의 의미에 말하는 사람의 여러 가지 의도(충고, 명령, 허가 등)를 추가할 때 쓰는 동사로서, 조동사 뒤에는 반드시 동사원형을 써야 한다. TEPS에서는 문맥을 통해 화자의 의도를 파악하고 이를 나타내기 위해 어떤 조동사가 가장 적절한지를 고르는 문제가 출제되므로, 각 조동사의 다양한 의미와 쓰임을 정확히 익혀두도록 한다.

기출응용

Choose the best answer for the blank.

A: Professor Smith! Must I finish this report today?
B: No, you _____.

(a) must not
(b) cannot
(c) needn't have
(d) don't have to

정답   (d)

해석   A: 스미스 교수님! 제가 이 보고서를 오늘 반드시 끝내야 하나요?
B: 아니, 꼭 그럴 필요는 없단다.

해결 포인트   must가 '~해야 한다'의 의미일 때 이에 대한 부정의 답변은 '~할 필요가 없다'여야 하므로 빈칸에는 don't have to(=don't need to)가 적절하다. must not은 '~하지 말아야 한다'라는 의미이다.

1 can

1. My sister **can** make various delicious cakes.
2. You **can** use my computer while I'm away.
3. **Can** you show me your ticket?
4. His carelessness **can** lead to a big accident.
5. What you said **can't** be true; I don't believe it.

1. 능력: ~할 수 있다 (＝be able to)
2. 허가: ~해도 좋다 (＝may, be allowed to)
3. 요청: ~해 주겠니? (＝could)
4. 추측/가능성: ~일 수 있다, ~할지도 모른다 (＝may, might)
5. 부정적 추측: ~일 리가 없다

2 may

1. You **may** have whatever you want.
2. He **may** come back tomorrow.

1. 허가: ~해도 좋다 (＝can, be allowed to)
2. 약한 추측: ~일지도 모른다 (＝might)

3 will/would

1. The singer **will** sing three songs on the TV show.
2. I **will** go on a diet next week.
3. **Will** you write down your name and phone number right here?
4. I **would** swim in the lake every day when I was young.

1. 미래: ~할 것이다
2. 의지: (반드시) ~할 것이다
3. 요청: ~해 주겠니? (＝would, could)
4. 과거의 습관: ~하곤 했었다 (＝used to)

4 must

> 1. You **must** return home before midnight.
> 2. You **must** be very tired after all your hard work.

1. 의무: ~해야 한다 (=have to)
2. 강한 확신: ~임에 틀림없다

> **must의 부정**
>
> must ~해야 한다(의무) ↔ don't have to/need not ~할 필요가 없다(불필요)
>
> ~임에 틀림없다(강한 확신) ↔ cannot ~일 리가 없다(부정적 확신)
>
> may ~해도 좋다(허가) ↔ must not ~해서는 안 된다(강한 금지)

5 should

> 1. You **should** try to get along with your brother.
> 2. The new sofa I ordered last week **should** arrive today.

1. 권고: ~해야 한다 (= ought to)
2. 당연한 추측: ~일 것이다 (= ought to)

6 used to

> I **used to** swim in the lake every day when I was young.
> cf. I **am used to** eating raw fish.

과거의 습관: ~하곤 했었다 (=would)
cf. be used to v-ing: ~에 익숙하다

7 조동사 + have p.p.

1. He **may have left** already.
2. You **must have been** angry at that time, right?
3. He **cannot have been** right.
4. You **should have told** him the truth.
5. You **shouldn't have told** him the truth.

1. 과거 사실에 대한 추측: ~했었을지도 모른다 (= might have p.p.)
2. 과거 사실에 대한 확신: ~했음에 틀림없다
3. 과거 사실에 대한 부정: ~했었을 리가 없다 (= couldn't have p.p.)
4. 과거 사실에 대한 유감/후회: ~했었어야 했는데 (하지 않았다)
5. 과거 사실에 대한 유감/후회: ~하지 말았어야 했는데 (했다)

8 기타 조동사들

1. I **did** send the email to you.
2. You **need not** call him now.
  = You **don't need to** call him now.
3. You **had better** take a rest.
4. You **had better not** say such a thing to other people.
5. I **would rather** throw away the money **than** give it to him.
6. I **would rather not** buy such clothes.

1. 강조: 정말, 진짜로
2. ~할 필요가 없다
3. ~하는 게 낫다
4. ~하지 않는 게 낫다
5. ~하느니 차라리 …하고 싶다
6. 차라리 ~하지 않는 것이 낫다

Basic Drill

A 빈칸에 들어갈 알맞은 표현을 고르시오.

1 The sky is getting darker and darker; it _____ rain soon.
  ⓐ might   ⓑ had better

2 You _____ stay here with us until your departure if you want.
  ⓐ should   ⓑ can

3 Tom has been working all day, so he _____ be tired.
  ⓐ must   ⓑ used to

4 He _____ that; he is the last person who would tell a lie.
  ⓐ must have said   ⓑ can't have said

5 A: I lost my purse while I was shopping yesterday.
  B: You _____ more careful.
  ⓐ may have been   ⓑ should have been

6 A: _____ you turn down the volume? It's too noisy.
  B: Oh, I'm sorry.
  ⓐ Would   ⓑ May

B 밑줄 친 부분을 어법에 맞게 고쳐 쓰시오.

1 You <u>need not to return</u> the book right now.

2 <u>Will</u> I borrow your cell phone for a second?

3 I <u>had better</u> cook for myself than go to that restaurant.

4 As far as I know, he did <u>entered</u> the house at 9 o'clock last night.

5 I <u>am used to</u> go skiing as often as possible, but these days I can't because I'm too busy.

Practice TEST

Choose the best answer for the blank.

Part 1

1 A: I don't think you really like romantic movies.

   B: I _____ like them, but this one is a little boring.

   (a) do
   (b) will
   (c) should
   (d) could

2 A: Do you know why Jake isn't here today?

   B: I don't know, but he _____ have something urgent to do.

   (a) has to
   (b) might
   (c) used to
   (d) would

3 A: You'd _____ late to class again.

   B: I know. I'm going to leave 10 minutes early.

   (a) better not be
   (b) not better be
   (c) better not to be
   (d) not better to be

4 A: I happened to see our old friend Esther last night.

   B: No, it _____ have been her. She's gone to Seattle.

   (a) must
   (b) might
   (c) couldn't
   (d) shouldn't

5 A: Mr. Parker, I _____ be going. I have a dental appointment.

   B: OK. See you later.

   (a) can
   (b) may
   (c) must
   (d) would

Part 2

6 I _____ read many comic books when I was young, but now I don't have any interest in them.

   (a) could
   (b) would rather
   (c) used to
   (d) was used to

7 You _____ join this club if you're not interested in sports.

   (a) need not
   (b) dare
   (c) could not
   (d) would

8 According to a judge, there _____ have been a mistake in the final scores of the dancing contest.

   (a) can
   (b) need
   (c) ought to
   (d) might

9 You _____ other people his secret; he got very angry.

   (a) should have told
   (b) shouldn't have told
   (c) cannot have told
   (d) must have told

10 There _____ be something wrong with this elevator, because it hasn't moved for 10 minutes.

   (a) will
   (b) must
   (c) used to
   (d) can't

Identify the option that contains an awkward expression or an error in grammar.

Part 3

11 (a) A: Sally, what are you looking for?
   (b) B: I need my passport, but I can't find it anywhere.
   (c) A: You should have put it in your black suitcase after our trip to Hawaii.
   (d) B: Oh, you're right. Here it is! Thank you.

Part 4

12 (a) Have you ever taken career advice from a colleague? (b) In my opinion, it's not a good idea because it's usually not that helpful. (c) Our colleagues can't fully understand our situations, so they can't give us good advice. (d) Therefore, if I need any advice related to my job, I would not rather ask for it from my co-workers.

UNIT
05
가정법

가정법은 실제로 일어나지 않았거나 일어날 가능성이 희박한 일을 나타낼 때 쓰는 표현이다. 가정법의 시제는 직설법의 시제와 다르므로, 가정법의 기본 형태와 각각의 의미를 정확히 알아두어야 한다.

기출 응용

Choose the best answer for the blank.

A: I don't know what to do about that offer.
B: If I _____ in your shoes, I would accept it.

(a) am
(b) was
(c) were
(d) had been

정답   (c)

해석   A: 그 제안에 관해서 어떻게 해야 할지를 모르겠어.
B: 내가 너의 입장이라면, 나는 그 제안을 받아들이겠어.

해결 포인트   'be in one's shoes'는 '다른 사람의 입장이 되다'라는 의미의 관용표현으로, 이는 일어날 수 없는 상황을 가정하고 있는 것이며, 주절에 '조동사의 과거형(would) + 동사원형(accept)'이 있으므로 주어진 문장은 가정법 과거임을 알 수 있다. 따라서 조건절에는 동사의 과거형이 나와야 하는데, be동사의 경우 인칭에 관계없이 were이 사용되므로 (c)가 정답이다.

1

가정법 과거

1. If my parents **met** my teacher, they **would believe** my story.
2. If he **were** here, he **would have** a chance to take part in the contest.
3. **If it were not for** your help, I **couldn't solve** this problem.

1. If + 주어 + 동사의 과거형 ~, 주어 + would(could, might) + 동사원형 ~
   현재 사실을 반대로 가정하거나, 현재 혹은 미래에 실현가능성이 희박한 일을 가정할 때 쓴다.

2. 가정법 과거에서 조건절의 동사가 be동사일 때, 인칭에 관계없이 were이 사용된다.

3. 'If it were not for ~'는 가정법 과거에서 사용되는 관용표현으로 '만약 ~이 없다면'이 라는 의미이다.

단순 조건문 vs. 가정법 과거

(1) If she **hurries** up, she **will** arrive at the concert hall on time. [단순 조건문]
　　만일 그녀가 서두른다면, 콘서트홀에 제시간에 도착할 수 있을 거야.

(2) If she **hurried** up, she **would** arrive at the concert hall on time. [가정법 과거]
　　만일 그녀가 서두른다면, 콘서트홀에 제시간에 도착할 수 있을 텐데.

(1)번은 단순 조건문으로 그 여자가 콘서트홀에 제시간에 도착할 가능성이 어느 정도 있음을 의미하지만, 가정법 과거 문장인 (2)번은 콘서트홀에 제시간에 도착할 가능성이 거의 없음을 의미하고 있다.

2

가정법 과거완료

1. If he **had kept** his promise, he **might have got** the treasure.
2. **If it had not been for** your help, I **couldn't have solved** this problem.

1. If + 주어 + had p.p. ~, 주어 + would(could, might) + have p.p. ~
   과거 사실을 반대로 가정할 때 쓴다.

2. 'If it had not been for ~'는 가정법 과거완료에서 사용되는 관용표현으로 '만약 ~이 없었더라면' 이라는 의미이다.

3 혼합 가정법

> 1. If he **had studied** harder *then*, he **might be** a lawyer *now*.
> 2. If I **had gone** to bed early *last night*, I **wouldn't be** tired *today*.

If + 주어 + had p.p. ~ (과거표시 부사어), 주어 + would(could, might) + 동사원형
+ (현재표시 부사어)

과거 사실을 반대로 가정하여 그 결과가 현재까지 영향을 미칠 때 쓴다. 보통 조건절에는 과거를 나타내는 부사(구)가, 주절에는 now나 today 같은 현재를 나타내는 부사(구)가 함께 쓰인다.

4 if(절)의 생략

> 1. **Were he** smart, he **could get** the job.
>   = **If he were** smart, he **could get** the job.
> 2. **Had I been** rich, I **would have bought** a sports car.
>   = **If I had been** rich, I **would have bought** a sports car.
> 3. I want to travel around the world. I **would visit** many famous museums.

1~2. 가정법에서 조건절의 동사가 were이나 had일 때 접속사 if를 생략할 수 있으며, 이때 주어와 동사의 위치가 바뀐다.

3. 문맥상 조건절의 의미가 파악 가능할 경우 조건절을 생략하고 주절로 가정법을 나타낼 수 있다.

> **should 가정법**
> should 가정법은 정중한 요청을 할 때 사용되며, 'If + 주어 + should + 동사원형 ~, 명령문'의 형태이다. 주로 were이나 had를 포함한 가정법 문장처럼 if가 생략되어 도치 형태로 쓰인다.
>
> If you **should have** any problems, please **let** me know.
> = **Should you have** any problems, please **let** me know.
> 혹시라도 무슨 문제가 있으시면, 제게 알려 주세요.

5 I wish / as if 가정법

1. **I wish** (that) **I were** as tall as you.
2. **I wish** (that) **I had gone** to the concert.
3. She talks **as if** she **were** my girlfriend.
4. He seems **as if** he **had lived** in a small town.

1. I wish + (that) + 주어 + 동사의 과거형(would/could/might + 동사원형) ~
   '~하면 좋을 텐데'의 의미로 현재 사실에 대한 아쉬움을 나타낼 때 쓴다.

2. I wish + (that) + 주어 + had p.p.(would/could/might + have p.p.) ~
   '~했으면 좋았을 텐데'의 의미로 과거 사실에 대한 후회나 아쉬움을 나타낼 때 쓴다.

3. 주어 + 동사 ~ + as if + 주어 + 동사의 과거형 ~
   '마치 ~인 것처럼'의 의미로 현재 사실의 반대를 가정할 때 쓴다.

4. 주어 + 동사 ~ + as if + 주어 + had p.p. ~
   '마치 ~였던 것처럼'의 의미로 과거 사실의 반대를 가정할 때 쓴다.

6 기타 가정법

1. **It is time** (that) you **got married**.
2. **I would rather** (that) you **didn't come** to my birthday party.
3. **I would rather** (that) you **hadn't called** me late at night.

1. It is (high/about) time + (that) + 주어 + 동사의 과거형 ~
   '~해야 할 때이다'라는 의미이다.

2. 주어 + would rather + (that) + 주어 + 동사의 과거형 ~
   '~하면 좋을 텐데'라는 의미이다.

3. 주어 + would rather + (that) + 주어 + had p.p. ~
   '~했다면 좋았을 텐데'라는 의미이다.

Basic Drill

A 빈칸에 들어갈 알맞은 표현을 고르시오.

1 If I knew the singer's phone number, I _____ him.
ⓐ can call   ⓑ could call

2 If I _____ enough money, I could have bought a ring for my mother.
ⓐ had   ⓑ had had

3 _____ have any interest in my offer, please contact me anytime.
ⓐ Should you   ⓑ Would you

4 _____ sick, I could have finished the work.
ⓐ Were I not been   ⓑ Had I not been

5 A: What about going to a movie with me tonight?
   B: I wish I _____, but I have a lot of things to do.
ⓐ can   ⓑ could

6 A: Congratulations! You did it.
   B: _____ your advice, I couldn't have finished my research.
ⓐ If it were not for   ⓑ Had it not been for

B 밑줄 친 부분을 어법에 맞게 고쳐 쓰시오.

1 If I <u>had been</u> free, I would go shopping.

2 I'd rather she <u>sits down</u> now.

3 If he <u>took</u> a plane at New York yesterday, he would be here now.

4 It is time you <u>return</u> to your family.

5 The concert was so wonderful that I wish you <u>were</u> there with me.

Practice TEST

Choose the best answer for the blank.

Part 1

1 A: Isn't it time you _____ studying
      for your final exam?
   B: I'll start after playing this game a little
      longer.

   (a) started
   (b) will start
   (c) have started
   (d) will be starting

2 A: Thank you for coming to my wedding.
   B: If I had known about it sooner, I
      _____ a wonderful present.

   (a) bought
   (b) have bought
   (c) could have bought
   (d) could buy

3 A: Why do you hate him?
   B: He always acts as if he _____ my
      boss.

   (a) were
   (b) had been
   (c) would be
   (d) has been

4 A: I wish I _____ an adult.
   B: What would you do if you were a grown-
      up?

   (a) am
   (b) was
   (c) were
   (d) will be

5 A: Ted! How did you do on your tests?
   B: _____ your help, I might have
      gotten an F in math.

   (a) If I were not for
   (b) If I had not been for
   (c) Were it not for
   (d) Had it not been for

Part 2

6 If my father _____ the contract, he
   could have earned a lot of money.

   (a) shall sign
   (b) could sign
   (c) had signed
   (d) signed

7   If I had passed the audition then, I
    _____ a star now.

    (a) will be
    (b) might be
    (c) might have been
    (d) should have been

8   If my boyfriend proposed to me, I
    _____ really happy.

    (a) were
    (b) would be
    (c) would have been
    (d) will be

9   _____ meet Mr. Jackson, please
    say hello to him.

    (a) If you were
    (b) Would you
    (c) Could you
    (d) Should you

10 I wish they _____ honest from the
    beginning.

    (a) will be
    (b) were
    (c) had been
    (d) are

Identify the option that contains an awkward
expression or an error in grammar.

Part 3

11 (a) A: Do you mind if I turn off the heater?
    (b) B: I'd rather you don't. I've got a cold.
    (c) A: Oh, I didn't know that. Would you like
           some tea?
    (d) B: Well, yes. It's kind of you to offer.

Part 4

12 (a) During the economic slump, most
    people are happy just to have a job. (b) They
    dare not ask for a raise or a promotion at
    work. (c) But these days, as the economy
    improves, it is time you start thinking
    about getting whatever you want at work.
    (d) The secret is that you should make your
    employers recognize that you deserve it.

UNIT 06

to부정사

to부정사는 'to + 동사원형'의 형태로 문장 안에서 명사, 형용사, 부사의 역할을 수행한다. TEPS 에서 출제 빈도가 높은 유형에 속하므로 to부정사의 다양한 쓰임에 대해 잘 익혀두도록 한다.

기출응용

Choose the best answer for the blank.

A: What are you going to do after graduation?
B: I decided _____ to graduate school.

(a) go
(b) to go
(c) going
(d) to going

정답   (b)

해석   A: 졸업 후에 무엇을 할 예정이니?
            B: 나는 대학원에 가기로 결정했어.

해결 포인트   decide는 to부정사를 목적어로 취하는 동사이므로, 빈칸에 들어갈 말로는 to go가
               적절하다.

1 to부정사의 명사적 용법

1. **To get up early every morning** is not easy.
   = **It** is not easy **to get up early every morning**.
2. He decided **to travel to England**.
3. I found **it** interesting **to take care of plants**.
4. My dream is **to live in peace**.
5. He advised me **to work out at least three times a week**.

1. 주어 역할
   to부정사는 문장에서 주어 역할을 할 수 있는데, 이 경우 대부분 가주어 it을 사용해서 가주어-진주어 구문으로 변형시킨다.

2. 목적어 역할 – 3형식 문장
   want, would like, hope, promise, plan, expect, intend, agree, refuse, choose, decide, offer, pretend 등의 동사는 to부정사를 목적어로 취한다.

3. 목적어 역할 – 5형식 문장
   5형식 동사인 find, think, make, believe의 목적어 자리에 to부정사가 오게 되면 가목적어 it을 사용하여 가목적어-진목적어 구문으로 바꾼다.

4. 보어 역할 – 2형식 문장
   주로 be동사의 보어로 쓰이는데, 주어와 의미상 동격을 이루며 '~하는 것이다'라는 의미로 해석된다.

5. 보어 역할 – 5형식 문장
   want, get, advise, tell, ask, require, allow, encourage, enable, force, persuade, order, expect, would like 등의 5형식 동사는 to부정사를 목적어로 취한다.

의문사 + to부정사

to부정사가 의문사와 결합한 '의문사 + to부정사' 명사구는 문장 안에서 주어, 목적어, 보어 역할을 수행한다.

When she began to cry, I didn't know **what to do**.
그녀가 울기 시작했을 때, 나는 무엇을 해야 할지 몰랐다.

2 to부정사의 형용사적 용법

> 1. Please give me something to drink.
> 2. The International Conference **is to be held** in Seoul next week.

1. 앞의 명사를 수식하는 to부정사
   to부정사는 '~할', '~하는'의 의미로 앞의 명사를 수식 할 수 있다.

2. be동사의 보어로 쓰이는 용법(be to 용법)
   명사적 용법에서는 'be동사 + to부정사'가 '~하는 것이다'의 의미를 나타낸다면, 형용사적 용법에서는 예정 · 의무 · 가능 · 운명 · 의도 등의 의미를 나타낸다.

3 to부정사의 부사적 용법

> 1. He got up early (in order) to catch the first train.
> 2. The boy grew up **to be a great musician**.
> 3. His mother was happy **to hear that he was still alive**.
> 4. She can't be poor **to buy such a big house**.
> 5. I would be happy **to be with you forever**.

1. 목적: ~하기 위해서 (=in order to-v = so as to-v)
2. 결과: 그래서 ~하다
3. 이유: ~해서 …하다
4. 근거: ~하는 것을 보니/~하다니 …하다
5. 조건: ~한다면

4 to부정사의 의미상 주어

> 1. It is not easy *for her* **to work** with him.
> 2. It is kind *of her* **to say** so.

1. for + 목적격 + to부정사

대부분의 경우, to부정사의 동작의 주체는 'for + 목적격'의 형태로 to부정사 앞에 쓴다.

2. of + 목적격 + to부정사

kind, nice, foolish, wise, honest, polite, rude 등 사람의 성격이나 감정을 나타내는 형용사가 올 경우에는 'of + 목적격'으로 의미상의 주어를 나타낸다.

5 to부정사의 시제와 태

1. She seems **to be** rich.
   = It seems that she **is** rich.
2. She seems **to have been** rich when she was young.
   = It seems that she **was** rich when she was young.
3. *All essays* are required **to be handed in** by Friday.
4. I closed the door quietly **not to wake** him **up**.

1~2. to부정사의 시제

'to + 동사원형' 형태의 단순부정사는 to부정사의 시제가 본동사의 시제와 같다는 것을, 'to + have p.p.' 형태의 완료부정사는 to부정사의 시제가 본동사보다 한 시제 앞선 것임을 나타낸다.

3. to부정사의 태

to부정사와 의미상의 주어가 수동의 관계일 때에는 'to + be p.p.'의 형태를 쓴다.

4. to부정사의 부정

to부정사 앞에 not이나 never를 써서 부정을 나타낸다.

6 to부정사의 관용표현

be ready to: ~할 준비가 되다	be likely to: ~할 것 같다
be about to: 막 ~하려던 참이다	be supposed to: ~할 예정이다
too ~ to ···: 너무 ~해서 ···할 수 없다	enough to: ~할 만큼 충분히 ···하다

Basic Drill

A 빈칸에 들어갈 알맞은 표현을 고르시오.

1 He refused _____ the job instead of me.
ⓐ do   ⓑ to do

2 My parents didn't allow me _____ to the amusement park with my friends.
ⓐ to go   ⓑ going

3 I have three term papers _____ by this Thursday.
ⓐ to write   ⓑ written

4 The president is _____ America next week.
ⓐ to visit   ⓑ to be visited

5 A: Study TEPS hard every day, and you will get a high score.
B: It is easy _____ to say so.
ⓐ for you   ⓑ of you

6 A: Why didn't he come to the meeting?
B: He seems to _____ about it.
ⓐ forget   ⓑ have forgotten

B 밑줄 친 부분을 어법에 맞게 고쳐 쓰시오.

1 My boss always tells me <u>to not be</u> late.

2 They <u>found difficult</u> to master Japanese within a year.

3 He pretends <u>knowing</u> everything about history.

4 There are too many bags, so I don't know <u>to choose which</u>.

5 He is <u>enough rich to donate</u> such a large amount of money.

Practice TEST

Choose the best answer for the blank.

Part 1

1   A: Can you come over and study with me?
    B: I can't. My parents told me _____ the house.

    (a) not leaving
    (b) cannot leave
    (c) leave not to
    (d) not to leave

2   A: I'd like you _____ this computer to my office.
    B: Ok, no problem. Please write the address down here.

    (a) deliver
    (b) delivering
    (c) to deliver
    (d) to be delivered

3   A: He always bothers me. What should I do?
    B: It is necessary _____ him.

    (a) for you ignore to
    (b) for you to ignore
    (c) of you for ignoring
    (d) to ignore for you

4   A: I have to finish this report by tomorrow, but I'm too tired now.
    B: Don't expect me _____.

    (a) about anything to do it
    (b) to do anything about it
    (c) to do it for anything
    (d) doing anything about it

5   A: Do you know where he is from?
    B: He is said _____ in Russia when he was young.

    (a) living
    (b) to be living
    (c) to live
    (d) to have lived

Part 2

6   My brother decided _____ his new computer to me, so I was very disappointed.

    (a) not lending
    (b) lending not
    (c) not to lend
    (d) to not lend

7   He turned down the volume of the radio
_____ the phone.

(a) answer
(b) to answer
(c) to be answered
(d) to have answered

8   Please let every member know
_____ this Saturday.

(a) meeting where
(b) where meeting
(c) to meet where
(d) where to meet

9   A special program for foreign students is
_____ by the university next year.

(a) to launch
(b) to launching
(c) to be launched
(d) being launched

10 After studying for 30 minutes, the little
boy stopped _____ some snacks.

(a) eat
(b) to eat
(c) eating
(d) of eating

Identify the option that contains an awkward
expression or an error in grammar.

Part 3

11 (a) A: What did you do last Saturday?
(b) B: I went shopping with my mom. She
bought me this blue jacket.
(c) A: Wow, it looks good on you.
(d) B: It's very nice for you to say so. Thank
you.

Part 4

12 (a) There is a new program that allows
you to attend your own funeral; of course,
it's fake. (b) In this program, you write
your own will, and then lay in a coffin for
a while. (c) According to the creator of the
program, it will help people restart their
lives. (d) Some companies require all their
employees participate in this program.

UNIT 07

동명사

동명사는 동사가 '동사원형+ing'의 형태로 변형되어 문장에서 명사처럼 주어, 목적어, 보어 역할을 하는 것을 말한다. 동명사는 동사적 성질을 유지하기 때문에 뒤에 목적어나 보어가 뒤따르기도 한다. 동명사의 의미상의 주어, 시제, 태, 부정 등의 용법을 익히고, to부정사의 명사적 용법과 구분하여 사용할 수 있도록 한다.

기출응용

Choose the best answer for the blank.

A: What are you looking for?
B: I remember _____ my cell phone in my bag, but I can't find it.

(a) put
(b) to put
(c) putting
(d) having been put

정답   (c)

해석   A: 무엇을 찾고 있니?
           B: 가방 안에 휴대전화를 넣어 두었던 걸로 기억하는데 찾을 수가 없어.

해결 포인트   remember는 목적어 자리에 to부정사가 나오면 '~할 것을 기억하다'라는 의미로 쓰이고, 동명사가 나오면 '~한 것을 기억하다'라는 의미로 쓰인다. 주어진 문제의 경우 문맥상 '넣어 두었던 것은 기억이 나는데 찾을 수가 없다'라는 의미가 되어야 하므로, 빈칸에 들어갈 말로는 동명사인 putting이 적절하다.

1 동명사의 명사적 용법

> 1. **Reading others' diaries** is very interesting.
> 2. I enjoy **jogging** in the park near my house.
> 3. I'm looking forward to **going on a picnic** this Sunday.
> 4. My hobby is **collecting coins** from all around the world.

1. 주어 역할

to부정사는 직접 주어 자리에 쓰이는 것보다 가주어 it을 사용한 it ~ to부정사 구문이 더 일반적이지만, 동명사는 흔히 주어 자리에 직접 쓰인다. 동명사가 주어일 경우 단수 취급하여 단수형 동사와 함께 쓰인다.

2. 타동사의 목적어 역할

enjoy, finish, give up, avoid, escape, deny, miss, mind, admit, suggest, consider 등의 동사는 동명사를 목적어로 취한다.

3. 전치사의 목적어 역할

전치사의 목적어로 동명사를 쓸 수 있으며, 특히 전치사 to의 경우 to부정사의 to와 혼동하지 않도록 주의한다.

'전치사 + 동명사'를 동반하는 동사

think of (about) v-ing : ~하는 것을 생각하다
dream of v-ing : ~하는 것을 꿈꾸다
be tired of v-ing : ~하는 데 지치다
be used to v-ing : ~에 익숙해져 있다
look forward to v-ing : ~을 고대하다
when it comes to v-ing : ~에 관한 한
what do you say to v-ing : ~하는 게 어때?
object to v-ing/be opposed to v-ing : ~에 반대하다

---

4. 주격보어 역할

주어와 의미상 동격을 이루어 '~하는 것이다'의 의미로 쓰인다.

2 타동사의 목적어로서의 동명사 vs. to부정사

> 1. He forgot **lending** the book to her last month.
> 2. He forgot **to pick** his sister **up** at three o'clock.
> 3. I regret **saying** such a foolish thing in front of her.
> 4. I regret **to tell** you that you failed the test.
> 5. I tried **calling** her, but she didn't answer.
> 6. I try **to have** healthy food at every meal.
> 7. I'll stop **writing** letters to her because she hasn't replied even once.
> 8. I stopped **to check** whether I dropped something.

1. forget(remember) + 동명사: ~한 것을 잊다(기억하다)
2. forget(remember) + to부정사: ~할 것을 잊다(기억하다)

3. regret + 동명사: ~한 것을 후회하다
4. regret + to부정사: ~하게 되어 유감이다

5. try + 동명사: 시험 삼아 ~하다
6. try + to부정사: ~하려고 애쓰다

7. stop + 동명사: ~하던 것을 멈추다
8. stop + to부정사: ~하기 위해 (하던 일을) 멈추다
   이때의 to부정사는 stop의 목적어가 아니라, 목적을 나타내는 부사적 용법의 to부정사이다.

3 동명사의 의미상 주어

> 1. Would you mind *my[me]* **smoking** here?
> 2. I can't understand *my father's[my father]* **breaking** his promise.

: 동명사의 의미상의 주어가 문장의 주어나 목적어와 일치하지 않을 경우, 원칙적으로 '소유격 대명사 + 동명사'의 형태로 의미상의 주어를 나타낸다. 구어체에서는 목적격 대명사를 사용하기도 한다.

4 동명사의 시제/태/부정

1. I am proud of **being** a teacher.
   = I am proud that I **am** a teacher.
2. I am proud of **having been** a teacher in the past.
   = I am proud that I **was** a teacher in the past.
3. I am tired of **helping** you.
4. She is tired of **being helped** by others.
5. **Not having** a car is unusual in some countries.

1~2. 동명사의 시제
주절과 동명사의 시제가 같은 경우에는 'v-ing'의 단순동명사를, 동명사의 시제가 주절의 시제보다 한 시제 앞선 경우에는 'having p.p.'의 완료동명사를 쓴다.

3~4. 동명사의 태
동명사와 의미상의 주어의 관계가 능동이면 'v-ing' 형태를, 수동이면 'being p.p.'의 형태를 취한다.

5. 동명사의 부정
동명사의 부정은 동명사 앞에 not을 써서 나타낸다.

5 동명사의 관용표현

There is no v-ing: ~하는 것은 불가능하다
It is no use v-ing: ~해도 소용 없다
be worth v-ing: ~할 가치가 있다
feel like v-ing: ~하고 싶다
cannot help v-ing: ~하지 않을 수 없다
be busy v-ing: ~하느라 바쁘다
spend + 시간(돈) + v-ing: ~하면서 시간을 보내다(돈을 쓰다)
have difficulty(trouble, a hard time) v-ing: ~하는 데 어려움이 있다

Basic Drill

A 빈칸에 들어갈 알맞은 표현을 고르시오.

1 I'm looking forward to _____ from you.
   ⓐ hear   ⓑ hearing

2 You must avoid _____ sweet food if you don't want to gain weight.
   ⓐ to eat   ⓑ eating

3 _____ three languages fluently is his special skill.
   ⓐ Speaking   ⓑ Speak

4 He's still excited about _____ a movie star last night.
   ⓐ meeting   ⓑ having met

5 A: Don't forget _____ some sandwiches to the party.
   B: Don't worry. I won't.
   ⓐ to bring   ⓑ bringing

6 A: How was your trip to Jeju island?
   B: I had trouble _____ all day long.
   ⓐ walk   ⓑ walking

B 밑줄 친 부분을 어법에 맞게 고쳐 쓰시오.

1 My girlfriend was angry at <u>not my answering</u> her text message.

2 I don't like <u>she</u> speaking badly about others.

3 Even though my daughter is ten years old, she's not used to <u>sleep</u> alone.

4 My brother hates <u>treating</u> like a child, so don't call him "a cute baby."

5 Jake is considering <u>to open</u> his own online shopping mall.

Practice TEST

Choose the best answer for the blank.

Part 1

1　A: What do you say _____ tonight?
　　B: That sounds great!

　　(a) eat out
　　(b) to eat out
　　(c) for eating out
　　(d) to eating out

2　A: My hobby is going to concerts. How
　　　about you?
　　B: I enjoy _____ mountains every
　　　weekend.

　　(a) climb
　　(b) to climb
　　(c) climbing
　　(d) to climbing

3　A: _____ up and down the stairs
　　　every day will make you healthy.
　　B: I know, but I prefer using an elevator.

　　(a) Walk
　　(b) Walking
　　(c) To have walked
　　(d) To have been walking

4　A: He looked like he didn't mind
　　　_____ in front of his friends.
　　B: Yeah, I was surprised to see that.

　　(a) laugh at
　　(b) to laugh at
　　(c) laughing at
　　(d) being laughed at

5　A: Sam, did you remember _____
　　　at the cleaner's to pick up my suit?
　　B: Oh, I'm sorry. I completely forgot. I'll go
　　　right away.

　　(a) drop by
　　(b) to drop by
　　(c) dropping by
　　(d) having dropped by

Part 2

6　She admitted _____ a lie to me.

　　(a) tell
　　(b) to tell
　　(c) telling
　　(d) being told

7   It's cold this morning, so I don't feel like
    _____.

    (a) jog
    (b) to jog
    (c) jogging
    (d) being jogging

8   He couldn't escape _____ by his
    teacher when he came in late.

    (a) to notice
    (b) noticing
    (c) being noticed
    (d) to have noticed

9   I was sad at _____ moving to Los
    Angeles.

    (a) he
    (b) his
    (c) for him
    (d) his being

10 I couldn't help _____ him the secret.

    (a) tell
    (b) telling
    (c) to telling
    (d) to have told

Identify the option that contains an awkward
expression or an error in grammar.

Part 3

11 (a) A: Lisa, what are you going to do this
        summer vacation?
    (b) B: I plan to visit Hawaii with my friends.
    (c) A: Wow! How exciting!
    (d) B: Yeah. I'm looking forward to go there.

Part 4

12 (a) Experts say that work too hard can be
    worse than drinking too much. (b) That is, if
    you're a workaholic, you're as unhealthy as
    an alcoholic. (c) Therefore, you will have to
    reduce the amount of work you do. (d) After
    all, nothing in the world is more valuable
    than your health.

분사

분사는 동사에서 파생된 형태로 현재분사(v-ing)와 과거분사(v-ed)가 있으며, 형용사의 역할을 수행하여 명사를 수식하거나 보어로 사용된다. 분사구문은 부사절(접속사＋주어＋동사~)을 현재분사나 과거분사로 시작되는 부사구로 바꾼 형태를 말하며, 시간, 이유 등의 다양한 부사적 의미를 나타낸다. 분사나 분사구문 모두 동사로서의 특징을 유지하고 있으며, 이를 잘 파악해야만 문제를 정확히 풀 수 있다는 점에 유의하자.

기 출 응 용

Choose the best answer for the blank.

A: _____ the weather forecast, you'd better cancel your trip.

B: Thank you for your advice.

(a) Consider
(b) To consider
(c) Considering
(d) Considered

정답   (c)

해석   A: 일기예보를 고려하면 너는 여행을 취소하는 것이 낫겠어.
B: 조언 고마워.

해결 포인트   you'd 이하가 완전한 문장이고 접속사가 따로 없으므로 쉼표 앞부분은 분사구문이어야 한다. 문맥상 '일기예보를 고려하면'이라는 의미가 되어야 하고, 빈칸 뒤에 목적어가 있으므로 능동 형태를 취하는 것이 적절하다. 따라서 현재분사인 Considering을 써야 한다.

1 분사의 종류

1. I'll tell you some **surprising** news.
   surprise(타동사: 놀라게 하다) → surprising(능동: 놀라운)

2. I love her **smiling** face.
   smile(자동사: 미소 짓다) → smiling(진행: 미소 짓고 있는)

3. He tried to open the **closed** window.
   close(타동사: 닫다) → closed(수동: 닫힌)

4. There are many **fallen** leaves on the ground.
   fall(자동사: 떨어지다) → fallen(완료: 떨어진)

1~2. 현재분사(v-ing)
현재분사는 '~한(능동)', 또는 '~하고 있는(진행)'의 의미를 가진다.

3~4. 과거분사(v-ed)
과거분사는 '~당한(수동)', 또는 '~된(완료)'의 의미를 가진다.

2 분사의 형용사 기능 1: 명사 수식

1. Look at the **sleeping** dog over there.

2. He found a **hidden** message in the letter.

3. Be careful! There's a big dog **sleeping** under the fence.

4. I found some money **hidden** inside a book.

1~2. 명사 앞에서 수식
분사가 단독으로 쓰여 명사를 수식할 때에는 명사 앞에 온다.

3~4. 명사 뒤에서 수식
분사 뒤에 목적어, 보어, 수식어구 등이 붙어 구를 이루는 경우에는 명사 뒤에서 명사를 수식한다.

3

분사의 형용사 기능 2: 보어 역할

1. The musical was really **boring**.
   bore(타동사: 지루하게 하다) → the musical이 관객을 지루하게 만드는 것이므로 boring(능동: 지루한)

2. I was very **bored**, as the musical was performed in Spanish.
   bore(타동사: 지루하게 하다) → I가 the musical로 인해 지루함을 느끼게 된 것이므로 bored(수동: 지루하게 된)

3. I saw my little brother **writing** letters.
   write(타동사: 쓰다) → my little brother가 편지를 쓰고 있는 것이므로 writing(능동: 쓰고 있는)

4. I saw letters **written** by my little brother.
   write(타동사: 쓰다) → 편지는 쓰여지는 것이므로 written(수동: 쓰여진)

1~2. 주격보어 역할

3~4. 목적보어 역할

see, hear, feel과 같은 지각동사나 have, make와 같은 사역동사, catch, find 등의 동사들은 분사를 목적보어로 취할 수 있다.

4

분사구문의 형태

1. When Max saw Sandra at the party, he realized that he had met her before.
   = **Seeing** Sandra at the party, he realized that he had met her before.

2. As the boy was dressed in a raincoat, he walked in the rain.
   = **(Being) dressed** in a raincoat, he walked in the rain.

1. 능동태 분사구문
   부사절의 '접속사 + 주어 + 동사' 부분을 현재분사로 변형한 형태를 말한다. 부사절의 의미와 역할은 변하지 않는다.

2. 수동태 분사구문
   부사절이 수동태 구문일 경우, 접속사와 주어를 생략하고 동사를 현재분사로 변형하면 being+p.p.의 형태가 된다. 이때 being은 생략이 가능하므로 결국 p.p.로 시작되는 수동태 분사구문이 형성된다.

5 분사구문의 특징

> 1. **Having seen** him on screen, I could recognize him at the airport.
> 2. **Not knowing** which to choose, I bought both of them.
> 3. *The weather* **being** rainy, *we* had to cancel our picnic.

1. 분사구문의 시제
   분사구문의 시점이 주절보다 한 시제 앞선 시점을 나타낼 때에는 having p.p.(능동)나
   having been p.p.(수동)의 형태인 완료분사구문을 써야 한다.

2. 분사구문의 부정
   분사구문의 내용을 부정할 때에는 분사 앞에 not을 쓴다.

3. 분사구문의 의미상의 주어
   분사구문의 주어와 주절의 주어가 일치하지 않을 경우에는 분사구문 앞에 원래 부사절의
   주어(명사/대명사)를 그대로 써야 한다.

6 관용적 분사/분사구문

considering: ~을 고려하면	concerning: ~에 관한
following: ~에 이어, ~후에	including: ~을 포함하여
generally speaking: 일반적으로 말하면	frankly speaking: 솔직히 말하면
strictly speaking: 엄격히 말하면	roughly speaking: 대략적으로 말하면
speaking of: ~에 대해 말하자면	judging from: ~으로 판단하건대

Basic Drill

A 빈칸에 들어갈 알맞은 표현을 고르시오.

1 I saw the little boy _____ some bread from the bakery.
ⓐ stealing   ⓑ stolen

2 Don't touch the _____ cup.
ⓐ breaking   ⓑ broken

3 _____ flowers in the vase, my mother sang a beautiful song.
ⓐ Arranging   ⓑ Arranged

4 All things _____, this plan is more practical.
ⓐ considering   ⓑ considered

5 A: I don't want to walk up all those stairs.
B: _____ an elevator, we don't have to.
ⓐ There being   ⓑ Being

6 A: Do you like the man whom you met the other day?
B: _____, he is not my type.
ⓐ Frankly speaking   ⓑ Speaking frankly

B 밑줄 친 부분을 어법에 맞게 고쳐 쓰시오.

1 My son was <u>disappointing</u> with his test results.

2 <u>Listening not to</u> what the teacher said, he was reading a comic book in class.

3 <u>Eat</u> bibimbap, I became interested in Korean food.

4 His mother fainted when she heard the <u>surprised</u> news.

5 This is the temple <u>building</u> 500 years ago by a king.

Practice
TEST

Choose the best answer for the blank.

Part 1

1 A: What can I do for you?
B: I'd like to have this suit _____ by Thursday.

(a) dry-cleaning
(b) dry-cleaned
(c) to dry-clean
(d) dry-clean

2 A: Are you going to visit India this summer?
B: Yes, I am _____ to see the Taj Mahal.

(a) excite
(b) to excite
(c) exciting
(d) excited

3 A: What do you think of the product _____ by this company?
B: I think it's great.

(a) make
(b) to make
(c) making
(d) made

4 A: Will Terry lend me his car?
B: _____ him, I don't think he will.

(a) To know
(b) Knowing
(c) Being known
(d) Having been known

5 A: Do you think you will get hired?
B: I'm not sure. The interviewer didn't look _____.

(a) satisfy
(b) to be satisfied
(c) satisfied
(d) satisfying

Part 2

6 The school _____ in LA is famous for its great football team.

(a) locate
(b) to locate
(c) locating
(d) located

7 Linda found it _____ to get a
massage once a week.

   (a) relax
   (b) to relax
   (c) relaxing
   (d) relaxed

8 _____ over a long period of time,
this chemical may cause cancer.

   (a) Consume
   (b) To consume
   (c) Consuming
   (d) Consumed

9 The airline made a new rule _____
its mileage program.

   (a) concern
   (b) concerning
   (c) to concern
   (d) concerned

10 _____ the city a long time ago,
Jason didn't know where to sleep.

   (a) To leave
   (b) Left
   (c) Being left
   (d) Having left

Identify the option that contains an awkward
expression or an error in grammar.

Part 3

11 (a) A: Nicole! How was your blind date?
   (b) B: It couldn't have been better.
   (c) A: Really? Tell me what happened.
   (d) B: He was really humorous. He kept
      me laughed all the time during the
      whole date.

Part 4

12 (a) Did you know stress can make you gain
weight? (b) When you are under stress, a
stress hormone is released and begins to
affect your body. (c) It also causes your
body to store fat, resulted in weight gain.
(d) Therefore, you should try to get rid of
stress as soon as it builds up.

UNIT 09

관계사

관계사는 같은 말의 반복을 피하기 위해 두 문장의 공통된 부분을 연결시켜 하나의 문장으로 만드는 단어를 말하며, 관계사가 이끄는 관계사절은 관계사 앞에 있는 명사를 수식하는 역할을 한다. 관계사는 크게 관계대명사와 관계부사로 나뉘는데, 관계대명사는 '접속사 + 대명사'의 기능을 하며, 관계부사는 '접속사 + 부사'의 기능을 한다. 각 관계사의 특징과 더불어 관계대명사와 관계부사의 차이에 대해서도 잘 파악하고 있어야 한다.

Grammar

BASIC

기출 응용

Choose the best answer for the blank.

A: Do you know the man _____ is standing next to our teacher?

B: Yes, he is the new principal.

(a) who
(b) which
(c) of that
(d) what

정답 (a)

해석
A: 우리 선생님 옆에 서 있는 저 분이 누구인지 아니?
B: 그분은 새로 오신 교장 선생님이셔.

해결 포인트 빈칸 앞의 선행사(the man)가 사람을 뜻하는 명사이고 빈칸 뒤에 동사가 이어지고 있는 것을 보면 빈칸에는 선행사가 사람인 주격 관계대명사가 필요하다는 것을 알 수 있다. 따라서 정답은 (a)이다. (b)는 선행사가 사물이나 동물일 때 써야 하고, (c)의 경우 관계대명사 that은 전치사와 함께 쓰일 수 없으며 (d)는 선행사가 없을 때 써야 한다.

1 관계대명사의 개념

He is my teacher . **He** comes from Canada.
= He is my teacher **who** comes from Canada.

: 관계대명사는 '접속사 + 대명사'의 기능을 수행하며, 관계대명사가 이끄는 절은 선행사를 수식하는 형용사절의 역할을 한다.

2 주격 관계대명사

1. The man was a famous reporter **who** gave you the information.
   = The man was a famous reporter . **He** gave you the information.
2. That is the house **which** was designed by a great architect.
   = That is the house . **It** was designed by a great architect.

1. 선행사가 사람일 때
   선행사 + who (that) + 동사 ~

2. 선행사가 사물일 때
   선행사 + which (that) + 동사 ~

3 목적격 관계대명사

1. The man was a famous reporter **(whom)** I met at the meeting.
   = The man was a famous reporter . I met **him** at the meeting.
2. That is the house **(which)** a great architect designed ten years ago.
   = That is the house . A great architect designed **it** ten years ago.

1. 선행사가 사람일 때
   선행사 + (whom (who, that)) + 주어 + 동사 ~

2. 선행사가 사물일 때
   선행사 + (which (that)) + 주어 + 동사 ~

계속적 용법의 관계대명사

관계대명사 앞에 콤마(,)가 있으며, 앞에 오는 절 전체를 선행사로 받을 수 있다. that은 계속적 용법으로 사용할 수 없다.

I met my high school teacher, **who** hadn't changed a bit. 〔주격〕
나는 나의 고등학교 선생님을 만났는데, 그녀는 조금도 변하지 않았다.

The weather was terrible, **which** I hadn't expected. 〔목적격〕
날씨가 좋지 않았는데, 이는 내가 예상하지 못했던 것이었다.

4 소유격 관계대명사

1. The man was a famous reporter **whose** sister likes me.
   = The man was a famous reporter . **His** sister likes me.
2. I'm looking for a bag **whose** color matches my coat.
   = I'm looking for a bag , the color **of which** matches my coat.
   = I'm looking for a bag . **Its** color matches my coat.

1. 선행사가 사람일 때

   선행사 + whose + 명사 + (주어) + 동사 ~

2. 선행사가 사물일 때

   선행사 + whose + 명사 + (주어) + 동사 ~

   = 선행사 + the 명사 + of which + (주어) + 동사 ~

   ※ '선행사 + of which + the 명사'도 문법상 가능하지만 실제로는 거의 쓰이지 않는다.

5 전치사 + 관계대명사

1. We need to save the environment **in which** we live.
   = We need to save the environment **which** we live **in**.
2. This is the desk **on which** I put my pen.
   = This is the desk **which** I put my pen **on**.
3. She's the girl **with whom** I spoke.
   = She's the girl **whom** I spoke **with**.

: 관계대명사와 전치사가 함께 쓰일 수 있으며, 이 경우 전치사는 선행사나 관계대명사절의 동사가 무엇인지에 따라 달라진다. '전치사 + that'의 형태로는 쓸 수 없으므로 유의한다.

6 관계대명사 what

1. **What** you said at the meeting is not true. 〔주어〕
2. He gave the poor boy **what** he needed. 〔목적어〕
3. That is **what** I bought. 〔보어〕

: 선행사 + what + 주어 + 동사 ~

what은 선행사를 포함하고 있기 때문에 what 앞에는 선행사가 오지 않는다. what이 이끄는 절은 명사절로서 '~하는 것'이라는 의미이며, 문장 안에서 주어, 목적어, 보어 자리에 쓰인다.

7 관계부사

1. That is the house **where** he was born.
2. I don't remember the day **when** he first came here.
3. That is (the reason) **why** I don't believe you.
4. That is ~~the way~~ **how** I solved the problem.
   = That is the way ~~how~~ I solved the problem.

1. 장소를 나타내는 선행사 + where(= in(at, on) which) + 완전한 구조의 절
2. 시간을 나타내는 선행사 + when(= in(at, on) which) + 완전한 구조의 절
3. (선행사 the reason) + why(=for which) + 완전한 구조의 절
4. how(=in which) 또는 선행사(the way) + 완전한 구조의 절

Basic Drill

A 빈칸에 들어갈 알맞은 표현을 고르시오.

1 I want to marry a man _____ is smart.
   ⓐ who   ⓑ whom

2 I have a friend _____ parents are movie stars.
   ⓐ whom   ⓑ whose

3 He said that he had been to Russia, _____ was a lie.
   ⓐ which   ⓑ that

4 Please tell me _____ you heard from them.
   ⓐ which   ⓑ what

5 A: The woman _____ he had argued is now his boss.
   B: How unlucky he is!
   ⓐ whom   ⓑ with whom

6 A: Have you ever been to America?
   B: Yes. America is the country _____ I've lived for the past ten years.
   ⓐ which   ⓑ in which

B 밑줄 친 부분을 어법에 맞게 고쳐 쓰시오.

1 These are not the books <u>what</u> I want to read.

2 I watched a movie, the director <u>which</u> was a famous actor.

3 She didn't let me know her name, <u>that</u> I found very strange.

4 This is not the city <u>where</u> I visited five years ago; it has changed a lot!

5 I don't know the reason <u>how</u> he failed the class.

Practice TEST

Choose the best answer for the blank.

Part 1

1 A: Who do you think is most suitable for the job?

B: James is the person _____ can do the job best.

(a) which
(b) that
(c) what
(d) whom

2 A: Julie, what's wrong? You look worried.

B: My mother's illness is _____ concerns me most these days.

(a) whose
(b) what
(c) which
(d) in which

3 A: That movie was really interesting.

B: That's _____ I recommended it to you.

(a) where
(b) when
(c) why
(d) how

4 A: What do you think of your teacher?

B: He is the greatest person _____ in my life.

(a) what I have ever met
(b) whom have ever met
(c) of whom I have ever met
(d) I have ever met

5 A: What is London like?

B: London is a city _____ costs lots of money to visit.

(a) what
(b) where
(c) in which
(d) which

Part 2

6 He is a heavy smoker, _____ will cause a lot of health problems later in his life.

(a) who
(b) which
(c) that
(d) what

7 Scientists depend on _____ can be seen and supported by evidence.

(a) which
(b) that
(c) what
(d) whom

8 The man _____ you talked at the party was my ex-boyfriend.

(a) who
(b) whom
(c) that
(d) with whom

9 The way _____ we settled the problem last time didn't work this time.

(a) which
(b) to which
(c) in which
(d) for which

10 He is the student _____ grades are the best in our class.

(a) that
(b) which
(c) what
(d) whose

Identify the option that contains an awkward expression or an error in grammar.

Part 3

11 (a) A: Kelly, did you solve the math problem?
(b) B: Of course I did. It was very simple.
(c) A: Really? Then, could you explain the way how you solved it?
(d) B: Sure. Give me a pencil and a piece of paper.

Part 4

12 (a) Although most people think that hamburgers come from America, they were actually invented in Mongolia. (b) After a German businessman tried one, he brought the recipe back to his homeland. (c) Later, German immigrants brought the hamburger to America. (d) Then, in 1955, the McDonald brothers opened a fast-food restaurant what sold hamburgers as its main item.

UNIT 10

접속사

접속사는 단어와 단어, 구와 구, 절과 절 등 서로 형태가 같은 두 개 이상의 대상을 연결해주는 역할을 하며, 연결해주는 방식에 따라 등위접속사와 종속접속사로 구분된다. 등위접속사는 두 대상을 대등하게 연결해주는 반면, 종속접속사는 종속절을 주절에 연결시키는 역할을 한다. 각 접속사의 의미와 쓰임을 정확히 파악해두는 것이 중요하다.

기 출 응 용

Choose the best answer for the blank.

A: Let's go hiking tomorrow _____ it rains.
B: OK. I hope the weather is good.

(a) if
(b) unless
(c) while
(d) because

정답 (b)

해석 A: 비가 오지 않으면, 내일 하이킹 가자.
B: 좋아. 날씨가 좋기를 바래.

해결 포인트 네 개의 선택지가 모두 부사절 접속사로 구성되어 있기 때문에 문맥을 통해 답을 결정해야 한다. 주절에서 '하이킹을 가자'라고 한 것으로 보아 부사절의 내용이 '비가 오지 않으면' 즉 부정의 조건이어야 하는데 동사가 긍정(rains)이므로 부정의 의미를 포함하고 있는 조건접속사 unless가 정답임을 알 수 있다.

1 등위접속사

1. I'm interested in <u>movies</u>, <u>sports</u> **and** <u>history</u>.
2. Your cell phone is <u>on the table</u> **or** <u>on the sofa</u>.
3. <u>I'd like to join you</u>, **but** <u>I have to do my homework</u>.
4. <u>He must be very lonely</u>, **for** <u>his parents are in France</u>.
5. <u>I got up late</u>, **so** <u>I went to school by taxi</u>.

:등위접속사는 단어-단어, 구-구, 절-절과 같이 문법적 기능이 대등한 것들을 연결시켜주며, 연결해주는 대상들 사이에 위치한다.

2 상관접속사

1. **Both** <u>you</u> **and** <u>I</u> *are* responsible for the job.
2. **Either** <u>you</u> **or** <u>I</u> *am* responsible for the job.
3. **Neither** <u>you</u> **nor** <u>I</u> *am* responsible for the job.
4. **Not only** <u>you</u> **but also** <u>I</u> *am* responsible for the job.
5. <u>I</u> **as well as** <u>you</u> *am* responsible for the job.

1. both A and B + 복수동사: A와 B 둘 다
2. either A or B + 동사의 수는 B에 일치: A이거나 B
3. neither A nor B + 동사의 수는 B에 일치: A도 아니고 B도 아닌
4. not only A but also B + 동사의 수는 B에 일치: A뿐만 아니라 B도
5. B as well as A + 동사의 수는 B에 일치: A뿐만 아니라 B도

3 명사절 접속사

1. **That** <u>he is a genius</u> is a well-known fact.
2. **Whether (or not)** <u>he will agree</u> is very important at this time.
3. I wonder **if** <u>you can help me</u>.
4. Do you know **what** <u>I should do in this situation</u>?
5. **What** do you think <u>I should do in this situation</u>?

1. that + 완전한 구조의 절 : ~이라는 것
2~3. whether(or not)/if + 완전한 구조의 절 : ~인지 아닌지
4~5. 간접의문문의 어순: 의문사 + 주어 + 동사 ~
   단, 주절의 동사가 think, believe 등일 때에는 의문사가 문장의 맨 앞에 위치한다.

4 시간 부사절 접속사

1. **When** you get there, you will see him in person.
2. **While** I was studying, he played a computer game.
3. **Since** I met him ten years ago, he has never told me "no."
4. **As soon as** I saw my mother, I cried.
5. **By the time** you receive my letter, I will have left for New York.
6. **Until** I find an apartment, I will stay at a hotel.

1. when/as + 완전한 구조의 절 : ~할 때
2. while + 완전한 구조의 절 : ~하는 동안
3. since + 완전한 구조의 절 : ~이래로
4. as soon as + 완전한 구조의 절 : ~하자마자
5. by the time + 완전한 구조의 절 : ~할 때쯤이면
6. until + 완전한 구조의 절 : ~할 때까지

5 조건 부사절 접속사

1. **If** it rains tomorrow, the game will be canceled.
2. I will not smoke **as long as** I live.
3. I will wear my new skirt tomorrow **unless** it rains.

1. if + 완전한 구조의 절 : 만약 ~한다면
2. as long as + 완전한 구조의 절 : ~하는 한
3. unless + 완전한 구조의 절 : ~하지 않는다면

6 이유/양보 부사절 접속사

1. **Because** he didn't keep his promise, I won't see him again.
2. **Though** he studied very hard, he didn't pass the exam.
3. **While** I admire his courage, I can't forgive him.

1. because/as/since + 완전한 구조의 절 : ~하기 때문에
2. though/although/even though + 완전한 구조의 절 : 비록 ~일지라도
3. while/whereas + 완전한 구조의 절 : ~라고는 해도

7 목적/결과 부사절 접속사

1. I'm saving some money **so that** I can travel to Europe next year.
   = I'm saving some money **in order to** travel to Europe next year.
2. He was **so** quiet **that** nobody knew he was there.
3. It was **such** a good chance **that** he didn't want to miss it.

1. so that + 주어 + 동사 ~ : ~하기 위하여(= in order to-v)
2. so + 형용사/부사 + that + 주어 + 동사 ~ : 너무 ~해서 …하다
3. such + (a/an) + 형용사 + 명사 + that + 주어 + 동사 ~ : 너무 ~해서 …하다

8 접속사 vs. 전치사

1. **While** he was watching the movie, he fell asleep.
2. **During** the movie, he fell asleep.
3. **Because** he was ill, he didn't attend the meeting.
4. **Because of** his illness, he didn't attend the meeting.
5. **Though** he complained about the plan, other people ignored him.
6. **Despite** his complaints, other people ignored him.

1~2. while + 완전한 구조의 절 / during + 명사 상당어구: ~동안에
3~4. because + 완전한 구조의 절 / because of + 명사 상당어구: ~때문에
5~6. though + 완전한 구조의 절 / despite + 명사 상당어구: ~일지라도

Basic Drill

A 빈칸에 들어갈 알맞은 표현을 고르시오.

1 Thank you _____ for your kind advice but also for your financial support.
ⓐ both　　　　　　　ⓑ not only

2 _____ the poet got married is hardly known.
ⓐ That　　　　　　　ⓑ What

3 I want to see _____ there are any letters for me in the mailbox.
ⓐ that　　　　　　　ⓑ if

4 _____ you didn't pay, there's nothing for you.
ⓐ Because　　　　　　ⓑ Even though

5 A: _____ the next train will come?
B: As far as I know, in about 20 minutes.
ⓐ When do you think　　ⓑ Do you think when

6 A: How can I find your company?
B: _____ you arrive here, I will be waiting for you at the airport.
ⓐ Since　　　　　　　ⓑ By the time

B 밑줄 친 부분을 어법에 맞게 고쳐 쓰시오.

1 You should choose <u>both</u> his idea or my idea.

2 <u>For</u> he was very tired, he forgot to lock the door.

3 Do you know <u>where did the fire start</u>?

4 I was <u>such</u> busy that I didn't have time to read any books.

5 <u>During</u> I was washing the dishes, my sister cleaned the windows.

Practice TEST

Choose the best answer for the blank.

Part 1

1 A: Do you think we can find a hotel room
    in London?
   B: Well, I can't say for sure _____ I
    search on the Internet.

   (a) if
   (b) when
   (c) despite
   (d) until

2 A: Where is the restroom?
   B: I don't know _____ either.

   (a) where is it
   (b) it is where
   (c) where it is
   (d) it where is

3 A: Are you waiting for Mike to come?
   B: _____ or not he comes doesn't
    matter to me.

   (a) What
   (b) That
   (c) Whether
   (d) Neither

4 A: Do I have to stand in line to enter this
    shop?
   B: No, you don't have to _____ you
    have a membership card.

   (a) unless
   (b) although
   (c) but
   (d) if

5 A: Can you and Jenny come to my birthday
    party?
   B: I am sorry, but _____ can go.

   (a) both she and I
   (b) either she or I
   (c) she as well as I
   (d) neither she nor I

Part 2

6 _____ I arrived at Hong Kong that
   night, I was surprised that the city was so
   bright.

   (a) While
   (b) When
   (c) As long as
   (d) By the time

7 It was _____ a touching movie that I decided to watch it again.

(a) such
(b) so
(c) very
(d) too

8 _____ Nancy had practiced the song many times, she made a mistake in the contest.

(a) Although
(b) Despite
(c) Since
(d) But

9 While shopping, Kate bought some bread and eggs, _____ forgot to buy milk.

(a) and
(b) but
(c) or
(d) for

10 _____ the weather grew worse, Mason and Jane had to cancel their honeymoon.

(a) While
(b) Since
(c) Unless
(d) Though

Identify the option that contains an awkward expression or an error in grammar.

Part 3

11 (a) A: Do you think what I should buy for my wife's birthday present?
(b) B: Well, it depends on your financial situation.
(c) A: If I had a lot of money, I wouldn't have to ask you.
(d) B: In that case, some flowers will do.

Part 4

12 (a) What do you want for your birthday? (b) Have you ever been disappointed because you didn't like a present somebody gave you? (c) According to statistics, billions of dollars are wasted on unwanted gifts every year. (d) Therefore, cash seems to be the best gift, not only for the receiver and for the giver.

UNIT 11

전치사

전치사는 목적어로 명사나 명사 상당어구를 동반하여 전치사구의 형태를 만드는데, 이는 문장에서 주로 형용사나 부사의 기능을 한다. 또한 전치사는 특정 동사와 결합하여 동사구를 형성하기도 한다. TEPS에서는 전치사의 기능과 관련된 문제나 동사구와 관련된 문제가 자주 출제되므로, 각 전치사의 쓰임과 함께 관용적인 표현을 잘 익혀두도록 한다.

기출응용

Choose the best answer for the blank.

A: When do you expect him to come back to the office?

B: He'll be back _____ thirty minutes.

(a) at
(b) for
(c) by
(d) in

정답   (d)

해석   A: 그가 언제 사무실로 돌아올 거라고 예상하시나요?

                B: 그는 30분 후에 돌아올 거예요.

해결 포인트   문맥상 현재를 기준으로 '~후에'라는 의미를 나타내는 전치사인 in이 적절하다.

1 전치사의 목적어

1. The cost depends **on** *the weight of the package*.
2. This letter must be **from** *him*, not his brother.
3. I'm looking forward **to** *hearing* from you.

1. 전치사의 목적어로 명사(구)를 쓸 수 있다.
2. 전치사의 목적어로 대명사를 쓸 경우 목적격을 쓴다.
3. 전치사의 목적어로 동명사를 쓸 수 있다. to부정사는 전치사의 목적어로 쓸 수 없으며, 특정 동사구에 사용된 전치사 to를 to부정사의 to로 혼동하지 않도록 주의한다.

2 전치사구의 기능

1. Don't drink the milk **in that bottle**.
   명사 milk를 수식
2. I had dinner **at a Chinese restaurant** yesterday.
   동사 had를 수식
3. **To my surprise**, he completed the report in a short time.
   문장 전체를 수식

1. 명사를 수식하는 형용사구 역할을 한다.
2. 동사, 형용사, 부사 등을 수식하는 부사구 역할을 한다.
3. 문장 전체를 수식하는 부사구 역할을 한다.

3 장소를 나타내는 전치사

1. Call me when you arrive **at the airport**.
2. There are many museums **in London**.
3. Leave your bag **on the sofa** over there.
4. There is an old bridge **over the river**.
5. I found the cat **under the bed**.
6. It's difficult to swim **across this river**.

1. at + 특정한 지점이나 위치
2. in + 넓은 장소 (도시/국가 이름 등)
3. on + 표면
4. over/above: (접촉되지 않은) 위
5. under/below: (접촉되지 않은) 아래
6. across: ～을 가로질러

4 시간을 나타내는 전치사

1. Let's meet in front of my house **at 6 o'clock**.
2. Mark and I will get married **on June 5th**.
3. We usually go skiing **in winter**.
4. My boss will be here **in five minutes**.
5. **After the car accident**, he stopped driving.
6. He played computer games **for three hours** yesterday.
7. I'd like to travel to Japan **during my summer vacation**.
8. Do you know that I waited for you **until 9 p.m.**?
9. Please return my book **by this Friday**.
10. What are you going to do **next Saturday**?

1. at + 정확한 시간 (at 3:30, at noon/night 등)
2. on + 특정 시간 (on Tuesday, on August 15th, on Christmas)
3. in + 긴 시간 (in 2010, in September, in the morning/afternoon/evening, in summer)
4. in + 시간: (현재를 기준으로) ～후에
5. after + 시간: (과거나 미래를 기준으로) ～후에
6. for + (주로 숫자를 포함한) 구체적인 기간의 길이: ～동안
7. during + 특정 기간: ～동안
8. until + 시간: ～까지 계속
9. by + 시간: ～까지 완료
10. 'this, that, last, next, some, every + 시간 명사'인 경우에는 전치사를 생략한다.

5 이유/양보를 나타내는 전치사

1. I couldn't attend the meeting **due to illness**.
2. **Despite my efforts**, she isn't improving.

1. because of/due to: ~때문에
2. despite/in spite of: ~에도 불구하고

6 기타 전치사(구)

1. We haven't received any orders **from you**.
2. I go to school **by bus** every day.
3. I don't know anything **about it**.
4. How about going to the movies **with me**?
5. She wears contact lenses **instead of glasses**.

1. from: ~로부터 / to: ~에게
2. by + 교통수단
3. about/on: ~에 대해서
4. with: ~와 함께, ~를 가지고 (↔without: ~없이)
5. instead of: ~대신에

7 동사구에 사용된 전치사

laugh at: ~을 비웃다
look for: ~을 찾다
reply to: ~에 대답하다
arrive at/in: ~에 도착하다
break up with: ~와 헤어지다
be responsible for: ~에 대한 책임이 있다
spend + 돈/시간 + on ~: ~에 돈/시간을 사용하다

wait for: ~을 기다리다
deal with: ~을 처리하다
drop by/stop by: ~에 들르다
be interested in: ~에 흥미가 있다
get along with: ~와 사이좋게 지내다

: 전치사는 동사와 결합하여 동사구를 형성한다

Basic Drill

A 빈칸에 들어갈 알맞은 표현을 고르시오.

1 I'd like to stop working and go to Europe _____ a month.
   ⓐ for   ⓑ during

2 Please arrive _____ the airport two hours before the flight.
   ⓐ at   ⓑ in

3 I can't answer the question _____ company policy.
   ⓐ in spite of   ⓑ because of

4 I first met my boyfriend _____ September 8th.
   ⓐ in   ⓑ on

5 A: How can I get to the airport as quickly as possible?
   B: It would be better to go there _____ subway.
   ⓐ by   ⓑ on

6 A: Who do you think is responsible _____ this mistake?
   B: I'm not sure. That's a very difficult question.
   ⓐ in   ⓑ for

B 밑줄 친 부분을 어법에 맞게 고쳐 쓰시오.

1 I promise I'll <u>deal</u> your problem right away.

2 Because he was angry, he left the classroom without <u>to say</u> good-bye.

3 Harry took part in the contest <u>despite of</u> his bad condition.

4 It took three months for me to <u>break up</u> Linda.

5 What sports do you enjoy <u>on</u> summer?

Practice TEST

Choose the best answer for the blank.

Part 1

1 A: Mom, have you seen my blue shirt anywhere?
   B: I put it _____ your bed.

   (a) at
   (b) on
   (c) over
   (d) in

2 A: May I speak to Brenda, please?
   B: Sure, please hold _____ a minute.

   (a) in
   (b) on
   (c) for
   (d) during

3 A: How long will you be staying _____ Beijing?
   B: For five days.

   (a) at
   (b) on
   (c) to
   (d) in

4 A: Are you coming to my birthday party _____?
   B: Of course I am.

   (a) next Sunday
   (b) on next Sunday
   (c) for next Sunday
   (d) to next Sunday

5 A: Are you interested _____ modern art?
   B: Yes, I am. My favorite artist is Andy Warhol.

   (a) to
   (b) on
   (c) in
   (d) for

Part 2

6 I went to bed at 10 p.m. and slept _____ 10 a.m. this morning.

   (a) on
   (b) by
   (c) at
   (d) until

7 I heard that Sam told you a lot about
_____.

(a) I
(b) me
(c) my
(d) myself

8 You should try to get along _____
your classmates.

(a) to
(b) with
(c) for
(d) through

9 Instead of _____ to understand
what he said, Kate ignored him.

(a) try
(b) trying
(c) tried
(d) to try

10 All flights were canceled _____ the
heavy rain.

(a) though
(b) despite
(c) because
(d) due to

Identify the option that contains an awkward
expression or an error in grammar.

 Part 3

11 (a) A: Sam, do you think we can finish this
report until tomorrow?
(b) B: Well, I'm not sure, but we have no
choice.
(c) A: How about asking the professor for
an extension?
(d) B: That's a good idea. Let's go together
right now.

 Part 4

12 (a) One way to spend your time more
efficiently is to apply the 20/80 rule to
your everyday life. (b) The rule was first
discovered by an Italian economist. (c) He
said that about 20% of the companies in
one country produce 80% of the country's
wealth. (d) Therefore, it's a good idea to
spend your time for the 20% of activities
that lead to 80% of your achievement.

UNIT 12

명사, 관사

명사는 사람이나 사물의 이름을 나타내는 말을 지칭한다. 셀 수 있는 명사인지 혹은 셀 수 없는 명사인지에 따라 함께 쓰이는 관사, 수량 형용사, 동사의 수 일치 등이 결정되므로 이를 구분할 줄 아는 것이 중요하다. 관사는 명사 앞에 쓰여 명사를 한정시키는 역할을 하며, 부정관사 및 정관사의 쓰임과 용법을 잘 알아둘 필요가 있다.

기출응용

Choose the best answer for the blank.

A: How terrible the air is! I can hardly breathe.
B: You're right. We must try to find ways to reduce _____.

(a) air pollution
(b) an air pollution
(c) air pollutions
(d) the air pollutions

정답 (a)

해석 A: 공기가 정말 끔찍하구나! 거의 숨을 쉴 수가 없어.
B: 네 말이 맞아. 우리는 대기오염을 줄이기 위한 방법들을 생각해 내야 해.

해결 포인트 air pollution은 셀 수 없는 명사이므로 앞에 부정관사 a/an을 쓸 수 없으며, 또한 복수형으로도 쓸 수 없다.

1

명사의 종류

1. There are beautiful **flowers** in his yard.
2. I'd like to introduce you to our **staff**.
3. Please bring me a glass of **water**.
4. I need more **information** to solve the problem.
5. **Michael Jackson** will be remembered forever.

1. 보통명사: 일반적으로 셀 수 있는 모든 명사 (flower, car, girl, dog, day, hobby 등)
2. 집합명사: 사람이나 사물의 집합체를 나타내는 명사 (family, staff, audience 등)
3. 물질명사: 정해진 형태가 없는 물질을 나타내는 명사 (water, paper, gold, air 등)
4. 추상명사: 추상적인 개념을 나타내는 명사 (information, advice, love 등)
5. 고유명사: 세상에 하나뿐인 사람/장소를 나타내는 명사 (Michael Jackson, Korea 등)

2

셀 수 있는 명사 / 셀 수 없는 명사

1. I want to buy **a new computer**.
2. There are **two computers** in my house.
3. The power of **love** is very strong.
4. I want **a piece of cheesecake**.

1. 셀 수 있는 명사가 한 개 있는 경우, 앞에 부정관사 a/an을 쓴다.
2. 셀 수 있는 명사가 여러 개 있는 경우, 명사 뒤에 -(e)s를 붙여 복수형을 나타낸다.
3. 물질명사, 추상명사, 고유명사와 같이 셀 수 없는 명사는 앞에 a/an을 붙이거나 복수형으로 쓸 수 없다.
4. 물질명사는 a cup of, two pieces of 등과 같은 단위를 사용하여 양을 나타낸다.

수량 형용사

1. many / a number of / quite a few / a few / only a few / few + 복수명사
   수가 많은 　　　　　　수가 꽤 많은　수가 적은　수가 몇 없는　수가 거의 없는

2. much / a great deal of / quite a little / a little / only a little / little + 셀수없는명사
   양이 많은　　　　　　　양이 꽤 많은　　양이 적은　양이 얼마 없는　양이 거의 없는

3. all / most / some / any / no / a lot of / lots of / plenty of + 복수명사 / 셀수없는 명사

3 주의해야 할 명사의 용법

1. My father caught **five big fish** in the river.
2. His **sunglasses** look very expensive.
3. **The police** are looking for the thief.
4. **Junk food** is not good for your health.
5. **Mathematics** is the most difficult subject for me.
6. He has a large **family**.
7. My **family** are all very diligent.

1. fish, deer, sheep 등의 단수 형태의 명사와 species, series, means 등의 복수 형태 명사들은 단수와 복수의 형태가 동일하다.
2. pants, glasses, socks, shoes, scissors 등은 짝을 이루고 있기 때문에 주로 복수형으로 사용한다.
3. people, police, cattle 등은 단수 형태이지만 복수 취급한다.
4. furniture, equipment, junk food, clothing 등의 집합명사는 셀 수 없는 명사로 단수형으로만 사용하며, a piece of 등의 단위를 붙여 수를 나타낼 수 있다.
5. mathematics, physics, ethics, statistics 등의 과목명은 복수 형태이지만 단수 취급한다.
6~7. family, staff 등과 같은 집합명사는 단체에 초점을 맞출 때에는 단수 취급을 하고, 구성원 개인에 초점을 맞출 때에는 복수 취급을 한다.

4 부정관사(a/an)

1. Make sure to take **an umbrella** with you.
2. I have been in Japan for **a month**.
3. You must have your health checked at least **once a year**.

: 부정관사 a/an은 셀 수 있는 명사와 함께 쓰이며, 첫소리가 자음인 명사 앞에는 a, 모음인 명사 앞에는 an을 쓴다.
1. 불특정한 하나를 나타낼 때
2. '하나'를 나타낼 때
3. ~마다(=per)

5 정관사(the)

> 1. I saw a musical. **The musical** was really funny.
> 2. This is **the book** that I borrowed from my girlfriend.
> 3. **The sun** is shining.
> 4. When is **the last day** I can cancel?
> 5. **The rich** are not always happy.

: 정관사 the는 셀 수 있는 명사와 셀 수 없는 명사 모두와 함께 쓰일 수 있다.

1. 앞에서 언급된 것을 가리킬 때

2. 명사가 수식을 받아 가리키는 것이 명확할 때

3. the + 유일물

4. the + 최상급/서수

5. the + 형용사 = 복수명사

관사를 생략하는 경우
1. 교통수단 by bus/subway   2. 계절 in spring/summer
3. 운동경기명 play soccer/baseball   4. 식사명 after lunch, before breakfast
5. 신분 President Obama, Queen Elizabeth

6 주의해야 할 관사의 위치

> 1. This is **such a wonderful plan** that I'm sure everyone will help you.
> 2. The project can't be finished **so short a time**.
> 3. I know **all the people** around us.

1. such/quite/rather/what + a/an + (형용사) + 명사

2. so/too/how + 형용사 + a/an + 명사

3. all/both/double/twice/half + the + (형용사) + 명사

Basic Drill

A 빈칸에 들어갈 알맞은 표현을 고르시오.

1 Many species of fish _____ found in this river.
ⓐ is　　　　　　　　ⓑ are

2 I need to buy _____ paper cups for guests.
ⓐ much　　　　　　　ⓑ plenty of

3 I'm looking for shops selling _____.
ⓐ computer equipment　　ⓑ a computer equipment

4 You'd have to walk _____, so you'd better take a taxi.
ⓐ quite long a distance　　ⓑ quite a long distance

5 A: How long does it take to get to Incheon Airport _____?
B: It takes around 40 minutes.
ⓐ by taxi　　　　　　ⓑ by a taxi

6 A: How often do you have a dental checkup?
B: Twice _____.
ⓐ a year　　　　　　ⓑ the year

B 밑줄 친 부분을 어법에 맞게 고쳐 쓰시오.

1 Despite his young age, Max has read quite <u>a little</u> books.

2 I'm willing to pay <u>the double price</u> for that.

3 Why don't you buy <u>a</u> English book?

4 Physics <u>are</u> too difficult for me to understand.

5 You should not eat <u>junk foods</u> any more.

제한시간
5분

Choose the best answer for the blank.

Part 1

1   A: Morris, how about having _____ together? It will be my treat.
    B: I'd like to, but I've already got plans.

    (a) lunch
    (b) a lunch
    (c) the lunch
    (d) that lunch

2   A: I'm so sleepy. I can't stay awake.
    B: That's strange. You've already had three _____.

    (a) coffee
    (b) cup of coffee
    (c) cups of coffee
    (d) cups of coffees

3   A: How was your blind date last weekend?
    B: I've never met _____.

    (a) a such nice guy
    (b) a nice such guy
    (c) such nice a guy
    (d) such a nice guy

4   A: Bill, how did you do on your math test?
    B: I don't know _____ yet.

    (a) results
    (b) a result
    (c) the results
    (d) these results

5   A: Let's play _____ this Saturday afternoon.
    B: Okay. I'll see you at 3 o'clock.

    (a) basketball
    (b) a basketball
    (c) the basketball
    (d) basketballs

Part 2

6   This brochure provides _____ on the causes of heart disease and its treatment options.

    (a) the informations
    (b) an information
    (c) informations
    (d) information

7 Casual clothing _____ not proper for this kind of event.

(a) is
(b) are
(c) has
(d) have

8 Polar bears have _____ white fur and black eyes.

(a) long
(b) a long
(c) the long
(d) that long

9 I heard _____ shocking news from Jason yesterday.

(a) many
(b) some
(c) a few
(d) a number of

10 Copying these documents is _____ thing you have to do.

(a) first
(b) a first
(c) the first
(d) that first

Identify the option that contains an awkward expression or an error in grammar.

Part 3

11 (a) A: Tony, I'll give you a hand when you're moving tomorrow.
(b) B: Oh, thank you. I was just about to ask you.
(c) A: How many furnitures do you have in your apartment?
(d) B: Actually, all I have are some books and clothes.

Part 4

12 (a) What is the most important thing in a presentation? (b) To make your presentation successful, you need to be well-prepared. (c) This means you must do some researches to support your ideas. (d) When your ideas are supported by facts, people are more easily persuaded.

UNIT 13

대명사

대명사는 명사의 반복을 피하기 위해서 대신 사용하는 것으로 문장 속에서 명사처럼 주어, 목적어, 보어의 역할을 수행한다. 또한 대명사 중 일부는 명사를 수식하는 한정사의 역할을 수행하기도 한다. 문장에서 대명사가 수와 격에 맞게 사용되었는지를 확인해야 하며, TEPS에서 자주 출제되는 지시대명사와 부정대명사의 용법을 잘 알아두도록 한다.

기출응용

Choose the best answer for the blank.

A: Would you like _____ more wine?
B: No, thank you.

(a) this
(b) other
(c) any
(d) some

정답   (d)

해석   A: 와인 좀 더 드시겠어요?
　　　　　B: 감사합니다만, 괜찮습니다.

해결 포인트   의문문에서는 '약간의'라는 의미를 표현할 때 원래 any를 쓰지만, 권유의 의미를 나타내고자 할 때는 some을 써야 한다.

1 인칭대명사

> 1. **I** want **you** to do **your** best.
>   주격 목적격 소유격
>
> 2. When **you** become an adult, **you**'ll have to take care of **yourself**.
>   주어 목적어
>
> 3. I made it **myself**.

1. 인칭대명사는 주격/소유격/목적격 등의 격에 따라 형태가 달라진다.
2. 주어와 목적어가 같을 때, 목적어 자리에 재귀대명사를 쓴다.
3. 재귀대명사는 강조의 용법으로 사용되기도 한다.

2 지시대명사 this(these) vs. that(those)

> 1. **This** is my ticket, and **that** is yours.
>
> 2. The population of California is larger than **that** of Nevada.
>
> 3. I want to meet **those who** have the same name as I do.

1. this(these)는 가까이 있는 대상을 지칭하고, that(those)는 멀리 있는 대상을 지칭한다.
2. that(those)는 앞에 나온 명사를 받으며, 수식어구의 수식을 받을 수 있다.
3. those who는 '~하는 사람들'의 의미이다.

3 지시대명사 it vs. 부정대명사 one

> 1. My friend gave me a book, and I like **it**. [=the book]
>
> 2. Your notebook computer looks great. I want to buy **one**. [=a notebook computer]
>
> 3. I have a small car, but my brother has **a big one**. [=a big car]

1. 앞에서 언급된 특정한 명사를 가리킬 때에는 it을 쓰며, it은 형용사의 수식을 받을 수 없다.
2. 앞에서 언급된 명사와 같은 종류의 것을 나타낼 때에는 one을 쓴다.
3. one은 형용사의 수식을 받을 수 있고, 이때 'a/an + 형용사 + one'의 어순으로 쓴다.

4 의문대명사

> 1. **Who** is responsible for this situation?
> 2. **Which** do you prefer, this one or that one?
> 3. **What** is your favorite color?
> 4. **What** is the weather **like**? = **How** is the weather?
> 5. **What** do you need it **for**? = **Why** do you need it?

1~3. 의문대명사 who, whose, whom, which, what은 의문문에 쓰이는 의문사이면서 동시에 주어, 목적어, 보어 등의 역할을 수행한다.

4~5. 문장에 명사가 필요한 경우에는 의문대명사를, 명사가 필요하지 않은 경우에는 의문부사를 쓴다.

What is the weather like? → The weather is like + 명사(전치사 like의 목적어)

= How is the weather? → The weather is + 형용사

5-1 부정대명사

> 1. He gave me **some** medicine for my headache.
> 2. Do you have **any** books about American history?
> 3. Would you like **some** pasta I just made?
> 4. I like **any** food you make for me.

1. some : 몇몇의, 약간의 (긍정문에서)

2. any : 몇몇의, 약간의 (부정문/의문문/조건문에서)

3. some : 권유의 의미 (의문문에서)

4. any : 어떤 ~라도 (긍정문에서)

5-2

> 5. I have two caps; **one** is white and **the other** is black.
> 6. This jacket is too big for me, so show me **another** (one).
> 7. I have five bags; **one** is small and **the others** are big.
> 8. **Some** people like summer and **others** like winter.

5. 두 개 중에서 하나는 one, 나머지 하나는 the other를 쓴다.

6. 불특정한 또 다른 하나를 의미할 때에는 another를 쓴다.

7. 여러 개 중에서 하나는 one, 나머지 모두는 the others를 쓴다.

8. 여러 개 중에서 막연한 일부는 some, 나머지 중에서 또 다른 일부를 의미할 때에는 others 를 쓴다.

5-3

9. **Both** of my parents are doctors, so they want me to be a doctor.

10. There is coffee and juice, and you can choose **either**.

11. **Neither** of the two dresses is pretty.

: both(둘 모두) / either(둘 중 하나) / neither(둘 모두를 부정)

5-4

12. **None** of my friends wanted to lend me the money.

13. **No one** was present at the meeting.

14. I received **no** answer from them.

 = I did **not** receive **any** answer from them.

12. none of + 복수(대)명사의 형태로 쓰이며, none 단독으로 대명사 기능을 할 수도 있는 데 이 경우에 none은 보통 복수 취급을 한다.

13. no one은 수식어 없이 단독으로 대명사 기능을 한다.

14. no는 형용사이기 때문에 반드시 뒤에 명사를 동반해야 하며, not ~ any로 바꾸어 쓸 수 있다.

관용적 표현

1. A is one thing, and B is another (A와 B는 별개이다)
2. every + 기수 형용사 + 복수명사 (~마다, ~간격으로)
3. every other + 단수명사 (하나 걸러)

Basic Drill

A 빈칸에 들어갈 알맞은 표현을 고르시오.

1 You don't have an umbrella, so I'll lend you _____.
  ⓐ one   ⓑ it

2 I play soccer with my classmates every other _____.
  ⓐ day   ⓑ days

3 His childhood was different from _____ of his wife.
  ⓐ it   ⓑ that

4 There are three books on the desk; one is mine and _____ are Ted's.
  ⓐ others   ⓑ the others

5 A: Is there any cheese left in the refrigerator?
  B: I'm not sure, but there may be _____.
  ⓐ some   ⓑ any

6 A: _____ is your teacher like?
  B: He is very wise and kind.
  ⓐ What   ⓑ How

B 밑줄 친 부분을 어법에 맞게 고쳐 쓰시오.

1 My little son can dress <u>him</u> without anyone's help.

2 The expressions in this book are very similar to <u>that</u> in Tom's book.

3 <u>No one</u> of my classmates did their homework yesterday.

4 Some students like math, and <u>the others</u> like English.

5 <u>Why</u> did you buy that for?

Practice TEST

Choose the best answer for the blank.

Part 1

1 A: This computer is too slow. Let's buy
   _____.
   B: Do we have enough money?

   (a) new one
   (b) a new one
   (c) new ones
   (d) a new ones

2 A: Is there a bank nearby?
   B: Yes, there's one at _____ end of
   this street.

   (a) other
   (b) others
   (c) the other
   (d) the others

3 A: I've got a headache.
   B: Take one pill _____ six hours,
   and you will feel better soon.

   (a) every
   (b) any
   (c) each
   (d) all

4 A: How many people were at the meeting
   this morning?
   B: Something was wrong. _____
   was there.

   (a) No
   (b) None
   (c) No one
   (d) Neither

5 A: Where do you want to go during summer
   vacation? London or Paris?
   B: _____ is fine. You decide.

   (a) Either
   (b) Some
   (c) Both
   (d) Neither

Part 2

6 People tend to envy _____ who have
   what they don't.

   (a) some
   (b) that
   (c) those
   (d) other

7 The scientist was very proud that the building was named after _____.

    (a) he
    (b) him
    (c) his
    (d) himself

8 The roof of the house can absorb sunlight and turn _____ into electricity.

    (a) it
    (b) one
    (c) this
    (d) some

9 Such behavior can be acceptable in one situation, but might be very impolite in _____.

    (a) some
    (b) other
    (c) another
    (d) the other

10 The weather in Singapore is much hotter than _____ of Russia.

    (a) it
    (b) one
    (c) that
    (d) those

Identify the option that contains an awkward expression or an error in grammar.

Part 3

11 (a) A: Sunny! I've got any good news.
    (b) B: What is it? Did you win the lottery or something?
    (c) A: Yes! How did you know?
    (d) B: You must be kidding! I can hardly believe it.

Part 4

12 (a) If you are a manager, you should not keep your workers from surfing the Internet at work. (b) According to a study, employees who use the Internet for fun at work are more productive than these who don't. (c) The difference is in how much they can concentrate on their work. (d) That is, taking breaks to surf the Internet can improve their concentration.

형용사, 부사

형용사와 부사는 둘 다 수식어이지만 형용사는 주로 명사를 수식하거나 보어 역할을 하고, 부사는 동사, 형용사, 부사, 구나 절 등을 수식한다는 점에서 다르다. TEPS에서는 이러한 용법상의 차이 외에도 형태상의 특징이나 어순 등을 묻는 문제가 자주 출제되고 있다.

기출 응용

Choose the best answer for the blank.

A: Nick! Hurry up! We're likely to be _____ for the movie.

B: Don't worry. We can get there in time.

(a) late

(b) later

(c) lately

(d) latest

정답   (a)

해석   A: 닉! 서둘러! 영화 시간에 늦을 것 같아.

B: 걱정하지 마. 시간에 맞춰 도착할 수 있어.

해결 포인트   빈칸의 위치가 be동사의 뒤이기 때문에 보어 자리임을 알 수 있는데, 보어 자리에는 부사가 아닌 형용사가 와야 한다. 또한 문맥상 '늦은'의 의미여야 하기 때문에 정답은 (a)이다. later는 '더 늦은, 나중에'란 의미이고 lately는 '최근에'란 의미의 부사이며, latest는 '맨 나중에, 가장 최근의'라는 의미이다.

1 형용사의 기능

1. Baseball is a **popular** sport in Korea.
2. David is **popular** at school.

1. 명사를 수식한다.
2. 보어 역할을 한다.

2 부사의 기능

1. My son **hardly** studies these days.
2. I didn't go for a walk because I was **too** tired .
3. We're late, so you must walk **very** quickly .
4. **Interestingly**, he didn't say anything .

1. 동사를 수식한다.
2. 형용사를 수식한다.
3. 부사를 수식한다.
4. 문장 전체를 수식한다.

3 형용사와 부사의 형태

1. I like her because of her **friendly** smile.
2. The little boy sat **quietly** beside his mother.
3. Though she is in her **early** forties, she looks much younger.
4. He arrived **early**, so he didn't know what to do.
5. The house is surrounded by a **high** fence.
6. Birds are flying **high** in the sky.
7. Tina was **highly** talented.
8. **Downtown** was crowded with people.
9. I'll go **downtown** in the afternoon.

1. 형용사는 -(l)y, -ful, -ous, -ive, -less, -able, -ish 등의 어미로 끝나는 경우가 많다.
2. 일반적인 부사 형태는 형용사 + -ly이다.
3~4. 형용사와 부사의 형태가 같은 경우

early(이른) – early(일찍)   fast(빠른) – fast(빠르게)

long(긴) – long(오랫동안)   enough(충분한) – enough(충분히)

5~7. 2개의 부사형태를 갖는 형용사

deep(깊은) – deep(깊이) – deeply(매우)

high(높은) – high(높이) – highly(매우)

late(늦은) – late(늦게) – lately(최근에)

hard(어려운, 단단한) – hard(열심히, 심하게) – hardly(거의 ~하지 않는)

8~9. 명사와 형태가 같은 부사

home(집) – home(집에)   east(동쪽) – east(동쪽으로)

downtown(시내, 중심가) – downtown(시내로, 중심가로)

4 형용사의 어순

1. John is **a very handsome man**.
2. I saw **three small black** monsters in my dream.
3. Is there **anything special** in today's news?

1. 기본 어순: 관사/한정사 + 부사 + 형용사 + 명사
2. 형용사가 여럿인 경우: 수사(서수 + 기수) + 성질 + 대소 + 신구 + 색깔 + 재료/출처
3. -thing, -one, -body 등으로 끝나는 명사를 수식할 때에는 형용사가 명사 뒤에 위치한다.

5 부사의 어순

1. I **usually** get up at six in the morning.
2. He **seldom** calls his parents first.
3. He **only** eats fruit and vegetables for breakfast.

1. 빈도부사 always, usually, often, sometimes 등은 보통 be동사/조동사 뒤에 위치하거나 일반동사 앞에 위치한다.

2. 빈도부사 hardly, seldom, rarely, never 역시 be동사/조동사 뒤나 일반동사 앞에 위치하며, 부정의 의미를 내포하기 때문에 not이나 no와 같은 부정어와 함께 쓸 수 없다.

3. 강조부사 just, even, only, pretty, right, far, much 등은 문장 내에서 수식하는 말 앞에 위치한다.

6 혼동하기 쉬운 부사

1. He had **already** sent an email to her before I told him.
2. I haven't received your answer **yet**.
3. He **still** hasn't decided whether or not to go.
4. The watch is **too** expensive for me.
5. This tent is big **enough** for all of us.
6. As I told you my secret, you must tell me your secret, **too**.
7. Bill didn't attend the meeting, and Sally didn't, **either**.
8. He is **very** tall, so he can reach the top shelf.
9. He is **much** taller than his teacher.

1~3. already/yet/still

already(이미, 벌써)는 긍정문에서 빈도부사 위치나 문장의 끝에, yet(아직)은 의문문과 부정문에서 문장의 맨 끝에, still(여전히)은 긍정문에서는 빈도부사 위치, 부정문에서는 부정조동사 앞에 쓴다.

4~5. too/enough

too(너무 ~한)는 형용사나 부사의 앞, enough(~할 만큼 충분히 …한)는 형용사나 부사의 뒤에 쓴다.

6~7. too/either

too(또한, 역시)는 긍정문의 맨 끝에, either(또한, 역시)는 부정문의 맨 끝에 쓴다.

8~9. very/much

very는 형용사나 부사의 원급, 현재분사, 혹은 형용사화된 과거분사(tired, pleased, worried 등)를 수식하며, much는 형용사나 부사의 비교급, 과거분사, 부사구를 수식한다.

Basic Drill

A 빈칸에 들어갈 알맞은 표현을 고르시오.

1 I _____ found my missing dog.
   ⓐ easy   ⓑ easily

2 I am not _____ to believe your lies again.
   ⓐ enough foolish   ⓑ foolish enough

3 When I met him, he said that he would go _____.
   ⓐ downtown   ⓑ to the downtown

4 The toy plane was flying _____ in the sky.
   ⓐ high   ⓑ highly

5 A: I didn't do my math homework. How about you, Rena?
   B: I didn't, _____. I completely forgot.
   ⓐ too   ⓑ either

6 A: Tim, did you finish preparing for the picnic?
   B: Not _____.
   ⓐ still   ⓑ yet

B 밑줄 친 부분을 어법에 맞게 고쳐 쓰시오.

1 His parents were so sad that they could <u>hard</u> speak.

2 I need to buy <u>two white large</u> shirts.

3 As I worked hard all day, I was <u>much</u> tired.

4 You <u>always can</u> ask me for help.

5 I'd like to buy <u>special something</u> for my girlfriend.

Practice
TEST

Choose the best answer for the blank.

Part 1

1 A: I don't think this sentence makes
      sense.
    B: I don't think you understand it

      _____.

    (a) correct
    (b) to be correct
    (c) correctly
    (d) to be correctly

2 A: What are you going to do after graduation?
    B: I don't know _____.

    (a) yet
    (b) already
    (c) still
    (d) ever

3 A: Jamie, why didn't you buy that bag
      yesterday?
    B: It was _____ for me.

    (a) expensive far too
    (b) too expensive far
    (c) too far expensive
    (d) far too expensive

4 A: I think your daughter is _____
      talented at painting.
    B: Really? Actually, she wants to be a
      painter.

    (a) very
    (b) well
    (c) such
    (d) that

5 A: Is it true that your father was a famous
      runner?
    B: Yes. Although he is old now, he can

      _____.

    (a) run fast still
    (b) run fastly still
    (c) still run fast
    (d) still run fastly

Part 2

6 Jim couldn't take the test because he
    arrived _____ to school.

    (a) late
    (b) lately
    (c) latest
    (d) later

7 The trunk of this car is _____ to hold my ski equipment all year round.

(a) too big
(b) big too
(c) enough big
(d) big enough

8 She went _____ to take care of her little brother.

(a) home
(b) to home
(c) a home
(d) to a home

9 He wants to fall in love with _____.

(a) new somebody
(b) newly somebody
(c) somebody newly
(d) somebody new

10 Because of my illness, I _____ anymore.

(a) rarely smoke
(b) rarely not smoke
(c) smoke rarely
(d) smoke rarely not

Identify the option that contains an awkward expression or an error in grammar.

Part 3

11 (a) A: Dad, please help me with this toy car.
   (b) B: Sure. What seems to be the problem?
   (c) A: I followed the directions but it doesn't work good.
   (d) B: Well, let me see it.

Part 4

12 (a) Having meals in a spaceship is quite different from having them on earth. (b) Astronauts live in a special environment where there is no air. (c) For this reason, they have to close their mouths tight when they eat. (d) Otherwise, the food could fly out of their mouths.

UNIT 15

비교

비교란 형용사나 부사를 원급, 비교급, 최상급의 형태로 사용하여 사람이나 사물의 성질, 수량, 상태 등을 비교하는 것이다. TEPS에서는 주로 비교문의 올바른 형태에 관한 문제가 출제되므로, 여러 비교 표현의 형태와 용법을 잘 알아두도록 한다.

기출응용

Choose the best answer for the blank.

A: Who is taller, Harry or Jake?

B: Harry is _____ of the two boys.

(a) tall
(b) taller
(c) the taller
(d) the tallest

정답	(c)
해석	A: 해리와 제이크 중에 누가 더 키가 크니? B: 그 두 아이들 중에서는 해리가 더 커.
해결 포인트	비교급 뒤에 '둘 중에서'라는 의미인 of the two가 올 때에는, 비교급 앞에 정관사 the를 써야 한다. 따라서 the taller가 적절하다.

1 원급을 사용한 비교 표현

> 1. This book is **as thick as** that one.
> 2. Today will be **as hot a day as** yesterday.
> 3. I can eat **twice as much as** you.
> 4. I want you to call me back **as soon as possible**. (= as soon as you can)

1. as + 형용사/부사 + as: ~만큼 …한/하게
2. as + 형용사 + a/an + 명사 + as: ~만큼 …한 사람/무엇
3. 배수사 + as + 원급 + as: ~배만큼 …한/…하게
4. as + 원급 + as possible = as + 원급 + as + 주어 + can: 가능한 한 ~한/~하게

2 비교급과 최상급의 형태

> 1. It is the **biggest** dog I've ever seen.
> 2. Gold is **more expensive** than silver.
> 3. The air pollution here is getting **worse** every year.

1. 비교급은 형용사나 부사의 원급에 -er을 붙이고, 최상급은 -est를 붙인다.
2. 일부 2음절 단어 및 3음절 이상의 단어인 경우, 비교급은 원급 앞에 more을 붙이고 최상급은 most를 붙인다.
3. 원급-비교급-최상급의 형태가 불규칙하게 변화하는 형용사/부사:

good/well-better-best   bad/badly-worse-worst
many/much-more-most   little-less-least

3 비교급을 사용한 비교 표현

> 1. This camera is **more expensive than** mine.
> 2. I can run **faster than** you.
> 3. Betty is **the more beautiful of the two.**
> 4. **The more** you read books, **the more** you will learn.

1. 형용사의 비교급 + than : ~보다 더 …한
2. 부사의 비교급 + than : ~보다 더 …하게
3. the + 비교급 + of the two : 둘 중에서 더 ~한
4. The + 비교급 + 주어 + 동사, the + 비교급 + 주어 + 동사 : ~하면 할수록 점점 더 …하다

비교급을 이용한 표현

1. There are **no more than** three people here. 이곳에 기껏해야 세 사람밖에 없다.
2. I'll cost **no less than** 1,000 dollars. 나는 1,000달러만큼이나 지불할 것이다.
3. You should answer in **not more than** 50 words. 넌 많아야 50자로 대답해야 한다.

4 최상급을 사용한 비교 표현

1. This church is **the tallest building** *in this town*.
2. He is **the fastest runner** *of all his classmates*.
3. She is **the greatest figure skater** *that I have ever seen*.
4. My boss usually works **latest** in our office.
5. He is **one of the shortest men I** have ever met.

1. the + 형용사의 최상급 + 명사 + in + 단수명사 : ~에서 가장 …한
2. the + 형용사의 최상급 + 명사 + of + 복수명사 : ~들 중에서 가장 …한
3. the + 형용사의 최상급 + 명사 + (that) + 주어 + have / has ever p.p. : 여태껏 ~한 중에 가장 …한
4. 부사의 최상급 : 가장 ~하게
   ※ 부사의 최상급에는 the를 붙이지 않는다.
5. one of the + 최상급 + 복수명사 : 가장 ~한 것들 중의 하나

5 비교급과 최상급의 수식어

1. She is **far prettier than** her sister.
2. This is **by far the best apartment** we have ever lived in.

1. much/still/even/far/a lot/a little + 비교급
2. much/the very/by far + 최상급

비교급과 최상급으로 쓸 수 없는 형용사

unique, perfect, favorite, extreme, entire, main 등과 같은 형용사는 단어 자체에 이미 최상의 의미가 포함되어 있으므로 비교급이나 최상급으로 쓰이지 않는다.

---

6 원급이나 비교급으로 최상급의 의미 나타내기

Ann is **the smartest girl** in our school.
= **No other girl** in our school is **as smart as** Ann.
= **No other girl** in our school is **smarter than** Ann.
= Ann is **smarter than any other girl** in our school.
= Ann is **smarter than all the other girls** in our school.

: the + 형용사의 최상급 + 명사
= 부정주어 ~ + as + 원급 + as
= 부정주어 ~ + 비교급 + than
= 비교급 + than + any other + 단수명사
= 비교급 + than + all the (other) + 복수명사

7 than 대신 to를 사용하는 비교급

1. This hotel is **superior to** the one you recommended to us.
   = This hotel is **better than** the one you recommended to us.
2. You should do some research **prior to** writing your essay.

: superior, inferior, senior, junior, prior 등은 단어 자체에 비교의 의미가 포함되어 있으므로 비교급 형태로 바꾸어 사용할 필요가 없으며 than 대신에 to를 사용한다.

A 빈칸에 들어갈 알맞은 표현을 고르시오.

1 This book is _____ than that book.
   ⓐ more interesting   ⓑ the most interesting

2 Your hands are _____ as your mother's.
   ⓐ as small   ⓑ smaller than

3 The more often you work out, _____ weight you can lose.
   ⓐ the much   ⓑ the more

4 No other pasta in this town is as _____ this.
   ⓐ tasty as   ⓑ tastier than

5 A: Why do you like her?
   B: She is _____ that I have ever met.
   ⓐ kinder than   ⓑ the kindest girl

6 A: Do you like J.K. Rowling?
   B: Yes, I think she is one of the best _____ in the world.
   ⓐ writer   ⓑ writers

B 밑줄 친 부분을 어법에 맞게 고쳐 쓰시오.

1 I like playing computer games <u>much</u> than playing outside.

2 He has earned more money than any other <u>fund managers</u> in his company.

3 He is much <u>short</u> than his sisters.

4 I am <u>as twice old as</u> you.

5 Please deliver this package as soon as <u>can</u>.

Practice
TEST

Choose the best answer for the blank.

Part 1

1 A: I'm very happy because I got a
      _____ score than I had expected.
   B: Good for you!

   (a) high
   (b) highly
   (c) higher
   (d) highest

2 A: Who is the tallest boy in the class?
   B: Jack is taller than _____.

   (a) some students
   (b) any other students
   (c) all the student
   (d) all the other students

3 A: I heard your mother is in the hospital.
      How is she?
   B: Don't worry. She's _____ better.

   (a) much
   (b) the very
   (c) really
   (d) so

4 A: How about playing soccer this
      afternoon?
   B: I don't think it's a good idea. Today is
      _____ as yesterday.

   (a) cold
   (b) as cold
   (c) colder
   (d) the coldest

5 A: Which do you think is _____ of
      the two dresses?
   B: Well, it's hard to choose.

   (a) more beautiful
   (b) the more beautiful
   (c) most beautiful
   (d) the most beautiful

Part 2

6 After graduating, you will be able to get a
   much _____ salary.

   (a) high
   (b) higher
   (c) highest
   (d) highly

7 This is _____ difficult math problem in this book.

(a) a little the most
(b) more the most
(c) the most by far
(d) by far the most

8 His chocolate chip cookie is _____ mine.

(a) as twice big as
(b) twice as big as
(c) as twice bigger than
(d) twice as bigger as

9 _____ for me is taking care of my younger brother.

(a) One of the most difficult things
(b) One of the most difficult thing
(c) One of the thing most difficult
(d) One of most difficult things

10 The more people help us, _____ we can finish the project.

(a) early
(b) so early
(c) the earlier
(d) even earlier

Identify the option that contains an awkward expression or an error in grammar.

Part 3

11 (a) A: What did you do last weekend?
(b) B: I went to the San Diego Zoo with my parents.
(c) A: What did you think of the zoo?
(d) B: It is superior than the zoos in my hometown.

Part 4

12 (a) Some people have little confidence than others. (b) They tend to suffer from stress and depression in their daily lives. (c) They may even develop serious mental problems. (d) Therefore, they should learn how to properly deal with this problem.

UNIT 16

특수구문

특수구문이란 문장 내의 특정 부분이 도치, 강조, 삽입, 혹은 생략되어 있는 것을 말한다. 이러한 경우, 기본적인 문장 구조와는 다른 형태를 취하기 때문에 각각의 용법과 쓰임에 대해 잘 익혀두도록 한다.

기 출 응 용

Choose the best answer for the blank.

Not only _____ breakfast yesterday, but she also did the dishes.

(a) she cooked
(b) cooked she
(c) was she cook
(d) did she cook

정답   (d)

해석   그녀는 어제 아침식사를 요리했을 뿐만 아니라 설거지도 했다.

해결 포인트   'not only ~ but also …' 구문에서 not only가 문장의 맨 처음에 오게 되면 그 뒤의 주어와 동사가 도치된다. 이때, cook이 일반동사이기 때문에 조동사 do를 사용해야 하고, 주어진 문장의 경우 시제가 과거이므로 did를 써야 한다.

1 부정어에 의한 도치

1. **Never** <u>have I seen</u> such a tall building in my life.
2. **Little** <u>did I dream</u> that I would see you again.
3. **Not only** <u>will I work out</u> every day, but I'll also eat less.
4. **Under no circumstances** <u>should you lie</u> to your parents.
5. **No sooner** <u>had he gone</u> to bed than his cell phone rang.
6. **Not until** the next morning <u>did he remember</u> the previous day was his mother's birthday.
7. **Only** when I heard his voice <u>did I realize</u> that he was my father.

1. Not/Never/Hardly + 동사 + 주어 ~: 한 번도/거의 ~해본 적이 없다
2. Little + 동사 + 주어 ~: 거의 ~하지 않는다
3. Not only + 동사 + 주어 ~: ~뿐만 아니라
4. Under no circumstances + 동사 + 주어 ~: 어떤 경우에도 ~해서는 안 된다
5. No sooner + had + 주어 + p.p. ~ + than + 주어 + 동사의 과거형 ~: ~하자마자 … 했다
6. Not until + 명사〔주어 + 동사〕 ~ + 조동사 + 주어 + 본동사 ~: ~하고 나서야 비로소 …하다
7. Only + 부사(구)〔부사절〕 ~ + 조동사 + 주어 + 본동사 ~: ~하고 나서야 비로소 …하다

2 기타 도치구문

1. **Here** <u>comes your food</u>.
   cf. **Here** <u>he comes</u>.
2. **Beside a small fountain** <u>stood a statue</u>.
3. A: I want to see that movie. – B: **So** <u>do I</u>.
4. A: I didn't bring my ticket. – B: **Neither[Nor]** <u>did I</u>.
5. He doesn't know the truth, **nor** <u>does he</u> want to.

1. Here/There + 동사 + 주어
   cf. 단, 주어가 대명사일 경우에는 주어와 동사가 도치되지 않는다.

2. 장소 부사구 + 동사 + 주어

3. So + 동사 + 주어: 긍정문에 대한 '나도 그래'라는 의미이다.

4. Neither/Nor + 동사 + 주어: 부정문에 대한 '나도 그래'라는 의미이다.

5. 주어 + 동사 ~, nor + 동사 + 주어 ~

3 강조

1. Jim broke the coffee cup last night.

⇒¹ **It was** <u>Jim</u> **that(=who)** broke the coffee cup last night.

⇒² **It was** <u>the coffee cup</u> **that(=which)** Jim broke last night.

⇒³ **It was** <u>last night</u> **that(=when)** Jim broke the coffee cup.

2. Who broke the coffee cup last night?

= <u>Who</u> **was it that** broke the coffee cup last night?

3. I **did** <u>finish</u> my report before the deadline.

4. I **really** <u>wanted</u> to have a red bicycle when I was young.

1. It is/was + 강조된 부분 + that + 강조된 부분을 뺀 나머지 부분

2. 의문사 + is/was it that + 문장의 나머지 부분?

3. 주어 + do/does/did + 동사원형 ~ : 조동사 do를 이용한 동사 강조

4. 주어 + really/sure/desperately + 동사 ~ : 부사를 이용한 동사 강조

4 삽입

1. The teacher was, **it seemed (to me)**, very angry at that time.

2. There are **few, if any**, people who are against your idea.

3. He **seldom, if ever**, breaks his promise.

1. 주어 + 동사, it seems/seemed (to me), ~ : 내가 보기에는 ~인 것 같다

2. 주어 + 동사 + few/little, if any, 명사 ~ : ~가 있다고 해도 거의 없다

3. 주어 + seldom/hardly, if ever, 동사 ~ : ~한다고 해도 거의 안 한다

5 생략

1. A: You must be very tired.
   B: Yes, I **am** (very tired).
2. A: Can you swim as fast as Ted?
   B: No, I **can't** (swim as fast as Ted).
3. A: I didn't pay the phone bill yesterday.
   B: Really? You **should have** (paid the phone bill yesterday).
4. A: Who made these delicious cookies?
   B: My mother **did**(=made these delicious cookies).
5. A: Would you like to go to a movie tonight?
   B: Yes, I'd love **to** (go to a movie tonight).
6. A: Do you think he'll get here soon?
   B: I think **so**(=that he will get here soon).
7. A: Can you fix my computer?
   B: I'm afraid **not**(=that I can't fix your computer).

: 질문에 대한 같은 내용의 반복을 피하고자 할 때 다음과 같이 생략한다.

1. 주어 + be동사 (반복되는 부분은 생략).
2. 주어 + 조동사 (반복되는 부분은 생략).
3. 주어 + would/could/should/might/cannot + have (p.p. 뒤의 반복되는 부분은 생략).
4. 주어 + do/does/did.: 본동사 부분부터 반복이 되면 do로 대신 받고 나머지 부분은 모두 생략되는데, 이때의 do를 대동사라고 한다.
5. 주어 + 동사 + to.: to부정사부터 반복이 되면 to만 남기고 나머지 부분은 모두 생략되는데, 이때의 to를 대부정사라고 한다.
6. 주어 + think/hope/be afraid 등 + so.: so가 that절을 대신해서 쓰인다.
7. 주어 + hope/be afraid + not.: not이 부정의 that절을 대신해서 쓰인다.

Basic Drill

A 빈칸에 들어갈 알맞은 표현을 고르시오.

1. Not only _____ good at math, but she's also good at science.
   ⓐ she is   ⓑ is she

2. My parents want me to learn taekwondo, but I don't want _____.
   ⓐ to do   ⓑ to

3. Under no circumstances _____ forget this password.
   ⓐ should you   ⓑ shouldn't you

4. He seldom, _____, exercises, even though he always says that he wants to.
   ⓐ if any   ⓑ if ever

5. A: I need a break.
   B: _____.
   ⓐ So do I.   ⓑ Neither do I.

6. A: Is he going to break his promise again?
   B: _____.
   ⓐ I hope not.   ⓑ I don't hope so.

B 밑줄 친 부분을 어법에 맞게 고쳐 쓰시오.

1. Hardly <u>he paid</u> attention to the lecture.

2. Here <u>the train comes</u>.

3. Never <u>have been I</u> to an amusement park.

4. It was John who first <u>did solve</u> the problem.

5. Jamie did <u>attended</u> English class this morning.

Practice TEST

Choose the best answer for the blank.

Part 1

1   A: I've been to many beautiful places thanks
        to my job.
     B: _____.

     (a) So do I
     (b) I do so
     (c) So I have
     (d) So have I

2   A: Do you think the American TV series,
        Gossip Girl is fun to watch?
     B: Yes, _____.

     (a) so do I
     (b) I think to
     (c) I think so
     (d) I think that

3   A: I think John needs more time to finish
        his painting.
     B: Helen _____, too.

     (a) needs
     (b) needs to
     (c) does it
     (d) does

4   A: When can I expect to start making
        money?
     B: Only after graduation _____ a
        great job.

     (a) you get
     (b) get you
     (c) you can get
     (d) can you get

5   A: Why did you miss Daniel's birthday
        party?
     B: I didn't _____. I was really sick.

     (a) mean
     (b) mean to
     (c) mean to be
     (d) mean to it

Part 2

6   Not until he reached the last stop
     _____ that he had missed his stop.

     (a) he realized
     (b) did he realize
     (c) he did realize
     (d) realized he

7 Terry doesn't have his own house, _____ does he want one.

(a) neither
(b) yet
(c) nor
(d) though

8 _____ sat at the table than someone knocked on the door.

(a) As soon as he
(b) No sooner he
(c) As soon as had he
(d) No sooner had he

9 Michael reads few, _____, science fiction novels.

(a) if any
(b) if some
(c) if ever
(d) if little

10 Little _____ that Joshua had been in love with me for a long time.

(a) I knew
(b) knew I
(c) did I know
(d) I did know

Identify the option that contains an awkward expression or an error in grammar.

 Part 3

11 (a) A: I wish Tim were here with us.
(b) B: So am I. If he were here, he would like this place.
(c) A: It's a pity that he had to attend that conference.
(d) B: Let's visit this place with him again sometime.

 Part 4

12 (a) Some people think that language and culture are not directly related. (b) But actually, your speech does reflects every aspect of your culture. (c) Therefore, if you want to learn about the culture of a country, it is a good idea to examine the people's language. (d) By doing so, you can understand their history and way of life.

TEPS

TEPS BY STEP

GRAMMAR

Section 2

실전 Mini TEST

Mini TEST 1

▰ Part 1

Choose the best answer for the blank.

1   A: You cannot travel _____ a long
      distance by bike.
    B: Maybe not, but I'll try.

    (a) so
    (b) too
    (c) such
    (d) much

2   A: Paul, it is time you _____ playing
      that game.
    B: Can't I play it a little more?

    (a) stopped
    (b) will stop
    (c) have stopped
    (d) will be stopping

3   A: Where is the key?
    B: I remember _____ it on the table,
      but I'm not sure where it is now.

    (a) put
    (b) to put
    (c) to putting
    (d) putting

4   A: Sam! Why didn't you send the materials
      I asked you for?
    B: What do you mean? I _____ them
      last week.

    (a) was mailing
    (b) was mailed
    (c) mailed
    (d) have mailed

5   A: Excuse me, can you tell me where the
      restroom is in this building?
    B: Sure. It's at _____ end of the
      hall.

    (a) either
    (b) both
    (c) other
    (d) the other

6   A: Steve, is this _____ you've been
      looking for?
    B: Let me see it. Hmm... No, this case is
      kind of small.

    (a) that
    (b) what
    (c) whom
    (d) which

7 A: How did you feel when you performed
      on the stage?
   B: It was fun, but I was a little _____
      to dance in front of many people.

   (a) embarrass
   (b) embarrassing
   (c) embarrassed
   (d) to be embarrassed

◢ Part 2

Choose the best answer for the blank.

8 Serious problems can often _____
   by a small mistake.

   (a) cause
   (b) be causing
   (c) be caused
   (d) to be caused

9 The professor gives _____ F to any
   student who is late for class more than
   five times.

   (a) a
   (b) an
   (c) any
   (d) every

10 Only by repeated practice _____
    the fruits of success.

    (a) you can taste
    (b) can you taste
    (c) can taste you
    (d) taste you can

11 The comedian woke up one day and found
    _____ suddenly famous.

    (a) him
    (b) me
    (c) himself
    (d) myself

12 The number of people at the party
    _____ larger than we expected.

    (a) is
    (b) are
    (c) has
    (d) have

13 By the end of this month, I _____
    all of my vacation homework.

    (a) finish
    (b) have finished
    (c) will finish
    (d) will have finished

14 You are not allowed to enter this wedding ceremony _____ you have an invitation.

(a) if
(b) because
(c) unless
(d) whereas

Part 3

Identify the option that contains an awkward expression or an error in grammar.

15 (a) A: My headache is getting worse.
(b) B: Really? You took some aspirin, didn't you?
(c) A: Yes, but they're not working.
(d) B: Then stop to work and lie down for a while.

16 (a) A: I'm really worried about my health.
(b) B: What do you say that?
(c) A: I'm always tired and I feel weak.
(d) B: Don't worry. Just try to exercise regularly.

Part 4

Identify the option that contains an awkward expression or an error in grammar.

17 (a) An American writer says that in order to be happy, people must not work. (b) According to him, a new society should be built based on playing, not working. (c) Work is something people must do again and again even though they don't want to. (d) On the other hand, people play because they want to, so it makes them to feel free and happy.

18 (a) If you want your heart to be healthy, try to laugh as often as possible. (b) That's because laughing can reduce the possibility of developing heart disease. (c) A study found that people who often laugh is less likely to have heart disease. (d) The reason is that laughter helps your blood flow well.

Mini
TEST 2

제한시간
8분 30초

Part 1

Choose the best answer for the blank.

1 A: Kate called you _____.
   B: Really? Why didn't you tell me earlier?

   (a) this morning
   (b) at this morning
   (c) on this morning
   (d) in this morning

2 A: What did you usually do when you were young?
   B: I _____ the violin every day.

   (a) used to play
   (b) am used to play
   (c) used to playing
   (d) am used to playing

3 A: Did you meet the manager today?
   B: No. By the time I got to the store, he _____ for home.

   (a) already leaves
   (b) will already leave
   (c) has already left
   (d) had already left

4 A: Who is the most handsome guy in your class?
   B: I think Tom is more handsome than _____ in my class.

   (a) any students
   (b) all the student
   (c) any other student
   (d) some of the students

5 A: I object to _____ the tax.
   B: It seems that the government doesn't have any options.

   (a) increase
   (b) increasing
   (c) be increased
   (d) being increased

6 A: Why didn't you buy a diamond ring for her?
   B: I _____ one if I had had enough money.

   (a) bought
   (b) had bought
   (c) will have bought
   (d) would have bought

7 A: Jim quit his job to start his own
   business.
   B: Really? He _____.

   (a) shouldn't
   (b) shouldn't do
   (c) shouldn't have
   (d) shouldn't have it

Part 2

Choose the best answer for the blank.

8 Some kids like basketball and _____
   like soccer.

   (a) other
   (b) others
   (c) the other
   (d) the others

9 It'll cost $200 _____ night to stay in
   this hotel.

   (a) a
   (b) at
   (c) the
   (d) by

10 My brother didn't clean his room, and I
   didn't, _____.

   (a) too
   (b) either
   (c) neither
   (d) still

11 _____ the music was quite loud,
   she soon fell asleep.

   (a) Despite
   (b) In spite of
   (c) Nevertheless
   (d) Although

12 I can't believe that he _____ on a
   TV show last night.

   (a) appears
   (b) appeared
   (c) is appeared
   (d) has been appeared

13 Little _____ that Mike would marry
   Sandra.

   (a) I thought
   (b) thought I
   (c) I did think
   (d) did I think

14 Please show me _____ you have in your pocket.

(a) if
(b) that
(c) what
(d) whether

Part 3

Identify the option that contains an awkward expression or an error in grammar.

15 (a) A: How much money do you have now?
(b) B: Why do you want to know that?
(c) A: I want to buy a new cell phone, but I don't have enough money.
(d) B: So do you expect me lending you the money?

16 (a) A: Tomorrow is Jenny's birthday. Did you buy a gift for her?
(b) B: Not yet. Do you think what she would like?
(c) A: How about buying her a purse? She'd like that.
(d) B: I think that's a good idea. Let's go buy one together.

Part 4

Identify the option that contains an awkward expression or an error in grammar.

17 (a) After creating in the Netherlands, donuts did not have a hole for a long time. (b) According to legend, the first ring-shaped donut was accidently made by a ship's captain. (c) One day, the captain stuck his donut on the handle of the ship's steering wheel. (d) When he removed his donut, he saw its new interesting shape.

18 (a) People tend to think that jealousy is not good. (b) However, you can use jealousy for positive purposes. (c) For example, when you feel jealousy about your friend's job, don't envy his or her luck. (d) Instead, use this energy to find a job that suits you better.

Mini TEST 3

제한시간
8분 30초

Part 1

Choose the best answer for the blank.

1 A: What did you do in the park?
   B: I just walked _____ a while.

   (a) for
   (b) in
   (c) after
   (d) during

2 A: Does he work for a large company?
   B: Yes, it is one of _____ companies
      in Korea.

   (a) big
   (b) bigger
   (c) biggest
   (d) the biggest

3 A: Which do you want, coffee or tea?
   B: I don't want _____.

   (a) both
   (b) either
   (c) neither
   (d) only

4 A: I _____ be going now. Nice
      meeting you.
   B: Yes, it was nice meeting you as well.

   (a) can
   (b) may
   (c) must
   (d) would

5 A: Can you tell Jack that I'm waiting for
      his call?
   B: Okay. I'll have him _____ you
      soon.

   (a) call
   (b) to call
   (c) called
   (d) calling

6 A: That actress on TV seems very young.
   B: _____ her in person, you may
      think otherwise.

   (a) To see
   (b) Seeing
   (c) Seen
   (d) Having seen

7 A: Do you still live with Paul?

   B: No. since last month, he _____ in his grandmother's house.

   (a) stays
   (b) stayed
   (c) has been staying
   (d) had been staying

Part 2

Choose the best answer for the blank.

8 I was so tired that I had trouble _____ on my work.

   (a) concentrating
   (b) to concentrate
   (c) to be concentrated
   (d) being concentrated

9 The elementary school is hosting an event, _____ is held for poor children every year.

   (a) what
   (b) that
   (c) which
   (d) where

10 That designer's bag is _____ for most people.

   (a) expensive too an item
   (b) an expensive item too
   (c) too an expensive item
   (d) too expensive an item

11 Despite his efforts, no changes in his grades _____.

   (a) see
   (b) sees
   (c) was seen
   (d) were seen

12 I found _____ dictionaries when learning a foreign language.

   (a) helpful to use
   (b) helpful it to use
   (c) to use it helpful
   (d) it helpful to use

13 _____ at least three times a week is necessary to prevent heart disease.

   (a) Work out
   (b) Working out
   (c) To have worked out
   (d) Having worked out

14 If you _____ the truth sooner, I would have forgiven you.

    (a) tell
    (b) told
    (c) have told
    (d) had told

Part 3

Identify the option that contains an awkward expression or an error in grammar.

15 (a) A: I feel like I've forgotten something.
    (b) B: You didn't leave anything important in the office, did you?
    (c) A: No... Oh, I forgot locking the door!
    (d) B: Really? I guess we have to go back.

16 (a) A: Jack, this jacket looks very good, doesn't it?
    (b) B: Yeah. I like the color.
    (c) A: Why don't you try it on?
    (d) B: I don't know. It looks very expensively.

Part 4

Identify the option that contains an awkward expression or an error in grammar.

17 (a) These days, to succeed at work, you should be a good team player. (b) This means that your relationship with your team is important. (c) The reason is that teamwork helps you reach common goals. (d) Therefore, if you can be a good team player, your boss will think high of you.

18 (a) Cell phones are a useful item for communicating with your friends. (b) However, your cell phone may affect your studying, caused you to waste time. (c) You may spend too much time text messaging with your friends or playing games. (d) And this can take up a lot of your time.

Section 1

TEPS 기본 다지기

내용 완성하기

• TEPS 독해 영역의 Part 1에서는 빈칸의 내용을 채우는 유형의 문제가 16문항 출제된다. 그 중 1번부터 14번까지 처음 14문항은 글의 흐름상 빈칸에 들어갈 알맞은 내용을 추론하는 문제 유형으로 구성되는데, 지문의 주제 및 흐름을 파악하여 논리적으로 해답을 도출해내는 능력을 평가한다.

기 출 응 용
―――――――
Part 1

Read the passage. Then choose the option that best completes the passage.

"Keeping up with the Joneses" is a common phrase in English. It refers to people's attempts to maintain the same standard of living as their neighbors. For example, if one family buys a new car, their neighbors will feel pressured to buy one as well. The phrase comes from the name of a comic strip that was created by Arthur R. Momand. The main character in the comic strip constantly compared himself to his neighbors, the Joneses, and bought whatever they did. He considered himself a failure if he

_____.

(a) didn't keep up with the Joneses
(b) didn't know which new car to buy
(c) couldn't help his neighbors be happy
(d) spent all his time reading comic books

정답	(a)
해석	'존스 가족 따라하기'는 흔한 영어 표현이다. 그것은 사람들이 자신의 이웃들과 같은 생활 수준을 유지하려고 하는 것을 지칭한다. 예를 들어, 만약 한 가족이 새 자동차를 구입한다면 그 이웃들 역시 한 대를 구입해야 한다는 부담을 느낄 것이다. 이 어구는 아더 R. 모맨드의 연재 만화의 이름에서 유래했다. 이 연재 만화의 주인공은 끊임없이 자신을 자신의 이웃인 존스 가족과 비교하며, 그들이 구입하는 것은 무엇이든 샀다. 그는 만약 자신이 <u>존스 가족에 뒤처지면 스스로를 실패자</u>라고 여겼다.
어휘	keep up with ~에 뒤떨어지지 않다 / phrase 어구, 표현 / attempt 시도 / maintain 유지하다 / standard 수준, 기준 / pressure 압박을 가하다 / comic strip 연재 만화 / constantly 끊임없이 / compare 비교하다 / failure 실패(자)
해결 포인트	'존스 가족 따라하기'라는 영어 표현의 유래와 그 의미에 대한 글이다. 빈칸 앞 문장에서 이웃인 존스 가족과 자신을 비교하면서 존스 가족의 모든 것을 따라해야 한다는 압박감에 시달리는 만화 주인공에 대해 설명하고 있으므로, 빈칸에는 존스 가족의 생활 수준에 발맞추지 못할 때 자신을 실패자라고 여긴다는 내용이 들어가는 것이 적절하다.

해결 전략

1. 주제 파악하기

이 유형의 문제에서는 지나치게 세부적인 사항보다는 지문의 핵심 내용을 물어보고자 하므로 주제가 드러나는 부분을 빈칸으로 제시하는 경우가 많다. 특히, 지문의 앞부분이나 뒷부분에 빈칸이 제시된 경우 주제나 핵심어구를 파악하는 문제일 가능성이 크다.

2. 앞뒤의 문맥 확인하기

빈칸이 중간 부분에 제시되어 있는 경우에는 빈칸의 내용이 주제를 뒷받침하는 부연 설명이나 예시인 경우가 많다. 따라서 빈칸 앞뒤의 문맥을 살펴 빈칸의 내용이 주제에 대해 내용을 첨가하고 있는지, 또는 반전을 제시하고 있는지를 파악하여 빈칸의 내용을 도출한다.

Basic Drill

Read each passage and choose the best phrase for the blank.

1 In the countryside, it doesn't usually matter _____. But in some cities, people are prohibited by laws from keeping more than three dogs in their home. These laws were created because dogs can cause many problems in urban areas. Too many dogs kept in a small apartment can smell bad and make a lot of noise. This is bad for both the neighbors and the dogs themselves.

ⓐ how many dogs you own   ⓑ if you keep your dog in your yard

2 Some people claim that the death penalty scares other criminals into obeying the law. But actually, the highest murder rates are found in places where many prisoners are put to death. The places with the lowest murder rates are less likely to use the death penalty. Supporters of the death penalty also say it's too expensive to keep criminals in prison. But, in reality, it is _____ to house prisoners than to put them to death.

ⓐ less common   ⓑ more economical

3 Many people say they have found this book to be helpful. But I have a problem with several parts of it. For example, there is one chapter that seems to promote dishonest behavior. It doesn't actually say that it's always a good idea to lie. However, it does suggest that _____.

ⓐ telling white lies is acceptable   ⓑ politicians should stop lying

4 Like other companies, Wal-Mart _____. Unfortunately, this hasn't always been the case. Black employees have complained about unfair treatment many times. In February 2009, for example, Wal-Mart faced lawsuits involving its treatment of African-American truck drivers. It was proven that they had been treated differently when applying for jobs. The court ordered Wal-Mart to pay $17.5 million to settle the lawsuits.

ⓐ is required to treat all of its employees equally
ⓑ has been sued by a number of former employees

5 Writing a cover letter for an academic job is similar to writing one for a job in the field of business. However, _____ in length and type. An academic cover letter should include the information normally contained in a business cover letter. Yet, it must be long enough to also contain the details of your accomplishments. Ideally, these should include your research, teaching and administrative achievements.

ⓐ the required content differs significantly
ⓑ there are no set rules to follow for either

Practice
TEST

 Part 1

Read the passage. Then choose the option that best completes the passage.

1 "Crying crocodile tears" refers to a person _____. So, how is that related to crocodiles? When a crocodile hunts, it will often hide in the grass and lie motionless. It patiently waits for an unlucky animal to come by. But being out of the water for long periods of time makes a crocodile's eyes dry out. So it produces tears to keep them wet. This makes the crocodile appear to be crying, even though it's not feeling any emotion.

(a) caring about animals
(b) regretting a mistake
(c) pretending to be sad
(d) hurting someone's feelings

2 The Poor People's Institute was founded in Germany in 1790 by Benjamin Thompson. It was a program to _____. Children attending the institute were required to work part-time jobs. When they weren't working, they attended classes and learned reading, writing and math. In addition, Thompson continuously looked for low-cost ways of providing the children with as much nutrition as possible. As a result, children were fed meals consisting primarily of soups containing potatoes, barley and peas.

(a) train children to become cooks
(b) educate and feed poor children
(c) help young people find well-paying jobs
(d) provide children with proper health care

3 Superstitions are beliefs that generally come from traditions rather than facts. Some superstitions, however, seem to be _____. One example of this is the old saying, "Red sky at night, sailor's delight; red sky at morning, sailors take warning." It may sound like a foolish superstition, but in reality, the color of sunrises and sunsets is affected by clouds. Therefore, storm clouds approaching from the east could indeed cause the morning sky to appear red.

(a) full of misinformation
(b) affected by technology
(c) taken from ancient tales
(d) based on scientific principles

4 During World War II, an atomic bomb was dropped on Nagasaki, Japan, but it was originally intended for the city of Niigata. According to the US military, the plane carrying the bomb was headed for Niigata on August 6. But there were many clouds and the pilot could not see very well. Therefore, the plane flew past Niigata and the atomic bomb was dropped on Nagasaki instead. On that terrible day, it was the weather that _____.

(a) caused the plane to crash
(b) lost the war for the Japanese
(c) changed the fates of two cities
(d) prevented a tragedy from occurring

연결어 넣기

- TEPS 독해 영역의 Part 1에서 마지막 15번과 16번을 차지하는 문제 유형이다. 빈칸 앞뒤의 문맥이 어떤 흐름으로 연결되는지를 파악하여 빈칸에 들어갈 적절한 연결어를 고를 수 있는지를 묻는 문제이다.

기출응용

Part 1

Read the passage. Then choose the option that best completes the passage.

Many toys have a suggested age range on their packaging. This helps parents choose appropriate toys for their children. But there are other factors that should be taken into consideration as well. _____, if you are looking for a toy for an infant, you should pay attention to its color. It takes some time for newborn babies to develop their sight, and certain colors can help this process, such as black, white and red. Babies also tend to be attracted to toys with pictures of faces on them.

(a) In addition
(b) However
(c) Therefore
(d) For example

정답	(d)
해석	많은 장난감들에는 그 포장지에 권장 연령이 있다. 이것은 부모들이 그들의 자녀들에게 알맞은 장난감을 고를 수 있도록 도와준다. 하지만 이 외에도 고려되어야 할 다른 요소들이 있다. <u>예를 들어</u>, 만약 당신이 유아를 위한 장난감을 찾고 있다면 당신은 장난감의 색깔에 주의를 기울여야 한다. 신생아들이 시각을 발달시키는 데에는 어느 정도 시간이 걸리며, 검은색, 흰색, 빨간색과 같은 특정한 색깔들은 이러한 과정에 도움이 될 수 있다. 또한 아기들은 얼굴이 그려진 장난감에 끌리는 경향이 있다.
어휘	packaging 포장(지) / appropriate 적절한 / factor 요소 / take ~ into consideration ~을 고려하다 / infant 유아 / sight 시각 / be attracted to ~에 끌리다
해결 포인트	빈칸 앞에서 아이들의 장난감을 고를 때 권장 연령 외에도 고려해야 할 점들이 있다고 언급한 후, 빈칸 뒤에서 그 예로 어떤 색깔의 장난감이 아이들에게 좋은지를 설명하고 있다. 따라서 빈칸에는 For example이 들어가는 것이 적절하다.

해결 전략

1. 빈칸 앞뒤의 흐름 파악하기

빈칸 뒤에 이어지는 문장의 내용이 앞 문장의 내용에 대한 첨가인지, 예시인지, 결과인지, 대조인지를 명확히 파악해야 한다.

2. 연결어의 종류 파악해 두기

인과관계	첨가	대조/반전
therefore 그러므로 thus 따라서 as a result 그 결과 consequently 그 결과 because (of) ~때문에 due to ~때문에 for this reason 이런 이유로	in addition to ~외에도 besides ~외에도/게다가 in addition 게다가 furthermore 게다가 likewise 마찬가지로 similarly 유사하게	but / yet / however 그러나 although ~에도 불구하고 even though ~에도 불구하고 in spite of ~에도 불구하고 despite ~에도 불구하고 in contrast 대조적으로 on the contrary 반대로 on the other hand 반면에 while / whereas ~인 반면
결론/요약	**예시**	
in conclusion 결론적으로 in summary 요컨대 in short 요컨대	for example 예를 들면 for instance 예를 들면 such as ~와 같이	

Basic Drill

Read each passage and choose the correct word or phrase for the blank.

1 The men and women of ancient Egypt often shaved their heads and wore wigs in public. They did this for several reasons. First of all, it made the hot Egyptian weather easier to deal with. Secondly, it was considered to be cleaner than having hair. Finally, older people didn't have to worry about going gray. However, _____ most Egyptians shaved their heads, being bald was not considered to be attractive.

    ⓐ even though   ⓑ because

2 Teaching should not be a one-way process. Instead, teachers should try to create a learning community. In an ideal classroom, students interact with their teachers, as well as with each other. _____, knowledge becomes something that is shared by everyone, rather than simply given by the teacher. This encourages students to learn faster and teaches them about being part of a community.

    ⓐ On the other hand   ⓑ As a result

3 Babies and adults require many of the same things. However, babies often need these things in smaller amounts or in a lesser degree. For example, sunlight is good for infants, but more than a small amount can be harmful. _____, while adults may find certain music to be relaxing, babies might not be able to handle it unless it is played at a very low volume.

    ⓐ Likewise   ⓑ Fortunately

4 A school counselor can help students make good decisions by giving them advice and support. If you're having problems with stress, you should talk to a counselor. He or she can also give you tips on dealing with your parents or getting along with your classmates. _____, your school counselor can advise you on ways to study better and improve your grades.

    ⓐ In other words   ⓑ In addition

5 Some animals need lots of space to live. Therefore, it is difficult for them to survive in zoos. Polar bears, _____, spend their days walking back and forth when they are in a zoo. This is a sign that they are bored and unhappy. When they live in the wild, polar bears live in an area of about 1,200 square kilometers. But in a zoo, they must stay in a tiny place. If zoos want to keep their animals healthy and happy, they should give them the space they need.

    ⓐ for instance   ⓑ consequently

Part 1

Read the passage. Then choose the option that best completes the passage.

1 These days, many people are starting their own businesses selling products on the Internet. Although online businesses are easier to run than traditional ones, there is a lot of competition in cyberspace. One way to stand out from the crowd is by offering products in high demand at the lowest prices. You could also put together discounted packages of your most popular products. _____, you could choose instead to sell only hard-to-find products. If you do, you'll face less competition and will be able to charge higher prices.

(a) In fact
(b) In the end
(c) Surprisingly
(d) On the other hand

2 There is direct relationship between your weight and the amount of sleep you get. According to research, when both children and adults don't sleep enough at night, they are more likely to be overweight. The researchers believe that this is because a person's appetite can be increased by certain hormonal changes. These changes occur when the person doesn't get enough sleep. _____, a lack of sleep causes your body to produce more of a certain hormone that gives you an appetite.

(a) In addition
(b) For this reason
(c) In other words
(d) On the other hand

3 Earlier this week, eastern Turkey was rocked by a strong earthquake. This large earthquake was soon followed by more than 20 smaller ones. The original earthquake occurred late at night while most of the people in the area were in bed. _____, thousands of people ran out onto the streets in their pajamas and spent the rest of the night outdoors. According to official reports, more than 50 people were killed and about 100 people were seriously injured.

(a) As a result
(b) Fortunately
(c) In summary
(d) In contrast

4 In the 1990s, halogen lamps were popular due to their clean, bright light and affordable price. _____, these lamps used a lot of electricity. Furthermore, they grew so hot that they caused a number of household fires. Eventually, a Harvard student named Linsey Marr designed an energy-saving alternative to these lamps. At first, Marr's lamps were distributed throughout the freshman dormitories. Later, they were not only used on the Harvard campus, but they were also sold at retail stores all over the country.

(a) Luckily
(b) Clearly
(c) Unfortunately
(d) Previously

주제 찾기

• TEPS 독해 영역 Part 2의 17번부터 6~7문제 정도가 '주제 찾기' 유형으로 출제된다. 직접적으로 지문의 주제를 묻는 문제뿐만 아니라 글의 목적이나 중심 소재, 제목 등을 묻기도 한다.

기출응용

Part 2

Read the passage and the question. Then choose the option that best answers the question.

A Chinese company has announced that it will only hire people who were born in the Year of the Dog. The company's personnel manager says that people born in the Year of the Dog are better workers. "People born in dog years are loyal and honest," he explained. "These are the qualities our company is looking for." The company has just posted its new policy online, but many recent college graduates are already complaining that it is unfair.

Q. What is the best title for the article?

(a) Chinese Company Will Only Hire "Dog People"

(b) People Born in the Year of the Dog Are the Most Honest

(c) Personnel Manager Is Sued for Unfair Hiring Policy

(d) Your Year of Birth Can Affect Your Personality

정답	(a)

해석

한 중국 회사가 개의 해에 태어난 사람만을 고용하겠다고 발표했다. 그 회사의 인사관리자는 개의 해에 태어난 사람들이 더 일을 잘 하는 직원이라고 말한다. "개의 해에 태어난 사람들은 충성스럽고 정직합니다"라고 그가 설명했다. "이런 자질이 우리 회사가 찾고 있는 것입니다." 이 회사는 인터넷상에 새로운 정책을 이제 막 게시했지만, 많은 수의 최근 대학 졸업생들은 벌써 그것이 불공평하다고 항의하고 있다.

어휘

announce 발표하다 / personnel manager 인사관리자 / loyal 충성스러운 / quality 자질 / post 게시하다 / policy 정책 / graduate 졸업생 / complain 항의하다 / sue 고소하다 / personality 성격

해결 포인트

이 기사의 주된 내용은 중국의 한 회사가 특정 해에 태어난 사람만을 고용하겠다고 발표했다는 것이다. (b)와 (d)의 내용은 회사측에서 주장하는 단편적인 내용이며, 대학 졸업생들이 그 회사의 고용 정책에 반발하고 있다고는 했으나 고소를 했다는 말은 없으므로 (c) 또한 정답이 될 수 없다.

해결 전략

1. 중심내용 파악하기

한 문단의 글은 하나의 주제와 그 주제를 뒷받침하는 문장들로 구성되어 있다. 명확하게 주제문이 제시되어 있지 않은 경우에는 지문 속에서 반복해서 언급되는 내용을 통해 주제를 파악해야 한다. 단, 지문에서 반복된 어휘가 그대로 선택지에 제시되어 있는 경우 오히려 오답일 확률이 높으며, 정답일수록 지문에서 나온 단어를 쓰지 않기 위해 다른 표현으로 대체하여 제시하는 경우가 많다.

2. 글의 목적 파악하기

편지나 팩스, 초대장 등의 실용문이 지문으로 나온 경우에는 글의 제일 앞부분이나 뒷부분에 글의 목적이 제시되는 경우가 대부분이다. 따라서 서두에서 제시되는 내용과 마지막에서 한 번 더 반복해서 당부하는 내용 등을 주의 깊게 읽고 글의 목적을 정확히 파악해야 한다.

Read each passage and choose the correct topic or purpose of the passage.

1   Scientists have always been curious about what goes on in our brains while we sleep deeply. In the past, they believed that our brain cells remain active even when we are unconscious. A new study, however, has shown that these cells actually take breaks when a person is in a deep sleep. This allows people to stay asleep even if there are loud noises around them.

ⓐ What brain cells do while people sleep
ⓑ Why deep sleep is important for health

2   A shopping center in England has begun banning shoppers who are wearing certain items of clothing. People who are wearing hooded tops or baseball caps are not allowed in the stores. It says it is doing this to make its other customers feel safer. Its purpose is to stop students from hanging out in malls with their friends. However, some people believe it is an unfair rule that judges people by their appearance.

ⓐ A mall's strict policy aimed at teenagers
ⓑ Why certain clothes became less popular in England

3 In 1962, Eunice Shriver started a day camp for mentally disabled people. Its goal was to allow them to participate in sports and other physical activities. After that, the first International Special Olympics were held in Chicago in 1968. One thousand disabled people from the US and Canada competed in track and field and swimming events. It wasn't until 1988 that the Special Olympics was officially recognized by the International Olympic Committee.

ⓐ The meaning of the Special Olympics
ⓑ The origins of the Special Olympics

4 On page seven of yesterday's newspaper, there was an article on Chinese immigrants choosing to come to Canada. In the third paragraph, it was reported that Laura Ling of Vancouver said that "Many people move from southern China to Vancouver in order to escape from the heat and crime." However, Ms. Ling actually said that many people come to Vancouver to escape from the "heat and humidity" of southern China.

ⓐ To correct a mistake   ⓑ To encourage tourism

5 Genes are shared by family members. Therefore, if a person has cancer, there's a chance that others in his or her family will have it too. Geneticists are people who study a family's history of disease. They do this to determine what sort of illnesses a person is likely to get. They can usually find this information by examining three generations of medical records and looking for patterns.

ⓐ The work of geneticists   ⓑ How cancer affects families

Practice
TEST

제한시간
4분 40초 ⊕

Part 2

Read the passage and the question. Then choose the option that best answers the question.

1   Although some animals are well-suited to living in Arctic regions, it is not easy for humans to survive in extremely cold weather. The most important thing is to find a way to keep your body temperature from dropping too low. Wearing several layers of warm clothing will help you accomplish this. You should also make sure that there is always a small space between your skin and your clothing, and that your clothes remain dry at all times.

Q. What is the best title for the passage?
(a) How Animals Survive in the Arctic
(b) Why the Arctic Is Hard to Live in
(c) The Environment of the Arctic Is Changing
(d) What You Wear Can Keep You Alive

2   A recent study looked at the way elementary school students learn math. It found an unusual connection between female teachers and female students. When the teacher lacks confidence in her math skills, her female students are more likely to think that boys are better at math than girls. Eventually, this belief could affect their confidence in their own math skills. And without confidence, these girls may have trouble learning math.

Q. What is the main idea of the passage?
(a) Most girls have confidence in their ability to do well in math.
(b) Research has shown that boys are better than girls at math.
(c) Male teachers are better at teaching math than female teachers.
(d) Some female teachers have a bad influence on girls' math learning.

3 There are five kinds of freshwater dolphins; of these, the Amazon River dolphin is considered to be the most intelligent. With brains 40% larger than those of humans, these friendly creatures have lived in harmony with people for centuries. Now, however, they are facing extinction. The continued destruction of the Amazon rainforest, along with newly built dams, water pollution, and increasing boat traffic, has made it difficult for these mammals to stay alive.

Q. What is the main idea of the passage?
(a) Amazon River dolphins are the smartest dolphin species.
(b) Amazon River dolphins have the ability to avoid polluted areas.
(c) Human activities are threatening Amazon River dolphins' survival.
(d) It is important to live in harmony with the creatures of the Amazon River.

4 To Whom It May Concern:
My name is Jordan Lee and I represent a stationery manufacturer based in Hong Kong. We produce a wide variety of high quality paper products. With production plants in several different countries, we are able to deliver our products worldwide quickly and at a low cost. In fact, we now have customers on four different continents. I've attached a product catalog for you to look over. Please remember, the listed prices of our products can be discounted based on how many you order. Thank you for your time.
Sincerely,
Jordan Lee, Sales Manager

Q. What is the purpose of the letter?
(a) To request a catalog
(b) To sell a company's products
(c) To complain about a delivery
(d) To advertise a shipping service

PART 2 UNIT

04 사실 확인하기

• TEPS 독해 영역의 Part 2에서 가장 비중이 높은 문제 유형으로 약 8~10문제 정도가 출제된다. 각각의 선택지가 지문의 내용과 일치하는지의 여부를 파악해야 하는 문제로 세부 내용의 정확한 이해를 필요로 한다.

기출응용

Part 2

Read the passage and the question. Then choose the option that best answers the question.

According to a study, we sometimes judge an individual's personality based on his or her hairstyle. For example, women with stylish hair are thought to be unintelligent. Women with short hair, on the other hand, are thought to be confident. Blonde hair makes women appear wealthy, while darker hair makes them seem smart. The study shows that men are also judged by their hair. Men with short hair are seen as confident and men with medium-length hair are seen as intelligent.

Q. Which is NOT correct according to the passage?

(a) Hair color influences what others think about a person.
(b) Men and women with short hair are seen as confident.
(c) Men with medium-length hair are perceived as smart.
(d) People with dark hair tend to judge others more often.

정답	(d)

해석　한 연구에 따르면 우리는 때때로 개인의 성격을 그들의 헤어스타일에 근거해서 판단한다고 한다. 예를 들어, 유행하는 머리를 한 여성들은 지적이지 않다고 여겨진다. 반면에 짧은 머리의 여성들은 자신감이 있다고 여겨진다. 금발은 여성들을 부유해 보이게 하며, 짙은 색의 머리는 그들을 똑똑해 보이게 한다. 연구에 따르면 남성들도 머리에 의해 판단된다. 짧은 머리의 남성은 자신감이 있는 것으로 보이고 중간 길이의 머리를 한 남성은 지적으로 보인다.

어휘　judge 판단하다 / individual 개인 / personality 성격 / stylish 유행을 따른 / unintelligent 영리하지 못한 / confident 자신감 있는 / blonde 금발의 / perceive 인식하다

해결 포인트
(a) 금발과 짙은 색의 머리를 한 각각의 경우에 어떤 인상을 주는지 설명했으므로 머리의 색에 따라 사람들이 다르게 보여질 수 있음을 알 수 있다.

(b) 남자와 여자 모두 짧은 머리를 했을 경우 자신감 있는 것으로 여겨진다고 했으므로 사실이다.

(c) 마지막 문장에서 중간 길이의 머리를 한 남자가 똑똑해 보인다고 했으므로 사실이다.

(d) 짙은 머리의 여성이 똑똑해 보인다고 했을 뿐, 다른 사람에 대해 판단하는 경향이 있는지는 언급되지 않았다.

해결 전략

1. 단서 표시하기
'사실 확인하기' 유형의 문제는 각 선택지가 지문의 내용과 일치하는지를 일일이 확인해야 되기 때문에 시간이 많이 소요된다. 따라서 지문과 선택지의 내용을 함께 읽어나가면서 각 선택지의 내용이 지문의 어느 부분에서 나온 것인지 지문에 표시하면 문제를 보다 빠르고 정확하게 풀 수 있다.

2. 배경지식을 버리고 읽기
이 유형의 문제를 풀 때, 각 선택지의 진위 여부는 해당 지문이 기준이 되어야 한다. 즉, 수험생이 갖고 있는 배경지식이나 상식을 동원하여 진위 여부를 판단해서는 안 된다. 선택지의 내용과 지문의 내용을 일대일로 대응시켜 확인하는 과정을 통하여 정확한 답을 도출할 수 있도록 한다.

Read each passage and write T if the statement below is true or F if it's false.

1 A new reality show takes a look at the musical Jackson family. The show's producers say that many of the Jacksons are participating. But now they want Michael Jackson's three children to take part as well. Michael's sister Rebbie, however, has refused. She says that if Michael were alive, he would never allow his kids to appear on the show. Michael Jackson kept his children's lives private, so she is probably right.

(1) Michael Jackson's children want to be television stars. (　)
(2) Rebbie thinks Michael wouldn't have wanted his children on the show. (　)

2 Shaun White won a gold medal in the men's snowboarding halfpipe in the 2010 Winter Olympics. In the finals, he received 46.8 points out of 50 on his first run. It was a very high score and no other competitors could beat it even after their second runs. Although he had already secured a gold medal, White made his second run anyway. Without any pressure, he attempted an amazing trick called the Double McTwist 1260 and received a score of 48.4.

(1) Before White's second run, the event's winner was decided. (　)
(2) The Double McTwist 1260 is the most difficult move in the snowboarding halfpipe. (　)

3 If you stay up late studying, you might have a hard time staying awake in class
the next day. But there's a way to solve this problem. Simply expose yourself to
bright light for at least a minute. Sunlight is best, but bright indoor lights will
work as well. Your body has a clock inside it that controls your sleeping patterns.
If it senses light, it will know it's time to be awake.

(1) Artificial light is more helpful than natural light for staying awake. (   )
(2) Bright lights can make your body adjust its sleeping patterns. (   )

4 The ancient Egyptians are believed to be the first people to use engagement
rings. At that time, they were usually woven from plants. Ancient Roman men,
on the other hand, would give a ring made of steel to the women they wished
to marry. In the 15th century, the first modern engagement ring made with a
diamond was used. Archduke Maximillian of Hamburg gave it to his fiancee.

(1) Ancient Egyptian engagement rings were made of natural materials. (   )
(2) The current type of engagement ring appeared in the 15th century. (   )

5 Before winners receive their Oscar, they must sign an agreement. It says that
they agree not to sell it to anyone else. This stops people from buying the awards
for their private collections. If a winner refuses to sign the agreement, the
Academy will keep the award. Steven Spielberg, the famous director, actually
bought two awards before this rule was created, but later returned them to the
Academy.

(1) You can only have your Oscar after agreeing not to sell it. (   )
(2) Steven Spielberg now has three Oscars. (   )

Practice TEST

Part 2

Read the passage and the question. Then choose the option that best answers the question.

1 A movie theater in Seoul is now using smells, moving seats and a number of other special effects to make a more exciting movie-going experience for viewers. Known as "4D movies," this experiment has been quite successful. Despite charging twice as much for tickets, the theater has sold out on a regular basis. Recently, a Korean studio and an American special effects company have announced a partnership to produce three new 4D movies in the coming year.

Q. Which is NOT correct about 4D movies according to the passage?
(a) They have been successful in Korea so far.
(b) They are more expensive than other movies.
(c) They were invented by a US special effects company.
(d) They provide viewers with more than just visual effects.

2 These days, a technique known as sampling has become popular among some musicians. Most commonly heard in hip-hop songs, it involves mixing parts of other artists' songs into a new song. This can result in some very original music with a modern sound, but it also can be illegal. Before other songs can be sampled, it is necessary to obtain the proper permission. If you do not, you'll be violating both the copyright of the songwriter and that of the artist who recorded it.

Q. Which is correct about sampling according to the passage?
(a) Lyrics are the most commonly considered part.
(b) It is legal if permission is received.
(c) It is a technique that uses all the parts of a song.
(d) It is only used by hip-hop musicians.

3 In the food industry, it is common to add a chemical known as MSG to enhance the flavor of a variety of foods. MSG works by exciting the brain cells related to taste. Unfortunately, this can be harmful. MSG may be related to conditions such as Parkinson's disease, and can possibly even cause death. For this reason, many consumers wish to avoid MSG, but food companies sometimes use the same chemical under a different name. And even when they don't, few consumers bother to read the ingredients before purchasing a product.

Q. Which is NOT correct about MSG according to the passage?
(a) It may be responsible for some illnesses.
(b) It is added to a number of different foods.
(c) It is generally used to make food taste better.
(d) It is always clearly included in ingredient lists.

4 Everyone experiences some anxiety from time to time, but for generalized anxiety disorder (GAD) sufferers it is far worse. They worry about everything, including things that are unlikely to happen. People are diagnosed with GAD when they have spent at least six months worrying excessively about everyday things. Every hour of every day they are anxious about school, work or their health. For this reason, they are unable to relax and have a hard time sleeping. Because they are always tired, they have difficulty concentrating. People with GAD often suffer from depression as well.

Q. Which is correct about GAD sufferers according to the passage?
(a) Their sleeping patterns are affected.
(b) They focus on a single problem.
(c) They are usually cured within six months.
(d) Their condition is caused by a virus.

특정 정보 찾기

• TEPS 독해 영역의 Part 2에서 3문제 정도 출제되는 유형으로, 질문을 읽고 요구하는 특정 내용을 찾는 문제이다. 질문에 which, what, why, how 등 의문사가 포함되어 있는 것이 특징이다.

기출 응용

Part 2

Read the passage and the question. Then choose the option that best answers the question.

In the past, hummingbirds were often killed for their feathers. These days, however, they face a different kind of threat. Hummingbirds have evolved to live in very specific environments. However, due to global warming and climate change, they are now being forced to move to new areas. When hummingbirds find themselves in a new environment, they often have a hard time finding food. For this reason, many species of hummingbirds are currently considered to be endangered.

Q. What is the main threat to hummingbirds nowadays according to the passage?

(a) Air pollution

(b) Habitat loss

(c) Water shortage

(d) Feather hunting

정답	(b)

해석

과거에 벌새들은 종종 그들의 깃털 때문에 죽임을 당했다. 그러나 오늘날에 그들은 다른 종류의 위협에 처해 있다. 벌새들은 매우 특정한 환경에서 살도록 진화해 왔다. 그러나 지구 온난화와 기후 변화로 인해 그들은 이제 새로운 지역으로 이주해야만 한다. 벌새들은 새로운 환경에 처해지면 종종 먹이를 찾는 데 어려움을 겪는다. 이런 이유로 많은 벌새의 종들이 현재 멸종 위기에 처한 것으로 여겨진다.

어휘

hummingbird 벌새 / feather 깃털 / evolve 진화하다 / specific 특정한 / global warming 지구 온난화 / climate 기후 / force (어쩔 수 없이) ~하게 만들다 / species (생물의) 종 / endangered 멸종 위기에 처한 / habitat 서식지 / loss 상실 / shortage 부족

해결 포인트

특정한 환경에서 살도록 진화된 벌새들이 지구 온난화와 기후 변화로 인해 새로운 지역으로 이동해야만 한다고 했다. 이 때문에 먹이를 찾기 어려워져 결국 멸종 위기에 처하게 됐다고 했으므로 현재 벌새들에게 가장 큰 위협이 되는 것은 서식지의 상실이다.

해결 전략

1. 질문 정확히 파악하기

이 유형의 문제에는 언제, 어디서, 무엇을 등 구체적인 정보를 묻는 의문사로 시작하는 질문이 나온다. 따라서 질문을 먼저 읽어보면서 어떤 정보를 찾아내야 하는지를 정확히 파악하는 것이 중요하다.

2. 글의 주제 파악하기

질문에서 묻는 특정 정보는 글의 주제에서 크게 벗어나지 않는다. 예를 들면, 중심이 되는 사건이 있다면 그 사건의 원인이나 결과를 물을 가능성이 크다. 따라서 글의 주제를 빠르게 파악한 뒤, 그와 관련된 특정 정보를 찾아내는 것이 중요하다.

Basic Drill

Read each passage and find the best answer for the question.

1 Our website features all the greatest soccer games for your computer. Best
of all, they are all available for free. You can play alone or against your friends.
Click here to see our ten most popular games, or check out a complete list of all
our games. All you need to do is fill out a free registration form, and you can get
started right away.

Q. What can you do on this site?
ⓐ Watch soccer games   ⓑ Play soccer games

2 A famous flutist, Sir James Galway and his wife, Lady Jeanne Galway, were
scheduled to play a concert with the Dallas Symphony Orchestra. Unfortunately,
James Galway fell down some stairs and injured his hand, wrist and elbow. His
performances have been canceled for the rest of the year. In his place, rather
than another flutist, a young violinist named Caroline Goulding will perform.

Q. Why was the flutist replaced by a young violinist?
ⓐ Because of his injury   ⓑ Because of his sick wife

3 If you have a story, why not tell it with the MyStudio program? Our software gives
you everything you need for editing photos and making movies. With just a few
clicks, you can download music, edit photos and turn them into great-looking
movies. Then you can share them with friends by uploading them onto your own
page on the MyStudio website. It doesn't matter what kind of computer you have.
MyStudio is available for both PCs and Macs.

Q. What can you do with the MyStudio program?

ⓐ Put your movies onto the Internet

ⓑ Make your own songs

4 If you look at the lunch menu at Eastville Middle School, you'll see fresh vegetables, fresh fruit, and milk. But you'll also see cheeseburgers and French fries. This is because the school has decided to offer its students both the food they want to eat and the food they should eat. If students order a cheeseburger, they can't also order the French fries. Instead, they must order the vegetables. According to the principal, this policy is designed to keep the kids both healthy and happy.

Q. What is the lunch menu rule at Eastville Middle School?

ⓐ If students want to eat junk food, they must also eat healthy food.

ⓑ Students can't have junk food unless they do well in their classes.

5 It is believed that our planet's temperature has been steadily increasing due to both natural and man-made causes. Ever since the Industrial Revolution, humans have been releasing large amounts of carbon dioxide and methane into the air. These gases come from factories, cars and other types of machinery. Once they enter the atmosphere, they stay there for years and prevent heat from escaping the Earth.

Q. Why is the Earth's temperature rising?

ⓐ Gases produced by humans stop heat from leaving the Earth.

ⓑ Cold gases in the atmosphere are being replaced by warm gases.

제한시간
5분 20초

Part 2

Read the passage and the question. Then choose the option that best answers the question.

1 Every year, approximately 80 tropical low-pressure systems form over the oceans and seas of the world. These storms are referred to by the general term, "tropical cyclone." However, when one of these storms forms in the Pacific Ocean and its winds reach speeds of 33 meters per second, it is referred to as a "typhoon." If one forms in the Atlantic Ocean or the Caribbean Sea, on the other hand, it is known as a "hurricane."

Q. How are the two types of tropical low-pressure systems divided?
(a) By the region of their formation
(b) By the speed at which they move
(c) By the season in which they form
(d) By the direction that their winds blow

2 If you're rich, you can easily buy a new pair of running shoes or a high-tech cell phone. Other people, however, can't afford to always buy the latest products. But in wealthy countries, people usually value these things, even if they aren't necessary in order to live a comfortable life. They feel they must keep up with their rich neighbors. As a result, those who cannot afford latest "must-have" items are often unsatisfied.

Q. Why are people in wealthy countries NOT always happy?
(a) Popular products aren't always available in stores.
(b) Other people own things they can't afford themselves.
(c) There are too many items to choose from.
(d) Poor countries blame them for having too many things.

3 Dear Ms. Brady,

Recently, we received new government guidelines for collecting data on the race, gender and nationality of our students. Its purpose is to help create an accurate picture of our student body. To make sure that we switch over to this new system without any problems, please make one of your staff members responsible for the process. Give this person the attached copy of the guidelines, and instruct him or her to come to me with any questions. Thank you very much.

Q. What should the person who receives this letter do?
(a) Select a person to be in charge of collecting data
(b) Create a new procedure for collecting student data
(c) Collect personal information from every student
(d) Write a report on the makeup of the student body

4 When electronic products such as televisions, computers and cell phones are thrown away, they become known as e-waste. The growing amount of e-waste has now become a serious problem for our society. The first step to reducing e-waste is keeping your electronic devices in good condition so that they last longer. When you no longer need them, try donating functioning devices to friends or charity rather than throwing them away. And if they no longer function, give them to an organization that will recycle their usable parts.

Q. Which is NOT included as a way of solving the e-waste problem?
(a) Making electronic products last as long as possible
(b) Donating used electronic products to others
(c) Giving used products to recycling organizations
(d) Replacing old electronic components with new ones

PART 2 UNIT

06

추론하기

- TEPS 독해 영역 Part 2의 후반부에 4~5문제 정도 출제되는 문제 유형이다. 지문의 내용을 바탕으로 그 글에서 직접적으로 언급하지 않은 내용을 유추해낼 수 있는지를 평가하는 문제이다. 전체 내용에 대한 추론, 특정 내용에 대한 추론, 지문에 이어질 내용에 대한 추론 유형이 있다.

기출응용

Part 2

Read the passage and the question. Then choose the option that best answers the question.

It is common for brothers and sisters to fight with each other. However, these conflicts can have a negative impact on their relationship over time. Fights are often caused by issues of personal space, both physical and emotional. One sibling, for example, might borrow another's clothes or toys without asking for permission first. In studies, both older and younger siblings reported communication problems and a loss of trust due to such incidents. Older siblings, however, reported this kind of incident more frequently.

Q. What can be inferred from the passage?

(a) Most children don't require as much personal space as adults.

(b) Younger siblings don't care if others borrow their things.

(c) Fighting between siblings can bring them closer to each other.

(d) Older siblings are more sensitive to personal space issues.

정답	(d)

해석

형제와 자매들이 서로 싸우는 것은 흔한 일이다. 그러나 이러한 갈등은 시간이 흐르면서 그들의 관계에 부정적인 영향을 끼칠 수 있다. 싸움은 물리적이든 감정적인 부분이든 개인적인 영역에 대한 문제로 인해 발생한다. 예를 들어, 한 형제나 자매는 먼저 허락을 받지 않고서 다른 형제나 자매의 옷이나 장난감을 빌려갈 수도 있다. 연구에서는, 그런 사건들 때문에 윗형제와 동생 모두 의사소통에 문제가 생기거나 신뢰를 상실한다고 말했다. 그러나 윗형제의 경우 이런 사건을 더 자주 이야기했다.

어휘

conflict 갈등 / negative 부정적인 / relationship 관계 / physical 물리적인 / emotional 감정적인 / sibling 형제자매 / permission 허락 / incident 사건 / sensitive 민감한

해결 포인트

개인의 영역을 침해당했을 때, 형제자매 간에 싸움이 일어날 수 있으며 이 경우 의사소통이나 신뢰에 문제가 발생할 수 있다고 했다. 나이가 많은 쪽이 이런 현상을 더 많이 보인다고 했으므로, 그들이 개인의 영역에 관해서 더 민감해 한다는 것을 추론할 수 있다.

해결 전략

1. 질문을 통해 추론 유형 파악하기

질문을 읽고 지문 전체 내용에 대한 추론인지, 특정 내용에 대한 추론인지 확인한다.

2. 주제 찾기

전체 내용에 대한 추론일 경우, 글에서 전달하고자 하는 중심 내용을 도출해낼 수 있는지를 묻는 경우가 많다. 따라서 지문을 빠르게 훑어 읽으면서 주제를 먼저 파악한다.

3. 구체적인 정보 파악하기

특정 내용에 대한 추론일 경우 지문에서 해당 내용에 대한 부분을 찾아 구체적인 정보를 파악한 후, 각각의 선택지가 맞는 추론을 하고 있는지 확인한다. 이때 자신이 가지고 있는 상식에 기반을 하거나 추론이 엉뚱한 비약으로 흐르지 않도록 주의한다.

Basic Drill

Read each passage and choose the best answer for the question.

1 There are many benefits to keeping a diary of your personal thoughts. It can help you see the changes that occur in your life over time. It will also allow you to look back at your dreams and goals. In short, a well-kept diary can organize your life into a kind of personal history. And by reading it, you can learn important lessons that will help you grow.

Q. What can be inferred about keeping a diary?
ⓐ It will help your personal development.
ⓑ It is a great way to learn about others.

2 Americans have had a hard time accepting soccer as a major sport. When the US team played in the World Cup in Brazil in 1950, they defeated England, the best team in the world at that time. Soccer fans all around the world were amazed by the unexpected victory. However, when the team returned to the US, there was no one to greet them at the airport except their friends and families.

Q. What can be inferred from the passage?
ⓐ Americans didn't want to watch the game against England.
ⓑ Americans weren't interested in the World Cup.

3 I recently read *Influence: Science and Practice* by Dr. Robert Cialdini. This book will show you how to sell anything to anyone. As the title implies, it teaches a scientific method of influencing other people. The author studied hundreds of psychological experiments in order to develop it. Most impressively, he spent three years working a number of jobs as part of his research.

Q. What can be inferred about Dr. Robert Cialdini?
ⓐ He worked as a salesman for most of his adult life.
ⓑ Having various jobs helped him develop his method.

4 Wireless networks, or Wi-Fi, are used to allow computers and other network devices to communicate without wires. You can use this technology in coffee shops, libraries or hotels. Many homes also use Wi-Fi to wirelessly connect their computers. Some cities are even attempting to provide free Internet access to all their residents with this technology. In the future, the whole world may become a giant wireless network. We'll be able to easily access the Internet no matter where we are.

Q. What can be inferred from the passage?
ⓐ Wireless networks aren't available everywhere yet.
ⓑ Wi-Fi is the most frequently used technology in the business world.

5 A lie detector is designed to recognize when small changes occur in a person's breathing or blood pressure. It is attached to a person who is suspected of committing a crime. An investigator asks the person a series of questions. Meanwhile, the machine measures whether the person's breathing speed increases or if his or her blood pressure rises. The investigator can use this information to determine whether or not the person is answering each question truthfully.

Q. What can be inferred from the passage?
ⓐ Physical changes occur in our bodies when we lie.
ⓑ Lie detectors are only effective in certain situations.

Practice TEST

Part 2

Read the passage and the question. Then choose the option that best answers the question.

1   When creating a questionnaire, structure is just as important as content. It should start with an introduction that gives a brief overview of what kind of questions will be asked. But don't explain exactly what you wish to achieve, as this could influence the way people respond. The first few questions should be easy and interesting. The more complex ones should be saved for later. However, be sure to maintain a logical order to your questions to avoid confusion.

Q. What can be inferred from the passage?
(a) The first question should be the most difficult one.
(b) It's necessary to explain the exact intent of the questionnaire.
(c) Organizing the questions logically is important.
(d) An introduction is the most important part of a questionnaire.

2   Spinosaurus were large, meat-eating dinosaurs. Their bones are often found in the same area as those of Tyrannosaurus. Scientists have long wondered how two species of giant predators could live together while competing for food. The answer may finally have been found by a recent study. A French researcher closely studied the Spinosaurus's teeth. He found that they were more like the teeth of water animals, such as crocodiles and turtles, than the teeth of land animals.

Q. What can be inferred from the passage?
(a) Spinosaurus probably lived in the water.
(b) Spinosaurus were likely to have eaten crocodiles and turtles.
(c) Spinosaurus might have been smaller than Tyrannosaurus.
(d) Spinosaurus's bones aren't found in Europe.

3   There are many things to consider when planning for your retirement. In order to ensure that you'll have enough money to live comfortably, you'll need to create a regular habit of saving, and use this money to make wise investments. There is also a need to be prepared for unexpected events. Even the best plan can be inadequate if you're forced to stop working earlier than you expected. Therefore, you should take every possibility into account when making your retirement plan.

Q. What can be inferred from the passage?
(a) You should pick the exact date of your retirement in advance.
(b) It's a good idea to be prepared for unexpected early retirement.
(c) It's better to save money for retirement than to invest it.
(d) You should hire an expert to make your retirement plan.

4   The Amazons were a race of female warriors said to have lived near the Black Sea around the fifth century BC. There has been much debate over whether they were real or only a myth. Recently, an archaeologist found some burial sites that may confirm their existence. The bodies were all females and they were buried with weapons. Some had curved leg bones, suggesting that they spent much of their time riding horses. And one of the bodies had an arrow in it, showing that the woman had most likely been killed in battle.

Q. What can be inferred from the passage?
(a) Archaeological evidence shows that female soldiers existed.
(b) Weapons designed for women were found at a burial site.
(c) Male and female warriors fought each other regularly in the past.
(d) Few men were interested in riding horses in the fifth century BC.

어색한 문장 찾기

• TEPS 독해 영역의 Part 3에 속해 있는 문제 유형으로 38번에서 40번까지 총 3문항이 출제된다. 전체 지문의 흐름과 어울리지 않는 문장을 고르는 문제로, 문단의 일관성과 완결성, 통일성을 제대로 이해하고 있는지를 확인하는 유형이다.

기 출 응 용

Part 3

Read the passage. Then identify the option that does NOT belong.

Comet was the guide dog of a blind man named David Quarmby. (a) He helped his owner make a 120-mile trip home, and then died from cancer. (b) Although Comet wasn't interested in his usual treats during the trip, his owner never thought that he had cancer. (c) In fact, animals can suffer from many different types of cancer, just like humans. (d) Quarmby later said, "Losing Comet was a terrible thing. He was with me everywhere I went."

정답　(c)

해석　카멧은 데이비드 쿠암비라는 시각 장애인의 안내견이었다. (a) 그는 자신의 주인이 120마일에 달하는 귀가를 할 수 있도록 도와주었고, 그런 다음 암으로 죽었다. (b) 카멧이 그 여정 동안 평소 먹던 간식에 관심을 보이지 않았지만, 그의 주인은 카멧이 암에 걸렸을 것이라고는 생각하지 못했다. (c) 사실, 동물들도 사람들과 똑같이 여러 종류의 암에 걸릴 수 있다. (d) 쿠암비는 이후에 "카멧을 잃은 것은 끔찍한 일이었다. 그는 내가 어딜 가든 함께였다."라고 말했다.

어휘　guide dog 안내견 / blind 맹인의 / cancer 암 / treat 특별한 것(애완동물에게 특별히 주는 간식) / suffer from ~을 앓다

해결 포인트　도입문에서 카멧이라는 이름의 맹인 안내견을 소개한 후, 이어지는 문장들에서 그 안내견이 암에 걸린 후에도 자신의 역할을 다하고 난 뒤 죽은 사연에 대해 이야기하고 있다. 따라서 동물들이 암에 걸릴 수 있다는 (c)의 내용은 이 사건과 직접적으로 관련이 없다. (c)의 cancer처럼 다른 문장에서 언급된 단어를 반복적으로 사용하여 연관성이 있는 것처럼 함정을 만들어 놓는 경우가 많으므로 주의한다.

해결 전략

1. 주제와 비교하기
전체 흐름과 관련이 없는 문장을 찾으라는 것은 다르게 표현하면 '주제'와 관련이 없는 문장을 고르라는 의미이다. 따라서 도입문인 첫 문장을 읽으면서 지문의 중심 내용과 주제를 빠르게 파악해 낸 뒤, 그 주제와 각각의 보기들을 비교하며 읽도록 한다.

2. 연결어와 지시어 등에서 단서 찾기
논리적인 흐름을 갖춘 문단이 되려면 연결어나 지시어, 대명사 등이 제대로 활용되어야 한다. 따라서 연결어, 지시어, 대명사 등이 어색하게 쓰인 문장이라면 흐름과 관련이 없는 문장일 확률이 높다. 그러므로 연결어가 논리적으로 쓰였는지, 지시어와 그것이 지칭하는 바가 적절한 대응을 이루고 있는지 등을 따져 읽어야 한다.

3. 선택지 하나씩 빼고 읽기
정답을 고르기 어려울 경우에는 선택지를 하나씩 빼고 지문을 읽으면서 어느 문장을 빼고 읽었을 때 더 자연스러운지 살펴본다.

Read the following and choose which sentence should come next.

1 As the number of the working poor increases, they are becoming a social problem in many countries. These are people who have jobs and work hard, but remain poor because of their low income.

ⓐ Statistics show that many of them are part-time workers.
ⓑ In low-income countries, welfare for the poor costs only $3 per person.

2 There is about 15 to 30 mg of caffeine in a cup of green tea. This caffeine works the same way as that in coffee – it helps a person's brain and muscles become more active. However, green tea also has an ingredient called theanine. This reduces the effect of the caffeine.

ⓐ As a result, people can drink green tea whenever they want to stay awake.
ⓑ As a result, green tea calms people down despite the caffeine it contains.

3 Novellas are a type of fiction which are shorter than novels and different from them in many aspects. Novels generally have plots and subplots with many characters, and occur in many different locations.

ⓐ Novellas, however, usually have few characters and concentrate on a single issue.
ⓑ The plots of many novellas are related to life's lessons.

4   Each year, $20 billion is spent on online ads. Obviously, companies realize how important the Internet is for reaching customers. They often contact online ad agencies to make the most of their Internet advertising.

ⓐ These days, advertisements are even being shown in theaters before the movie starts.
ⓑ These agencies help create basic ads and marketing strategies.

5   When it comes to learning, everyone is different. Most people are visual learners, meaning they learn more quickly when they see things. However, some people are auditory learners. It is easier for them to learn by listening.

ⓐ According to a study, listening to music while studying is helpful.
ⓑ They might prefer recording lectures rather than taking notes.

Practice TEST

◢ Part 3

Read the passage. Then identify the option that does NOT belong.

1 Developed in 1907, Cubism was one of the first important art movements of the 20th century. (a) The most famous Cubist painter was Pablo Picasso, but he was just one of many Cubist artists. (b) Some of Picasso's most famous works showed the horrors of war. (c) Cubist paintings basically show more than one view of an object at a time. (d) The movement had a strong influence on other creative fields, including literature, poetry and music.

2 The number of calories in an orange depends on its size, type and how ripe it is. (a) There are about 55 calories in smaller oranges, 70 calories in medium ones, and 110 calories in large ones. (b) Valencia oranges average about 59 calories and navel oranges generally contain about 54 calories. (c) There is nutritional value in every part of an orange, including its peel. (d) Also, ripe oranges contain a lot of sugar, which means they have more calories.

3 Overweight people often get discouraged because they feel they must quickly lose a lot of weight. (a) However, simply losing a little weight is an important first step. (b) One way to lose weight without dieting or exercising is by reducing your stress levels. (c) Studies have shown that people who lose weight slowly and steadily are less likely to regain the weight later. (d) The best method for gradual weight loss is increasing the amount of physical activity you get and changing your eating habits.

4 Our company, AntiSun, produces clothes that protect your skin from the sun. (a) Our products can be used while gardening, exercising or spending the day at the beach. (b) We use the latest scientific research to design clothes that provide maximum sun protection. (c) Our latest line of SPF clothing offers the highest possible UV protection and will keep you cool and comfortable. (d) The initials SPF stand for Sun Protection Factor, which measures a product's ability to block the harmful rays of the sun.

TEPS BY STEP

READING
Comprehension

Section 2

실전 Mini TEST

Mini TEST 1

제한시간
8분

Part 1

Read the passage. Then choose the option that best completes the passage.

1 A new health care law is making the number of calories contained in menu items _____. Thousands of fast-food restaurants are now required to include calorie counts on menu boards. In the past, states had their own rules for showing calorie counts. But now, the new law says that there needs to be a national standard. The main purpose of the law is to ensure that diners understand exactly how many calories are in the food they are ordering.

(a) lower than ever
(b) difficult to ignore
(c) the same everywhere
(d) available on request

2 There are only about 1,000 giant pandas left in the wild. Some of the reasons for this are natural, _____. The biggest problem is their diet, as pandas only eat bamboo. Unfortunately, bamboo plants in the same area all flower and die at the same time. So pandas must continually travel from one area to another, looking for food. These days, however, new roads and villages are being built between these bamboo plants, making it hard for the pandas to reach them.

(a) but some are man-made
(b) yet there's nothing we can do
(c) so giant pandas are now extinct
(d) but it's getting better now

3 When basketball was first invented, it was _____.
Nowadays, for example, each team uses five players at a time. Originally,
however, it was nine players. And in the past, peach baskets were used instead
of nets. So whenever a team scored, someone had to climb up and get the ball.
Also, although women played the sport at that time, they had to follow some
strange rules. For example, they couldn't steal the ball from each other because
it wasn't polite. And they had to wear uniforms that covered nearly their entire
body.

(a) very different from today's game
(b) instantly popular with sports fans
(c) played by both men and women
(d) not very fun for people to play

Part 2

Read the passage and the question. Then choose the option that best answers
the question.

4 Everyone knows that listening to classical music can make you feel better. But
did you know that it can make you smarter, too? Scientific studies have found that
listening to the Baroque style of classical music can help people concentrate on
their studying. When played at the correct tempo, Baroque music relaxes you
by slowing down your heartbeat and pulse. It also encourages both sides of your
brain to work harder, so you can learn more easily than usual.

Q. What is the passage mainly about?
(a) Baroque music can help people with brain damage.
(b) Baroque music composers were smarter than other composers.
(c) The effect of Baroque music depends on its tempo.
(d) Certain classical music increases learning ability.

5 According to the police, Bob Smith, a 13-year-old boy, threatened to shoot the driver of an ice cream truck. The incident began when the boy's friend attempted to steal an ice cream cone. When the driver stopped him, the other boy pointed a gun at her. He demanded her money, but she refused. After arguing for a few minutes, the two boys ran away. The police later found both of the boys at a nearby playground and arrested them.

Q. Which is correct about Bob Smith according to the article?
(a) He was caught by the police.
(b) His gun was actually a toy.
(c) He shot the truck's driver.
(d) He stole an ice cream cone.

6 *My Life* is a personalized storybook for newborn babies. It features the child's name, birth date and family members. It's a great way to show your children just how special they are. As the children grow, they can use their personalized book to learn the letters of the alphabet and how to spell their name. Eventually, it can help them become skilled and enthusiastic readers. Also, at the back of the book there is a list of useful words and their definitions to help expand the children's vocabulary.

Q. Which is NOT correct about the storybook according to the passage?
(a) Children can see their own name in the book.
(b) It helps teach children the letters of the alphabet.
(c) It provides a list of helpful vocabulary words.
(d) There are blank pages for the children to draw on.

7 Gravity is the force that keeps everything on Earth from floating off into space. It makes us feel heavy and determines how much we weigh. The further away from the Earth's center we get, the less we weigh. Actually, every object uses gravity to pull everything else toward it – even people! The bigger the object is, the stronger its pull. So, because the pull of the Earth's gravity is so strong, we don't even feel the pull of smaller objects.

Q. What can be inferred from the passage?
(a) People are the only objects that aren't pulled by gravity.
(b) Gravity has less pull on Earth than on other planets in space.
(c) A man on top of a mountain would weigh more if he came down.
(d) A person's weight increases as gravity becomes weaker.

▰▰▰ Part 3

Read the passage. Then identify the option that does NOT belong.

8 The first paragraph of a well-written essay should include a thesis statement which provides an outline for the rest of the essay. (a) Your thesis statement should tell readers what your paper is going to be about. (b) Since a thesis statement is important, you shouldn't try to make one right away. (c) An essay must present your own thoughts on a topic, not simply facts or the ideas of others. (d) Before making one, you should first do some research and then organize the information in a logical way.

Mini
TEST $\underline{2}$

제한시간
8분

◢ Part 1

Read the passage. Then choose the option that best completes the passage.

1 When your computer is turned on, many of its working parts create heat. If this
hot air isn't removed quickly enough, the temperature inside your computer can
rise and cause serious damage. The best way _____ is
to make sure it has enough breathing room. Remove any objects that might be
blocking the air flow from your computer. There should always be at least two
inches of open space on either side of computer. Also, the back should be kept
completely unblocked.

(a) to keep your computer cool
(b) to stop hot air from flowing out
(c) to fix the broken part of the computer
(d) to control the temperature in your room

2 Like all other emotions, jealousy is intended to help people live a happy and
healthy life. Its purpose is to make sure we notice and react when we're
_____. When young children, for example, feel as
though their parents are focusing all of their attention on a new baby, they grow
jealous. This jealousy shows in the children's behavior and quickly draws the
attention of their parents. Once the parents understand the situation, they are
likely to give their children exactly what they need: extra affection.

(a) falling behind in our studies
(b) feeling severe physical pain
(c) missing something we require
(d) behaving badly toward others

192

Reading

BASIC

3 Most people love to barbecue, but many find it difficult to grill in the backyard during the winter. But the new Chefstar Indoor Grill allows you to cook a delicious steak anytime. The grill is made out of special metal, so it's easy to cook on. It is also large enough to hold several steaks at once. _____, it has a special tray to prevent oil from dripping onto your kitchen counters. And when it's time to clean up, you can separate the grill into several different pieces. Each of these pieces is small enough to easily fit in your dishwasher.

(a) However
(b) Moreover
(c) Nevertheless
(d) Therefore

Part 2

Read the passage and the question. Then choose the option that best answers the question.

4 If you look up at the night sky, it's easy to see the moon and stars. But you need a telescope if you want to see planets and other interesting things. So, astronomers recently sent a small but powerful telescope into space. Known as WISE, it's about the size of a trash can. But despite its size, it's strong enough to take pictures of objects in deep space. Astronomers especially hope to get a look at distant galaxies and faint stars.

Q. What is the best title for the passage?
(a) Sending a Trash Can into Outer Space
(b) The Secret Techniques of Astronomers
(c) Small but WISE: Looking into Space
(d) Using a Telescope in Your Own Backyard

5 Full of energy like a sunny day, yellow is often considered to be a cheerful and optimistic color. However, yellow can also make people upset or angry. When people are surrounded by yellow, they tend to easily lose their temper. In addition, babies in a yellow room are more likely to cry. Yellow is also the most difficult color for our eyes to handle. A computer screen with a bright yellow background, for example, could cause harm to your vision over time.

Q. What is the main topic of the passage?
(a) Bad sides of the color yellow
(b) How colors affect your feelings
(c) The dangers of yellow paint
(d) Colors that help calm babies

6 Massage is a simple form of physical therapy. It involves pressing down on different areas of the body to reduce pain and help you relax. But it does more than just create a pleasant feeling. Massage can also make the muscles located just under your skin healthier. And it may benefit your deeper muscles and internal organs too. Massage is known to make the blood flow more freely. This helps remove harmful waste materials from your body.

Q. Which is NOT correct about massage according to the passage?
(a) It mainly helps keep your skin healthy.
(b) Body organs may benefit from a massage.
(c) It is good for your deeper muscles.
(d) Your body will have less waste after a massage.

7 In the past, people saw having babies as a necessary part of life. These days, however, many young people don't see any need to have kids. Governments have offered to reward couples financially for having children, but this hasn't helped. Rather than simply trying to solve the problem with money, politicians need to make some serious changes to our social system. Once the cost of living goes down, and education and health care are improved, birth rates will increase.

Q. What does the author suggest as a solution for low birth rates?
(a) Giving money as a reward
(b) Making family-friendly policies
(c) Providing more information to parents
(d) Offering free health care to babies

Part 3

Read the passage. Then identify the option that does NOT belong.

8 Teaching assistants play an important role in many classrooms. (a) Their primary role is to help professors concentrate fully on teaching their students. (b) For example, they plan lessons, develop support materials and help students who need extra support to finish their task. (c) These days, many professors use new technology to teach special classes online. (d) They also introduce a social aspect to the classroom, allowing students to become more comfortable with their professors.

Mini TEST 3

제한시간 8분

Part 1

Read the passage. Then choose the option that best completes the passage.

1 Tattooing involves using ink to decorate the skin with permanent marks. Tattoos are often thought of as a modern art form. However, people have been making and wearing tattoos since ancient times. The body of the "Iceman," a human thought to have lived around 3300 BC, even had tattoos on it. Scientists believe that these marks _____. And some Egyptian mummies dating from about 2000 BC were also found to have tattoos.

(a) describe the history of an ancient culture in detail
(b) explain why tattooing is very popular all over the world
(c) represent the earliest known evidence of tattooing
(d) prove that many historical figures had secret tattoos

2 Are you thinking about taking a trip soon? Here are some secrets for _____. Start by placing the lightest items at the bottom, with the heaviest ones on top. This will make it more comfortable to carry your bag on your back for long distances. And always keep some empty plastic bags with you. You can use them to separate your dirty clothes from your clean ones, or to safely carry your toothbrush, soap and shampoo.

(a) reducing backpack weight
(b) choosing the right luggage
(c) deciding which clothes to bring
(d) packing your backpack efficiently

3　In 1996, a young girl named Amber Hagerman was kidnapped and murdered. Soon after, the AMBER Alert Network was created to help prevent this kind of tragic event from happening again. AMBER stands for "America's Missing: Broadcast Emergency Response." When a child goes missing, this network is used to send out important information about the child and the possible kidnapper. It is hoped that this information will _____.

(a) help the police rescue the child quickly
(b) be used to create a new AMBER network
(c) teach parents to take better care of their kids
(d) encourage people to donate money

Part 2

Read the passage and the question. Then choose the option that best answers the question.

4　The *Moonlight Sonata* is one of Beethoven's most popular piano sonatas. Some believe that it was meant to represent the composer's one-sided love for a young woman named Giulietta Guicciardi. This is because the sonata was dedicated to her. However, others believe this is not what the *Moonlight Sonata* is about. According to them, Beethoven wrote it to show how he felt after one of his close friends died. If you listen carefully, you'll notice that the sonata resembles funeral music.

Q. What is the main topic of the passage?
(a) What makes the *Moonlight Sonata* unique
(b) How Beethoven created his best-loved masterpiece
(c) The woman who was Beethoven's romantic inspiration
(d) Possible meanings of Beethoven's *Moonlight Sonata*

5 When people are bored, they yawn longer and more often than when they're having fun. It is believed that people yawn when their bodies need to get rid of carbon dioxide and take in more oxygen. When we are bored, we breathe more slowly. As a result, less oxygen reaches our lungs and we get too much carbon dioxide in our blood. To fix this situation, our brain makes us yawn, bringing a big breath of oxygen into our body.

Q. Which is NOT correct according to the passage?
(a) Yawning helps remove CO_2 from your body.
(b) Your breathing slows down when you are bored.
(c) Bored people tend to produce more oxygen.
(d) When you're having fun, you yawn less often.

6 Dear Mr. O'Neill:
I'm writing to let you know how much I appreciate your hard work. I didn't think it was possible to recover the data from my hard drive. That computer was an older model, and I hadn't backed up my data for months. I tried several shops before yours, and they all told me it was impossible. But not only did you recover all of my data, you did it for an extremely reasonable price. Thank you for doing such a great job.
Sincerely,
Peter Randolph

Q. Which is NOT correct according to the letter?
(a) The computer was not brand-new.
(b) Mr. O'Neill recovered the lost data from the computer.
(c) Several shops said they couldn't help Peter.
(d) Peter paid a high price for the service.

7 Many people think that the more money they have, the happier they will be. However, a new study shows that people in wealthier countries aren't any happier than people in poor countries. Apparently, the amount of money a person earns has no effect on happiness. What does make a difference, however, is a person's income as compared to the nation's average income. In other words, making $100,000 a year doesn't make people happy if all of their friends are earning $200,000.

Q. What can be inferred from the passage?
(a) Happiness is connected to how a person's income compares to others.
(b) The amount of a person's income is the most important factor for happiness.
(c) People in rich countries tend to be happier than people in poor countries.
(d) A decrease in your income will actually increase your happiness.

Part 3

Read the passage. Then identify the option that does NOT belong.

8 Illiteracy statistics can show the general education level of adults in a certain region. (a) These days, however, illiteracy is measured differently than it was in the past. (b) The current focus is on "functional literacy," meaning a reading and writing level high enough to allow a person to function as a responsible adult in society. (c) A long time ago, governments encouraged illiteracy because people who couldn't easily communicate were easier to control. (d) However, past surveys of illiteracy checked only to see if a very basic level of reading and writing had been achieved.

Part 1

Read the passage. Then choose the option that best completes the passage.

1 The designers of a newly built dam in China claim that it is environmentally-friendly and will help save the earth's climate. However, new research suggests that the dam will not contribute to slowing down global warming. To make matters worse, more than 7,000 people had to give up their homes and farms to make room for the construction project. Many of these people have complained that they were given no choice. The government simply forced them to move. It seems that the new dam _____.

(a) will not be constructed as planned
(b) represents a new way of thinking
(c) helps neither the earth nor these people
(d) is a victory in the fight against global warming

2 Everyone who visits Buenos Aires, Argentina should make sure to enjoy its _____. One of the most beautiful cities in South America, Buenos Aires has a fascinating cultural history. Visitors can enjoy historical French and Italian architecture, along with many museums, theaters, and cultural centers. And people who like to walk shouldn't miss the opportunity to wander through Palermo. Located in the eastern part of the city, it is a lovely area full of trees.

(a) mix of Eastern and Western cultures
(b) friendly and hardworking people
(c) unique and attractive buildings
(d) cultural heritage and beautiful scenery

3 Contrary to popular belief, looking at a computer screen _____.
   Obviously it can be tiring to stare at anything for hours, but you don't have to
   worry about ruining your eyesight. Nevertheless, it's a good idea to take special
   care of your eyes when you're using your computer. When you look at the screen,
   you don't blink as often as usual. This causes your eyes to dry out. To avoid this
   problem, look away every ten minutes or so and make sure to blink.

   (a) makes you concentrate better
   (b) doesn't harm your eyes
   (c) makes your eyes moist
   (d) is actually good for your brain

Part 2

Read the passage and the question. Then choose the option that best answers
the question.

4 School menus may be changing for the better in the near future. The government
   is trying to create a law to improve the food that is served to students. Schools
   will be required to make healthier options available both in the cafeteria and
   in vending machines. Furthermore, the law would allow more poor children to
   receive free meals at school. It would also provide billions of dollars to create
   new educational programs related to nutrition.

   Q. What is the main idea of the article?
   (a) The government is purchasing school cafeterias.
   (b) A new law is designed to improve students' diets.
   (c) A new program will provide free meals for all students.
   (d) Parents are getting involved in school nutrition programs.

5 Generally speaking, the term "electronic music" refers to any kind of music that is created digitally. "Electronica," however, is a more specific genre of music. Electronica artists use computers to produce their music. This gives them more freedom to choose exactly how their songs will sound. Therefore, electronica composers are able to clearly express their feelings through their music. For listeners, this often results in a strong emotional reaction to the songs.

Q. Which is NOT correct about electronica according to the passage?
(a) It is a form of electronic music.
(b) It is an earlier form of digital music.
(c) It is usually produced with computers.
(d) It helps artists express themselves.

6 What do cows and the planet Mars have in common? The answer is methane. Scientists have long known that cows produce the gas when they feed. But a new study has shown that Mars also releases clouds of methane. The gas comes from three different parts of the planet. More gas is released in the summer, and less in the winter. Scientists think that it may be produced by bacteria living beneath the surface of Mars.

Q. Which is correct according to the passage?
(a) Cows and Mars produce about the same amount of methane.
(b) Methane is released across the entire surface of Mars.
(c) The most methane is released from Mars in winter.
(d) Bacteria may be the source of the methane released by Mars.

7 A new study has shown how serving sizes of food have grown. Researchers used computers to analyze 52 different paintings of the Last Supper. They compared the size of the plates to the size of the people's heads. The results showed that the plates in the paintings grew 66% larger over the past 1,000 years. And the amount of food shown on the plates also increased. This suggests that there has been a continual trend toward bigger portions of food served on bigger plates. Unfortunately, this is one of the factors known to cause overeating.

Q. What can be inferred from the passage?
(a) Details in artwork can reflect real life.
(b) The recent paintings of the Last Supper increase people's appetite.
(c) Artists aren't a good source of information.
(d) Big plates are useful for serving many guests.

Part 3

Read the passage. Then identify the option that does NOT belong.

8 Are you graduating from high school soon and confused about what step to take next? (a) If so, you could benefit from a visit to the Cambridge Center. (b) Choosing the wrong university or the wrong major can leave you with an uncertain future. (c) At the Cambridge Center, we'll use our proven testing methods to determine which career path best fits your personality, natural abilities and personal interests. (d) A team of students from the University of Cambridge have won an award for academic achievement.

Part 1

Read the passage. Then choose the option that best completes the passage.

1 Teenagers today spend a lot of time text messaging. Because of this, some people think their reading and writing skills must be getting worse. However, many experts feel that this kind of new technology _____. In the past, teenagers who couldn't read or write could still easily communicate with their friends. That's because everyone shared information by speaking. But now, with emails, text messages and instant messages, teens need to read and write if they want to socialize with their friends.

(a) helps students learn new languages quickly
(b) stops teenagers from reading enough books
(c) has put an emphasis on reading and writing
(d) allows adults to build their own social networks

2 An "elevator pitch" is a method used by businesspeople to quickly convince someone to approve or invest in a project. As a brief summary of the project, it should take around 30 seconds. Actually, the name comes from the fact that the average elevator ride in a building lasts just 30 seconds. The main idea of an "elevator pitch" is that you're not asking for something. Instead, you're quickly and clearly explaining what you can do for that person. This method can also be used by jobseekers to explain _____.

(a) why it would benefit employers to hire them
(b) what kind of products and services they have
(c) which floor the elevator will be stopping at
(d) how advertising is like riding in an elevator

3 The word "innovation" comes from a Latin word, nova, meaning "new." It is used to refer to a new idea or method. There are two different types of innovation. The first type occurs when people make changes to existing methods or things, or find new ways of using them. _____, the second kind of innovation is when people create something that is completely new and different from anything that currently exists.

(a) That is
(b) For instance
(c) In conclusion
(d) In contrast

Part 2

Read the passage and the question. Then choose the option that best answers the question.

4 Some newspaper advertisements are more effective than others. If you're wondering why, consider the amount of time you spend looking at those ads. Most people spend just four seconds looking at each page of a newspaper. First, they look over the headlines of the articles. Then, they quickly glance at the advertisements. In fact, the average woman only reads four ads per newspaper. So what does this tell you? Only ads with interesting words or eye-catching photos are likely to draw the attention of readers.

Q. What is the main idea of the passage?
(a) Women read fewer advertisements than men.
(b) People don't spend enough time reading newspapers.
(c) Detailed information is essential in advertising.
(d) Advertisements must stand out to be successful.

5 Do you find it difficult to prepare dinner after a hard day at work? Maybe you can't decide what to make, or perhaps you don't have the proper ingredients. If you're like most people, you probably just pick up some fast food or eat a frozen pizza. But Food Friends offers a service that will keep you healthy and save you time and money. Each week we bring fresh ingredients to your door, along with delicious recipes. We make it easy for you to provide your family with delicious, healthy, home-cooked meals.

Q. What is the advertisement mainly about?
(a) A food delivery business
(b) A health food restaurant
(c) A new recipe website
(d) A personal chef service

6 When a bag full of money fell out of a security truck last week, other drivers stopped to pick up as much cash as they could. Police recovered about $100,000, but another $100,000 was still missing. Later, a few of the drivers visited the police station and returned about $12,000. The bank that owns the security truck issued a warning that the money still missing was considered stolen. "When we find out who kept the money, the police will arrest them and charge them with theft," said the bank's spokesperson.

Q. Which is correct according to the article?
(a) The bank is still looking for its security truck.
(b) People took the money that fell from the truck.
(c) About twelve thousand dollars was recovered on the spot.
(d) Some of the people who kept the money were arrested.

7 The Eastside Tower offers brand-new apartments with beautiful views of the city's skyline. Just a few minutes from downtown, it has everything you and your family need. All the rooms are large and there is plenty of closet space for your clothes. There are two swimming pools in the building, as well as a fitness club and laundry room. Outside, you'll find tennis courts, basketball courts and a large parking lot. There are also many interesting shops in walking distance. To schedule an appointment to view our available apartments, please call 3142-0357.

Q. Which is NOT mentioned as a merit of the Eastside Tower?
(a) Excellent food service
(b) Easy access to downtown
(c) Large rooms
(d) Exercise facilities

Part 3

Read the passage. Then identify the option that does NOT belong.

8 Gothic novels were an extremely popular form of literature during the late 18th century. (a) They were written in a dark style and usually told stories about ghosts and other scary things. (b) The term "Gothic" was taken from the Gothic style of architecture, as these buildings looked like haunted houses. (c) Gothic architecture began in Europe, but later spread to America. (d) Many Gothic novels took place in these kinds of buildings or other scary places.

Mini
TEST <u>6</u>

Part 1

Read the passage. Then choose the option that best completes the passage.

1 Some people find it necessary to take medicine every day. If they don't, they run the risk of getting sick or even dying. Nevertheless, these people often forget to take their medicine. A new study suggests that people in different age groups are more or less likely to remember their medicine depending on _____. Younger people, for example, remember best when they are busier than usual. Older people, on the other hand, tend to remember better on days when they have fewer tasks to concentrate on.

(a) how much is on their mind at the time
(b) the type of disease they suffer from
(c) the taste and smell of the medicine
(d) whether the medicine is important or not

2 The art movement known as Dadaism began in Switzerland in 1916, but soon spread to other countries. The Dadaists were against war and ignored most of art's traditional methods and ideas. One of the Dadaists was Raoul Hausmann. One of his most famous works is a piece called *The Mechanical Head*. It is a wooden head with its eyes and mouth shut tightly, and several mechanical devices are attached to it. It is the head of a man who accepts everything he is told and has no thoughts of his own. It is meant to represent people who

_____.

(a) talk badly about their friends
(b) don't listen to others' advice
(c) take part in art movements
(d) never argue or offer an opinion

3 The ancient Greeks and Romans created great civilizations that spread all across Europe. During the Middle Ages, however, these civilizations seriously declined. Europeans went from _____ to living in poverty and fear. Because of constant war, diseases and hunger, this period is often referred to as the Dark Ages. Sadly, these terrible times lasted for centuries, and generations of Europeans lived and died without ever knowing the wealth, knowledge and happiness of the past.

(a) fighting against invading armies from the East
(b) suffering from a series of terrible natural disasters
(c) living comfortable lives with good jobs and educations
(d) studying Greek and Roman history and culture at school

Part 2

Read the passage and the question. Then choose the option that best answers the question.

4 People are more likely to buy things online when information on the product is easily available. Recently, new research showed exactly what kind of information consumers are most interested in: technical details. In the study, people were asked to choose between two different products being sold online. No matter what type of product they were shown, people were more likely to select the one offering more technical details. This held true even when the details offered little useful information.

Q. What is the main idea of the passage?
(a) People want to know more about the websites they shop on.
(b) Consumers make their decisions based on recommendations.
(c) People tend to be attracted to products with more details.
(d) Detailed explanations on websites are a waste of time.

5 Art conservators can work in a variety of places, such as art museums, galleries and libraries. Their job is to preserve important objects in order to keep them from falling apart over time. They usually focus on one type of material, such as paintings, sculptures or books. In order to do their job, they must understand each object's history, structure and chemistry. They then use this information to come up with the best method of preserving the object.

Q. Which is NOT correct about art conservators according to the passage?
(a) They usually concentrate on a specific type of art.
(b) They are required to major in art or science in graduate school.
(c) They have to understand physical facts about each object.
(d) They do research to decide how to protect each object.

6 "Material fatigue" is a weakness caused by repeated motion. Joggers, for example, will often feel a weakness in their knees after running for a long time. It doesn't stop their knees from working properly, but they won't work as well as when they were fresh. The same thing can happen with materials such as metal. When used for a long period of time, material fatigue can be seen in ships, airplanes and bridges.

Q. What is the main cause of material fatigue?
(a) An increase in strength
(b) Continual movement
(c) Repeated shaking
(d) Human error

7 ADHD is a condition that is sometimes thought to be a learning disability, but it is actually something different. Unlike children with learning disabilities, children suffering from ADHD don't need help with their schoolwork. They do, however, have trouble concentrating in class. Their condition makes it very hard for them to sit still for long periods of time. Even though ADHD itself isn't a learning disability, studies show that kids with ADHD have a greater chance of having learning disabilities.

Q. What can be inferred from the passage?
(a) Students with learning disabilities need special assistance in class.
(b) Children with ADHD are now considered to have a learning disability.
(c) ADHD is the general term used to describe a variety of learning disabilities.
(d) Students who have a hard time sitting still have a learning disability.

Part 3

Read the passage. Then identify the option that does NOT belong.

8 People usually act when it comes time to solve a problem, but they often forget to think. (a) At the Education Research Center, we've been reminding people to think for more than 25 years. (b) We help teachers, principals and other educators get a clear view of the problems they face, and find solutions. (c) Together, we can create new approaches to important issues that are too complex for the traditional education system. (d) Our society has become increasingly high-tech, so our schools need to produce more scientists and engineers.

▌지은이▌

장보금
이익훈 어학원(강남 본원) TEPS 강사

써니박
EaT 영어발전소 대표

TEPS BY STEP
Grammar+Reading 〈BASIC〉

펴 낸 이	김준희
펴 낸 곳	서울 마포구 서교동 447-5 풍성빌딩 (주)능률교육 (우편번호 121-841)
펴 낸 날	2010년 6월 25일 초판 제1쇄
전　　화	02 2014 7114
팩　　스	02 3142 0357
홈 페 이 지	www.neungyule.com
등 록 번 호	제1-68호
정　　가	15,000원

능률교육

고 객 센 터

교재 내용 문의 (02-2014-7114)
제품 구입, 교환, 불량, 반품 문의 (02-2014-7118 / 7177)
☎ 전화 문의 응답은 본사의 근무 시간(월-금/오전 9시30분~오후 6시) 중에만 가능합니다. 이외의 시간에는 www.teensup.com의
〈고객센터〉→ 1:1 게시판에 올려주시면 신속히 답변해 드리도록 하겠습니다.

꿈멤버십

인증번호 혜택은 그대로,
꿈포인트의 활용과 적립은 더 다양하게!

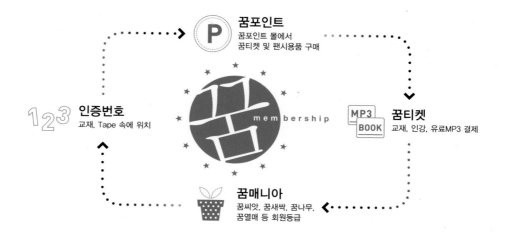

꿈포인트
꿈포인트 몰에서
꿈티켓 및 팬시용품 구매

인증번호
교재, Tape 속에 위치

꿈티켓
교재, 인강, 유료MP3 결제

꿈매니아
꿈씨앗, 꿈새싹, 꿈나무,
꿈열매 등 회원등급

인증번호 입력, 꿈포인트 적립, 자세한 꿈멤버십의 혜택 정보는

www.teensup.com 에서

인증번호	**EMABKETMVKJY7889**

※ 주의: 구매하지 않은 교재의 인증번호를 입력하여 꿈포인트를 획득하시면 적발시 모든 꿈포인트를 소멸당하는 등 불이익이 있을 수 있습니다.

우 편 엽 서

보내는 사람

e-mail 주소: ID:

이름: (남 · 여)   전화(   )   -

주소:

                 학교   학년

☐☐☐ - ☐☐☐

우표

받는 사람

서울 마포구 서교동 447-5 풍성빌딩
능률교육 앞

1	2	1	-	8	4	1

독자 여러분의 의견은 보다 나은 교재 만들기에 많은 도움이 됩니다.

TEPS BY STEP G/R 〈Basic〉

1. 당신의 영어성적은?
□ 상   □ 중상   □ 중   □ 하

2. 본 교재를 알게 된 계기는?
□ 친구/선배 소개   □ 학교/학원 부교재
□ 서점에서 보고   □ 교재 속 광고
□ 인터넷 검색   □ 기타 : _____

3. 본 교재의 구입을 결정한 이유는? (있는대로 골라 우선 순위를 매기세요.)
□ 제목을 보고   □ 내용이 좋아서
□ 디자인이 마음에 들어서   □ 교사/강사 권유
□ 출판사를 신뢰하기 때문에
□ 기타 : _____

4. 본 교재의 난이도는?
□ 어렵다   □ 적절하다   □ 쉽다

5. 본 교재의 디자인에 대한 평가는?
표지: _____
내지: _____

6. 본 교재의 장/단점은?
장점: _____
단점: _____

7. 주변에서 인기 있는 TEPS 교재와 그 이유는?
교재명: _____
이 유: _____

8. 능률교육에 바라는 점이 있다면?
_____

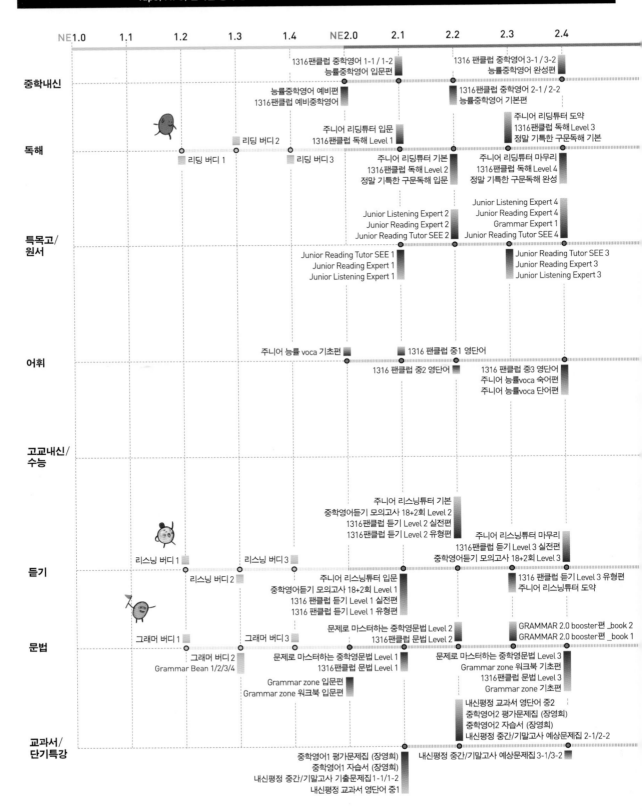

TEPS 정복을 위한
단계별 학습서

TEPS BY STEP

BASIC

정답 및 해설

GRAMMAR
+
READING

능률교육

GRAMMAR

unit 01 문장의 구성

TEPS 문법 탐구
p. 19-21

1 1 해는 동쪽에서 뜬다.

2 나뭇잎은 가을에 붉게 변한다.

3 그 공장은 일주일에 오직 10대의 차만 생산한다.

4 내 친구는 선생님에게 질문을 했다.

5 그녀를 그냥 내버려 두어야 한다.

2 1 엔터키가 작동하지 않는다.

2 그의 손에서 접시가 떨어졌다.

3 한국 전쟁은 1950년에 시작되었다.

3 1 그는 비행기 조종사이다.

2 너의 신발이 너에게 잘 어울린다.

4 1 그녀는 유명한 가수와 결혼했다.

2 나는 이 치마를 사는 데 10달러를 지불했다.

5 1 그는 내게 샌드위치를 가져다주었다.

2 부모님은 내게 새 휴대전화를 사주셨다.

6 1 모든 사람들이 그를 천재라고 부른다.

2 너는 항상 나를 화나게 만든다.

3 나는 그들에게 조용히 해달라고 부탁했다.

4 그녀는 아들에게 차를 닦으라고 시켰다.

5 나는 그가 홀에서 춤추고 있는 것을 보았다.

Basic Drill
p. 22

A 1 ⓐ 2 ⓐ 3 ⓐ 4 ⓐ 5 ⓑ 6 ⓐ

B 1 entered 2 the rules to me 3 great
   4 from enjoying 5 comfortable

A

1 내 생각에 이 오래된 우유가 상한 것 같다.

해설 go는 '~되다'의 의미로 쓰일 때 2형식 불완전자동사로서 뒤에 형용사 보어를 취하며, go bad는 '(음식이) 상하다'라는 의미이다. 따라서 정답은 ⓐ이다.

2 그는 레나의 송별회에 참석하기로 결심했다.

해설 attend는 '~에 참석하다'라는 의미의 타동사이므로 뒤에 전치사 없이 바로 목적어를 취한다. 전치사 to를 동반하여 attend to가 되면 '~에 주의를 기울이다'라는 의미이다. 주어진 문장에서의 attend는 문맥상 '참석하다'라는 의미이므로 정답은 ⓐ이다.

3 나는 남동생에게 방을 청소하라고 시켰다.

해설 사역동사인 have는 5형식 문장에서 'have + 목적어 + 원형

부정사'의 형태로 쓰여 '~에게 …하라고 시키다'의 의미를 나타낸다. 따라서 정답은 ⓐ이다.

4 나는 그의 수수께끼가 풀기 쉽다는 것을 알았다.

어휘 riddle 수수께끼

해설 find는 '~이 …하다는 것을 알다'라는 의미의 5형식 동사로 쓰일 수 있으며, 이때 '목적어 + 형용사보어'를 필요로 한다. 따라서 정답은 ⓐ이다.

5 A: 의사 선생님이 뭐라고 말씀하셨나요?

B: 제게 가능한 한 자주 운동을 하라고 충고하셨어요.

해설 advise는 '~에게 …하라고 충고하다'란 의미의 5형식 동사이므로 to부정사를 목적보어로 취한다. 따라서 정답은 ⓑ이다.

6 A: 이 셔츠를 다른 것으로 교환해주실 수 있나요?

B: 영수증을 가지고 계시다면 전혀 문제 없습니다.

해설 exchange는 전치사를 동반하여 두 개의 목적어를 취하는 3형식 동사로서 'exchange A for B'는 'A를 B로 교환하다'라는 의미이다. 따라서 정답은 ⓐ이다.

B

1 그의 아들은 대학에 입학했지만 졸업하지 않았다.

해설 '~에 들어가다'라는 의미의 enter는 전치사를 필요로 하지 않는 완전타동사로, 전치사 없이 바로 목적어를 취한다. 따라서 전치사 into를 삭제해야 한다. enter into는 '(사업이나 프로젝트 등) 시작하다'라는 의미이다.

2 그는 나에게 그 규칙을 자세히 설명해 주었다.

해설 explain은 4형식 동사로 혼동되기 쉬우나 3형식 동사이므로 '동사 + 간접목적어 + 직접목적어'의 어순으로 쓸 수 없다. 따라서 동사 바로 다음에 직접목적어인 the rules가 와야 하고 '나에게'의 의미를 나타내기 위해서 me 앞에 전치사 to를 붙여야 한다.

3 너의 아이디어는 멋지게 들린다.

해설 sound는 '~하게 들리다'라는 의미의 2형식 동사로서 뒤에 형용사를 보어로 취한다. 따라서 부사인 greatly를 형용사인 great로 고쳐야 한다.

4 폭우가 내려서 나는 여행을 즐기지 못했다.

해설 keep은 'keep + 목적어 A + from + 목적어 B'의 형태로 쓰여 '~가 …하는 것을 막다, 방해하다'의 의미를 나타낸다. 따라서 enjoying 앞에 빠져 있는 전치사 from을 추가해야 한다.

5 그의 친절함은 우리를 편안하게 만들어 주었다.

해설 make가 '~을 …한 상태로 만들어주다'라는 의미의 5형식 동사로 쓰일 때에는 목적보어로 형용사를 취한다. 따라서 부사인 comfortably를 형용사 보어인 comfortable로 고쳐야 한다.

Practice TEST

p. 23-24

1 (b) 2 (a) 3 (c) 4 (b) 5 (d) 6 (a)
7 (c) 8 (d) 9 (b) 10 (b) 11 (c)
wonderfully→wonderful 12 (a) lend→to lend

1 (b)
해석 A: 왜 밖에 서 있니?
　　B: 형이 나한테 나가라고 명령했어.
해설 '~에게 …하라고 명령하다'라고 표현할 때에는 'order + 목적어 + to부정사'의 형태로 쓴다. 따라서 정답은 (b)이다.

2 (a)
해석 A: 나는 일본어가 쉽다고 알고 있어.
　　B: 정말? 난 꽤 어렵다고 생각해.
해설 find가 '~이 …하다는 것을 알다'라는 의미의 5형식 동사로 쓰일 때에는 목적보어로 형용사를 취한다. 따라서 정답은 (a)이다.

3 (c)
해석 A: 다음 달에 일본으로 여행을 갈 거야.
　　B: 좋겠다! 그럼 내가 너에게 일본어 단어를 몇 개 가르쳐줄게.
해설 teach는 '~에게 …을 가르쳐주다'라는 의미의 4형식 동사이므로 'teach + 간접목적어(~에게) + 직접목적어(~을/를)'의 어순으로 쓴다.

4 (b)
해석 A: 그 상자 옮기는 것 좀 도와줄까?
　　B: 괜찮아. 마이크가 옮기게 시킬거야.
해설 have가 '~에게 …하라고 시키다'라는 의미의 5형식 사역동사로 쓰일 때에는 'have + 목적어 + 원형부정사'의 형태를 취한다. 따라서 정답은 (b)이다.

5 (d)
해석 A: 커피를 좀 마시고 싶어.
　　B: 조금만 기다려. 내가 가져다 줄게.
해설 사역동사 let은 목적보어로 원형부정사를 취한다. 또한, get은 '~에게 …을 가져다주다'라는 의미의 4형식 동사로 쓰일 때 뒤에 '간접목적어 + 직접목적어'의 어순이거나 '직접목적어 + for + 간접목적어'의 어순으로 쓰인다. 따라서 정답은 (d)이다.

6 (a)
해석 많은 전문가들은 다음 달에 주식시장이 안정된 상태를 유지할 것으로 예측한다.
어휘 expert 전문가 / stock market 주식시장
해설 remain은 '~한 상태를 유지하다'라는 의미의 2형식 동사이

므로 뒤에 형용사를 보어를 취한다. 따라서 형용사인 (a)가 정답이다.

7 (c)
해석 그 회사는 마침내 파업 중인 직원들과의 합의에 이르렀다.
어휘 striking 파업 중인
해설 reach는 '~에 이르다, 도달하다'라는 의미의 3형식 완전타동사이므로 뒤에 전치사 없이 바로 목적어를 취한다. 따라서 정답은 (c)이다.

8 (d)
해석 그 오래된 편지는 그에게 그의 첫사랑을 생각나게 했다.
해설 remind는 전치사를 동반하여 두 개의 목적어를 취하는 동사로, 'remind A of B'의 형태로 쓰여 'A에게 B를 생각나게 하다'라는 의미를 나타낸다. 따라서 정답은 (d)이다.

9 (b)
해석 그녀는 그와 함께 있고 싶었지만, 아무것도 그가 떠나는 것을 막을 수는 없었다.
해설 stop은 'stop A from B'의 형태로 쓰여 'A가 B하는 것을 막다'라는 의미를 나타낸다. 따라서 정답은 (b)이다.

10 (b)
해석 나는 나이 든 부부가 손을 잡고 공원을 걸어다니고 있는 것을 보았다.
해설 지각동사 see가 5형식 문형에 쓰이면 목적보어로 원형부정사나 진행의 의미를 가지고 있는 현재분사를 취한다. 따라서 현재분사인 (b)가 정답이다.

11 (c)
해석 (a) A: 이 냄새는 뭐야? 뭐 요리했니?
　　(b) B: 방금 사과파이를 구웠어. 한 조각 먹을래?
　　(c) A: 물론이지. 근사하게 들린다.
　　(d) B: 새로운 저칼로리 요리법이라 네 마음에 들 거야.
해설 sound는 2형식 동사이므로 형용사를 목적보어로 취한다. 따라서 (c)의 부사 wonderfully를 wonderful로 고쳐야 한다.

12 (a)
해석 (a) 경제 침체기 동안에는 친척들과 친구들이 당신에게 돈을 좀 빌려달라고 요청할 가능성이 큽니다. (b) 만약 그들이 그런다면, 당신은 그들이 평소에 얼마나 돈 관리를 잘 하는가를 확인해보는 것이 좋습니다. (c) 만약 그들이 돈을 낭비하는 경향이 있다면, 당신은 그들에게 돈을 빌려주어선 안됩니다. (d) 하지만, 그들이 돈 관리를 잘한다면 당신은 그들을 도울 수 있습니다.
어휘 economic slump 경기 침체기, 불황기 / manage 관리하다 (management 관리) / ordinary 평상시의
해설 ask가 '~에게 …을 부탁하다'라는 의미의 5형식 동사로 쓰일

Section 1
정답 및 해설 3

때 목적보어로 to부정사를 취하여 'ask + 목적어 + to부정사' 어순을 따른다. 따라서 (a)의 ask you lend를 ask you to lend로 고쳐야 한다.

unit
02 동사의 시제

TEPS 문법 탐구
p. 26-28

1 1 올림픽 경기는 4년마다 열린다.
  2 그 지진은 어젯밤에 중국에서 발생했다.
  3 그는 5분 후에 돌아올 것이다.
2 1 그 기차는 3시에 출발할 것이므로 늦지 말아라.
  2 그가 내일 오면, 나는 그에게 사실을 말할 것이다.
  3 만약 다음 주 금요일에 비가 온다면, 소풍은 취소될 것이다.
3 1 그는 지금 자고 있으니 나중에 다시 전화하세요.
  2 내가 그 가게에 들어갔을 때, 한 남자가 신문을 읽고 있었다.
  3 네가 거기에 도착하면, 나의 사촌이 너를 기다리고 있을 거야.
4 1 그는 날 놀리기 때문에 난 그가 싫어.
  2 나는 어렸을 때부터 그를 계속 알고 있었다.
5 1 나는 작년부터 이 도시에서 살고 있다.
  2 그가 파티장에 도착했을 때, 많은 사람들이 이미 떠나고 없었다.
  3 우리는 내년이면 결혼한 지 10년이 됩니다.
6 1 나는 작년부터 이 도시에서 계속 살고 있는 중이다.
  2 내가 그를 방문했을 때, 그는 두 시간째 공부를 하고 있었다.
  3 내년이면 저는 이 회사에서 일한 지 10년째가 될 것입니다.

Basic Drill
p. 29

A 1 ⓑ 2 ⓐ 3 ⓑ 4 ⓐ 5 ⓑ 6 ⓑ
B 1 rains 2 own 3 lost
   4 had already taken off 5 left

A

1 그는 이번 달 말까지 그의 프로젝트를 끝마치게 될 것이다.
해설 by the end of this month는 미래의 시점을 나타내는 부사구이고, 주어진 문장은 미래의 특정 시점에 완료되는 상황을 설명하고 있으므로 미래완료시제(will have + p.p.)를 쓰는 것이 적절하다.

2 그 당시에 그의 배경에 관해서는 아무것도 알려진 바가 없었다.
해설 at that time은 '그 당시'란 의미로 과거시제와 함께 사용되는 부사구이다. 따라서 정답은 ⓐ가 된다.

3 이 나라의 경제가 지난 3년 동안 급격하게 성장하였다.
어휘 dramatically 급격하게
해설 in the last three years는 '지난 3년 동안'이라는 의미로 과거와 현재 사이의 계속된 기간을 뜻하므로 현재완료시제와 함께 사용된다.

4 그는 그 책을 다 읽자마자 너에게 되돌려 줄 것이다.
해설 접속사 as soon as가 이끄는 시간부사절에서는 미래에 일어날 일이라 하더라도 미래시제를 쓰지 않고 반드시 현재시제를 써야 한다.

5 A: 여보세요, 저는 메이슨입니다. 존과 통화할 수 있을까요?
  B: 죄송합니다. 지금 그는 샤워 중입니다.
해설 문맥상 메이슨이 전화를 한 시점에 존이 샤워 중이라는 의미이므로 현재진행시제를 쓰는 것이 적절하다. 따라서 ⓑ가 정답이다.

6 A: 어떻게 그를 그렇게 빨리 알아보셨나요?
  B: 왜냐하면 예전에 그를 본 적이 있기 때문이에요.
해설 그를 알아본 시점이 과거이므로 빈칸에 그보다 한 시제 앞선 시제가 와야 '전에 본 적이 있다'는 의미를 나타낼 수 있다. 과거시제보다 한 시제 앞서 발생한 상황을 표현하기 위해서는 과거완료시제를 사용해야 한다. 따라서 정답은 ⓑ가 된다.

B

1 비가 올 경우에 대비해서 우산을 가지고 가라.
해설 in case는 조건부사절 접속사이며, 조건부사절에서 미래시제를 나타낼 때에는 반드시 현재시제를 사용하므로 will rain을 rains로 고쳐야 한다.

2 나는 시골에 농장을 소유하고 있다.
해설 own은 '소유하다'라는 의미의 동사로, 일반적으로 진행시제로 쓰지 않는 상태동사이므로 am owning을 own으로 고쳐야 한다.

3 나는 어제 손을 씻다가 시계를 잃어버렸다.
해설 yesterday와 같이 명백한 과거 시점을 나타내는 부사가 있는 경우에는 과거시제를 쓴다. 따라서 현재완료시제인 have lost를 과거시제인 lost로 고쳐야 한다.

4 내가 공항에 도착했을 때 비행기는 이미 이륙한 상태였다.
해설 공항에 도착한 시점은 과거이고, 비행기가 이륙한 시점은 그보다 앞서 있으므로 과거완료시제가 필요하다. 따라서 현재완료시제인 has already taken off를 had already taken off로 고쳐야 한다.

5 그의 아버지가 집을 떠난 이래로 3년이 흘렀다.
해설 since는 '~이래로'의 의미로 주절에 현재완료시제(has been)가 쓰였으므로 since가 이끄는 부사절에는 그 시작점이 되는 과거시제가 필요하다. 따라서 현재완료시제인 has left를 과거시제인 left로 고쳐야 한다.

Practice TEST

1 (b)	2 (c)	3 (a)	4 (b)	5 (d)	6 (c)
7 (a)	8 (d)	9 (a)	10 (b)	11 (b) occurs → occurred	12 (b) suffered → suffer

1 (b)

해석 A: 폴, 당신이 내게 제이크가 미혼이라고 얘기했었죠, 그렇죠?
　　 B: 두 달 전만 해도 그 말이 사실이었는데, 지금은 아니에요.

해설 대화의 문맥상 B가 A에게 제이크가 미혼이라고 말했던 시점이 두 달 전이었음을 알 수 있다. '두 달 전'이라는 특정 시점을 표현하기 위해서는 과거시제가 필요하므로 정답은 (b)이다.

2 (c)

해석 A: 이번 주말에 무엇을 할 예정이니?
　　 B: 사무실에서 발표를 준비하고 있을 거야.

어휘 presentation 발표, 강연

해설 A가 B에게 이번 주말 동안의 계획, 즉 미래에 진행 중일 일을 묻고 있으므로 B는 미래시제 또는 미래진행시제로 대답해야 한다. 따라서 정답은 (c)이다.

3 (a)

해석 A: 이 소포가 런던에 언제 도착할지 아세요?
　　 B: 만약에 배로 간다면 대략 1주일 정도 걸릴 것입니다.

해설 if가 이끄는 조건부사절에서는 미래의 상황일지라도 반드시 현재시제를 써야 한다. 따라서 정답은 (a)이다.

4 (b)

해석 A: 샘에게 무슨 일이 있었는지 제게 말씀해 주시겠어요?
　　 B: 지난 달에 그의 어머니가 돌아가셨어요.

어휘 pass away 죽다

해설 last month는 과거시제와 함께 사용되는 부사구이므로 빈칸에는 과거시제인 (b)가 필요하다.

5 (d)

해석 A: 우리 조부모님께서는 다음 달이면 결혼하신 지 70년이 돼.
　　 B: 와! 놀라운 걸.

해설 next month는 미래시점을 나타내는데, 그 시점에 70년째가 되어 있으려면 과거에 시작된 상황이 현재를 지나 미래까지 연결되어야 한다. 따라서 미래완료시제인 (d)가 정답이다.

6 (c)

해석 그는 지난주부터 어린이들을 위한 단편소설을 쓰고 있다.

해설 since last week는 지난주부터 지금까지 상황이 계속되고 있음을 표현하며, 현재완료시제 또는 지속의 상황을 좀 더 강조

한 현재완료진행시제와 함께 쓰일 수 있다.

7 (a)

해석 당신이 그의 그림들을 보면, 그 그림들의 선명한 색채에 깊은 인상을 받게 될 것입니다.

어휘 impress ~에게 깊은 인상을 주다

해설 when이 이끄는 시간부사절에서는 미래의 의미일지라도 반드시 현재시제를 써야 한다. 따라서 정답은 (a)이다.

8 (d)

해석 티나는 스미스 씨와 함께 일하는 것이 상상했던 것보다 훨씬 더 어려운 일임을 알게 되었다.

해설 티나가 스미스 씨와 일하는 것이 어려운 일임을 알게 된 시점이 과거시점이라면, 그 일에 대해서 미리 상상해본 것은 그보다 한 시제 앞선 시점인 과거완료시제여야 한다.

9 (a)

해석 그 음악회는 예정대로 내일 저녁 6시에 시작될 것이다.

해설 start, begin과 같이 '시작'을 나타내는 동사의 경우에는 미래를 나타내는 부사와 함께 사용될 때 현재시제로 미래시제를 대신할 수 있으므로 정답은 (a)이다.

10 (b)

해석 내가 거리에서 경찰을 보았을 때, 그들은 사람들에게 질문을 하고 있었다.

해설 경찰을 본 시점이 과거이고, 그 시점에 경찰이 하고 있었던 행위에 대한 설명이므로 빈칸에는 과거진행형이 들어가야 한다. 따라서 정답은 (b)가 된다.

11 (b)

해석 (a) A: 사라, 우리랑 함께 갈래?
　　 (b) B: 고맙지만 갈 수 없어. 오늘 아침에 예상치 못한 일이 일어났거든.
　　 (c) A: 정말? 도움이 필요하니?
　　 (d) B: 걱정하지 마. 나 혼자 처리할 수 있어.

어휘 unexpected 예상치 못한 / handle (문제를) 처리하다

해설 (b)에서 예상치 못한 일이 일어난 시점이 '오늘 아침', 즉 과거이므로 현재시제인 occurs를 과거시제인 occurred로 고쳐야 한다.

12 (b)

해석 (a) 전문가들에 따르면, 우울증은 가까운 미래에 우리 사회에서 가장 큰 건강상의 문제가 될 것이라고 한다. (b) 그들은 전 세계의 4억 5천만 명 이상의 사람들이 현재 우울증 때문에 고통받고 있다고 말한다. (c) 15세에서 44세 사이의 사람들이

저지른 자살 중의 약 60퍼센트가 우울증과 관련이 있다. (d) 놀랍게도, 우울증의 많은 경우는 14세 이전에 시작된다.

어휘 expert 전문가 / depression 우울증 / currently 현재 / suicide 자살 / commit (죄 등을) 저지르다

해설 선택지 (b)의 우울증에 걸려 고통받는 사람들이 4억 5천만 명 이상이라는 사실은 현재의 상황(currently)이므로 현재시제로 표현되어야 한다. 따라서 suffered를 suffer로 고쳐야 한다.

unit 03 동사의 태와 수 일치

TEPS 문법 탐구
p. 33-35

1 1 호주에서는 영어를 사용한다.
　2 모두가 그녀를 사랑한다.
2 1 그 부상병들은 병원으로 후송된다/되었다/될 것이다.
　2 그 부상병들은 병원으로 후송되고 있는 중이다/되고 있는 중이었다.
　3 그 부상병들은 병원으로 후송되어졌다/되어졌었다/되어졌을 것이다.
3 1 그는 그들에게 약간의 책을 보내주었다.
　2 그들은 조를 그 팀의 주장으로 뽑았다.
　3 그의 부모님들은 그가 다시 한번 시도하도록 격려했다.
4 1 각 학생들은 보고서를 써야 한다.
　2 다섯 시간은 비행기를 (타기 위해) 기다리기에는 긴 시간이다.
　3 그의 가족은 대가족이다.
5 1 너의 가위는 소파 밑에 있다.
　2 경찰은 그 살인범을 찾고 있다.
6 1 그 도시의 사람들 수가 감소하고 있다.
　2 그 도시의 많은 사람들이 애완동물을 키운다.
　3 그의 돈 중 3분의 2가 옷을 사는 데 낭비되었다.
　4 많은 종류의 물고기들이 이 강에서 발견된다.

Basic Drill
p. 36

A　1 ⓐ　2 ⓑ　3 ⓑ　4 ⓐ　5 ⓐ　6 ⓑ
B　1 has　2 to watch　3 broke down
　　4 were killed　5 was called

A

1 5킬로미터는 뛰기에는 먼 거리이다.

해설 Five kilometers를 1킬로미터가 다섯 번 있는 것으로 생각한 것이 아니라 거리를 나타내는 하나의 단위로 사용한 것이므로 단수 취급을 해야 한다.

2 우리 형은 좋은 일자리를 제안받았지만, 공부를 더 하기를 원한다.

해설 문맥상 주어가 제안을 한 것이 아니라 '제안받았다'는 의미가 적절하므로 수동태 was offered가 알맞다.

3 네 안경은 탁자 위에 있어.

해설 glasses의 경우 안경알 두 개가 쌍을 이루고 있는 것으로 보고 항상 복수 취급한다.

4 모든 선생님과 학생들은 이번 축제에 참가해야 한다.

해설 주어에 every가 포함되면 그 주어는 단수 취급을 해야 하므로 단수동사인 has to가 쓰여야 한다.

5 A: 오늘 아침에 네가 버스를 기다리고 있는 것을 보았어. 네 차에 무슨 일이 있었던 거니?
　B: 지금 수리 중이야.

해설 happen은 '~이 일어나다, 발생하다'라는 의미의 자동사이므로 수동태로 쓰이지 않는다. 따라서 정답은 ⓐ이다.

6 A: 도움을 받고 계세요?(현재 손님을 도와드리는 직원이 있나요?)
　B: 아니요, 하지만 저는 그냥 구경만 하는 중입니다.

해설 매장의 직원이 매장에 들어오는 손님에게 의례적으로 하는 인사말로서 '현재 직원의 도움을 받고 있는 중이냐'라는 의미이므로 현재진행시제를 반영한 수동태(be being p.p.)를 써야 한다. 따라서 정답은 ⓑ이다.

B

1 각 학생들은 그 질문에 대해 다른 답을 가지고 있다.

해설 'each + 단수명사'가 주어일 경우에는 반드시 동사를 단수형으로 쓴다. 따라서 have를 has로 고쳐야 한다.

2 고등학생들은 이 영화를 볼 수 있도록 허용된다.

해설 allow는 5형식으로 쓰일 때 to부정사를 목적보어로 취하는데, 수동태로 전환될 때에도 to부정사가 계속 사용되어야 하므로 watch를 to watch로 고쳐야 한다.

3 그의 자동차는 또 고장이 났다.

해설 '고장 나다'란 의미의 break down은 자동사이기 때문에 수동태로 사용할 수 없다. 따라서 능동태인 broke down으로 고쳐야 한다.

4 많은 물고기들이 오염으로 인해 죽었다.

해설 a number of는 '다수의'란 뜻으로 뒤에 '복수명사 + 복수동사'가 온다. 따라서 was killed를 were killed로 고쳐야 한다.

5 그는 어렸을 적에 '꼬마 존'이라고 불렸다.

해설 call은 '동사 + 목적어 + 명사보어'의 어순으로 '~을 …라고 부르다'의 의미로 쓰이는 5형식 동사이다. 문맥상 주어가 '꼬

마 존이라고 불렸다'는 수동의 의미가 적합하므로 called를 was called로 고쳐야 한다.

Practice TEST

1 (d)	2 (c)	3 (b)	4 (b)	5 (b)	6 (d)
7 (a)	8 (d)	9 (c)	10 (b)	11 (c) wants →
want	12 (d) was improved → improved

1 (d)
해석 A: 여보세요, 신문에 광고된 일자리 때문에 전화 드렸습니다.
B: 죄송합니다. 그 자리는 벌써 채워졌습니다.
해설 fill은 타동사로 '~을 채우다'라는 의미인데 빈칸이 있는 문장의 경우 주어가 It(=the position)이므로 채우는 주체가 아니라 채워지는 대상이다. 따라서 동사의 형태가 수동태여야 하고 already라는 부사를 감안하면 미래시제보다 현재완료시제가 적합하므로 정답은 (d)가 된다.

2 (c)
해석 A: 샐리, 재활용쓰레기를 언제 수거해가는지 아니?
B: 내가 알기로는 매주 목요일마다 수거돼.
어휘 recyclable 재활용할 수 있는 / garbage 쓰레기
해설 pick up은 '~을 가지러 가다'란 의미의 타동사로 목적어를 필요로 한다. 그런데 목적어를 동반한 선택지가 없으므로 주어 자리에 대명사 it(=recyclable garbage)을 써서 수동태로 써야 한다. 따라서 정답은 (c)가 된다.

3 (b)
해석 A: 제가 이 시험을 치르는 동안 휴대전화를 가지고 있어도 되나요?
B: 아니요, 이 상자 안에 맡기셔야 합니다.
해설 leave는 '~을 맡기다'란 의미의 타동사로 주어인 it(=cell phone)은 맡기는 주체가 아닌 맡겨지는 대상이다. 따라서 동사를 수동태로 표현한 (b)가 정답이 된다. (d) 역시 수동태이지만 문맥상 현재완료시제는 어울리지 않는다.

4 (b)
해석 A: 그 보고서는 무엇을 보여줍니까?
B: 최근 교통사고의 건수가 증가하고 있다는 것을 보여줍니다.
해설 the number of는 '~의 수'라는 의미이기 때문에 단수동사를 쓴다. 또한 사고의 건수는 늘어나는 행위를 당하는 것은 아니므로 수동태로 사용하는 것은 적절하지 않다. 따라서 정답은 (b)가 된다.

5 (b)
해석 A: 제가 회의에 들어가 있는 동안 전화한 사람이 있었나요?
B: 네, 남동생이 여러 번 전화하셨어요.
해설 there is/there are 구문의 단수 · 복수 여부는 be동사 뒤의 명사에 의해 결정된다. 주어진 문장의 경우 빈칸 뒤에 several calls라는 복수명사가 나왔으므로 복수동사를 사용해야 하고 A가 과거시제로 질문한 것에 대한 답변이므로 역시 과거시제가 필요하다. 따라서 정답은 (b)가 된다.

6 (d)
해석 사원 안에 있는 조각상들의 약 3분의 2가 입구 근처에 위치해 있다.
어휘 sculpture 조각상 / temple 사원 / entrance 입구
해설 locate는 '~을 …에 위치시키다'란 의미의 타동사인데 주어 자리에 조각상(sculptures)이 왔으므로 동사의 형태는 수동태여야 한다. 또한 주어에 분수(two thirds)가 있는 경우 of 뒤의 명사인 sculptures에 동사의 수를 일치시켜야 하므로 복수동사가 사용되어야 한다. 따라서 정답은 (d)가 된다.

7 (a)
해석 휴대전화를 이용한 신종 범죄가 최근 들어 우리 사회에서 심각한 문제로 떠올랐다.
해설 emerge는 '떠오르다, 출현하다'를 의미하는 자동사이므로 수동태로 사용할 수 없다. 또한 주어진 문장의 주어는 A new type이므로 단수동사를 써야 한다.

8 (d)
해석 20세기 이래로 여성들은 투표를 하고 사유재산을 소유하는 것이 허용되어 왔다.
어휘 vote 투표하다 / property 재산
해설 allow는 'allow + 목적어 + to부정사'의 어순으로 쓰이는 5형식 동사이며, 문맥상 여성들이 허용한 것이 아니라 '여성들에게 허용되었다'는 수동의 의미가 필요하므로 수동태를 써야 한다. 또한 since가 들어간 부사구가 있는 것으로 보아 과거의 특정 시점에서부터 현재까지 이어지는 상황을 나타내고 있으므로, 현재완료시제인 (d)가 정답이다.

9 (c)
해석 그 도서관은 지난 여름에 캠퍼스 한가운데에 건설되었다.
해설 build는 '건물을 짓다, 건설하다'라는 의미의 타동사로, 주어인 The library는 건물을 짓는 행위의 주체가 아니라 사람에 의해 지어지는 것이므로 수동태를 써야 한다. 또한 주어가 단수이므로 정답은 (c)이다.

10 (b)

해석 내가 학생이었을 때, 물리학은 내가 가장 좋아했던 과목 중 하나였다.

해설 physics가 '물리학'이라는 의미의 학문명으로 쓰였으므로 단수 취급해야 한다. 또한 과거에 대한 이야기를 하고 있으므로 과거시제인 (b)가 정답이다.

11 (c)

해석 (a) A: 우리는 고객들로부터의 이런 불만들을 빨리 처리해야 합니다.
(b) B: 저도 그렇게 생각합니다. 만약 그렇게 하지 않으면, 우리 회사의 이미지가 타격을 입을 거예요.
(c) A: 이사회 위원들은 이번 주말이 되기 전에 이 문제를 해결하기를 원하고 있어요.
(d) B: 가능한 한 빨리 좋은 아이디어를 생각해내는 것이 좋겠어요.

어휘 complaint 불만 / board 위원회 / come up with ～를 생각해내다

해설 선택지 (c)의 주어는 The board members로 복수명사인데 wants라는 현재시제의 단수동사가 사용되었으므로 wants를 want로 고쳐야 한다.

12 (d)

해석 (a) 친구들과 함께 여행하는 것은 종종 강한 유대감을 형성한다. (b) 전문가들은 친구들과 함께 여행을 가는 것에는 여러 가지 장점들이 있다고 말한다. (c) 그 장점들 중에는 감정을 공유하는 능력과 문제가 있을 때 서로를 돕는 일이 포함된다. (d) 한 연구에 따르면 친한 친구와의 여행은 행복의 수준을 50퍼센트까지 향상시켰다고 한다.

해설 선택지 (d)의 improve는 '～을 향상시키다'라는 의미의 타동사인데, 문맥상 주어인 a journey는 향상시키는 행위의 대상이 아니라 행위의 주체라 할 수 있으므로 수동태가 아닌 능동태를 사용하는 것이 알맞다. 따라서 was improved를 improved로 고쳐야 한다. 문장 끝의 전치사 by는 수동태의 행위자를 표현하는 것이 아니라 '～까지'라는 정도를 나타내는 전치사구이므로 혼동하지 말아야 한다.

unit 04 조동사

TEPS 문법 탐구
p. 40-42

1 1 내 여동생은 다양하고 맛있는 케이크를 만들 수 있다.

2 내가 없는 동안 내 컴퓨터를 써도 좋아.
3 당신의 표를 보여주시겠어요?
4 그의 부주의함은 큰 사고로 이어질 수 있다.
5 네가 말한 것이 사실일 리가 없어; 나는 그것을 믿지 않아.

2 1 네가 원하는 것은 뭐든지 가져도 좋아.
2 그는 내일 돌아올지도 모른다.

3 1 그 가수는 TV쇼에서 세 곡의 노래를 부를 것이다.
2 나는 다음 주부터 다이어트를 할 것이다.
3 바로 여기에 당신의 성함과 전화번호를 적어주시겠어요?
4 나는 어렸을 때 그 호수에서 매일 수영을 하곤 했었다.

4 1 자정이 되기 전에 집에 돌아와야 한다.
2 넌 힘들게 일을 했으니 틀림없이 피곤할 거야.

5 1 너는 네 남동생과 사이좋게 지내려고 노력해야 해.
2 내가 지난주에 주문했던 새 소파는 오늘 도착할 것이다.

6 나는 어렸을 때 그 호수에서 매일 수영을 하곤 했었다.
cf 나는 회를 먹는 것에 익숙하다.

7 1 그는 벌써 떠났을지도 모른다.
2 너는 그때 화가 났었던 게 틀림없어, 그렇지?
3 그가 옳았을 리가 없다.
4 너는 그에게 사실대로 말했어야 했다.
5 너는 그에게 사실대로 말하지 말았어야 했다.

8 1 나는 너에게 정말로 이메일을 보냈어.
2 너는 그에게 지금 전화할 필요는 없어.
3 너는 휴식을 취하는 게 낫겠어.
4 너는 다른 사람들에게 그런 말을 하지 않는 것이 낫겠어.
5 그 돈을 그에게 주느니 차라리 내다버리는 것이 낫겠다.
6 차라리 그런 옷은 사지 않는 게 낫겠다.

Basic Drill
p. 43

A 1 ⓐ 2 ⓑ 3 ⓐ 4 ⓑ 5 ⓑ 6 ⓐ

B 1 need not return[don't need to return]
2 May[Can/Could] 3 would rather
4 enter 5 used to

A

1 하늘이 점점 어두워지고 있어. 곧 비가 올지도 몰라.

해설 문맥상 '～일지도 모른다'라는 추측의 의미를 나타내는 조동사인 might를 써야 한다. might는 may의 과거형이기는 하지만 현재나 미래에 대한 추측을 표현하므로, 과거 사실에 대한 추측으로 혼동해서는 안 된다.

2 네가 원한다면 출발할 때까지 우리와 함께 이곳에 머물러도 좋다.

어휘 departure 출발

해설 if you want라는 표현에서 should보다는 '～해도 좋다'라는 허가의 의미를 나타내는 조동사인 can을 써야 함을 알 수 있다.

3 탐은 하루 종일 일을 해서 지쳤음에 틀림없다.

해설 문맥상 '~임에 틀림없다'라는 추측의 의미가 되어야 하므로 빈칸에는 must를 써야 한다.

4 그가 그렇게 말했을 리가 없다. 그는 절대로 거짓말을 할 사람이 아니다.

해설 '그는 절대로 거짓말을 할 사람이 아니다'라고 했으므로 문맥상 빈칸에는 '~했을 리가 없다'라는 의미의 조동사인 can't have p.p.를 써야 한다. must have p.p.는 '~했음에 틀림없다'라는 의미이다.

5 A: 어제 쇼핑을 하다가 지갑을 잃어버렸어.
B: 너는 좀 더 조심했어야 했어.

해설 지갑 분실에 대해서 이야기하고 있으므로 '~했었어야 했는데'라는 의미로 과거 사실에 대한 유감을 나타내는 should have p.p.를 써야 한다. may have p.p.는 '~했었을지도 모른다'라는 의미이다.

6 A: 볼륨 좀 낮춰 주시겠어요? 너무 시끄럽네요.
B: 아, 죄송해요.

해설 would는 상대방에게 정중하게 부탁을 할 때 쓰는 표현이며, 보통 may는 'May I ~?'의 형태로 상대방에게 허락을 구할 때 쓴다.

B

1 지금 당장 그 책을 돌려줄 필요는 없어.

해설 need는 부정문에서 조동사로 'need not + 동사원형'의 형태로 쓰이거나 본동사로서 'don't need to + 동사원형'의 형태를 취한다.

2 네 휴대전화를 잠시 빌려도 되니?

해설 상대방에게 허락을 구할 때는 'May[Can/Could] I ~?'의 형태로 물어봐야 한다.

3 난 그 식당에 가느니 차라리 직접 요리를 하고 싶다.

해설 '~하느니 차라리 …하고 싶다'라는 의미를 표현할 때에는 'would rather … than~'을 써야 한다.

4 내가 아는 한, 그는 어젯밤 9시에 정말로 그 집에 들어갔다.

해설 평서문의 본동사 앞에 있는 do는 본동사(enter)의 의미를 강조하기 위해 쓰여진 조동사로 그 뒤에 오는 동사는 동사원형의 형태로 써야 한다.

5 예전에는 가능한 한 자주 스키를 타러 갔었는데, 요즘은 너무 바빠서 그럴 수가 없다.

해설 be used to는 동명사와 함께 쓰여 '~에 익숙하다'라는 의미를 나타내는데, 빈칸 뒤에 동사원형이 나오고 문맥상 '예전에는 ~했다'라는 의미가 되어야 하므로 조동사인 used to를 써야 한다.

Practice TEST
p. 44-45

1 (a)   2 (b)   3 (a)   4 (c)   5 (c)   6 (c)
7 (a)   8 (d)   9 (b)   10 (b)   11 (c) should
→must[may]   12 (d) would not rather →would rather not

1 (a)

해석 A: 너는 로맨틱 영화를 그다지 좋아하는 것 같지 않구나.
B: 난 정말 로맨틱 영화를 좋아하는데, 이건 좀 지루하네.

해설 원래는 로맨틱 영화를 좋아한다는 사실을 나타내야 하므로, 빈칸에는 본동사 앞에서 그 동사의 의미를 강조해주는 조동사 do를 써야 한다.

2 (b)

해석 A: 제이크가 오늘 여기에 왜 안 왔는지 아니?
B: 나도 모르겠지만, 뭔가 급히 할 일이 있는 것 같아.

해설 이유를 묻는 질문에 대해서 '잘 모르겠다'고 대답했으므로 뒤에는 추측을 나타내는 말이 올 것임을 알 수 있다. 따라서 '~일지도 모른다'라는 의미의 might를 써야 한다.

3 (a)

해석 A: 또다시 수업에 늦지 않는 게 좋을 거야.
B: 알아요, 10분 일찍 출발할게요.

해설 'had better + 동사원형'의 부정형은 동사원형 앞에 not을 붙여 'had better not + 동사원형'의 어순으로 쓰고, '~하지 않는 것이 더 낫다'라는 의미를 나타낸다.

4 (c)

해석 A: 어젯밤에 우연히 우리의 오랜 친구인 에스더를 봤어.
B: 아니, 그 애였을 리가 없어. 그 애는 시애틀에 갔거든.

해설 어젯밤 일에 대해서 '~였을 리가 없다'라고 강한 부정을 표현해야 하는 상황이므로, can't have p.p. 또는 couldn't have p.p.를 써야 한다.

5 (c)

해석 A: 파커 씨, 저는 가봐야겠어요. 치과에 예약을 했거든요.
B: 네. 다음에 봐요.

해설 빈칸 다음 문장에서 '치과 예약이 있다'고 밝히고 있으므로 문맥상 '~해야 한다'라는 의미의 must를 써야 한다.

6 (c)

해석 나는 어렸을 때 만화책을 많이 읽곤 했었는데, 요즘은 그것들에 전혀 흥미가 없다.

해설 어렸을 때는 만화책을 많이 봤지만 요즘은 흥미가 없다고 했으므로, '~하곤 했었다'라는 의미의 과거의 습관을 나타내는 조동사인 used to를 써야 한다. (d)의 be used to-v는 '~하는데 사용되다'라는 의미의 수동태 문장이다.

7 (a)
해석 스포츠에 관심이 없으시다면 이 동아리에 가입하지 않으셔도 돼요.
해설 문맥상 '~할 필요가 없다'라는 의미가 가장 잘 어울리므로, 'need not + 동사원형' 또는 'don't need(have) to + 동사원형'의 형태로 나타낼 수 있다.

8 (d)
해석 한 심사위원의 말에 따르면, 춤 경연 대회의 결승 점수에 실수가 있었을지도 모른다.
어휘 judge 심사위원
해설 문맥상 '~했었을지도 모른다'의 의미가 빈칸에 들어가야 하므로 might have p.p.를 써야 한다.

9 (b)
해석 너는 다른 사람들에게 그의 비밀을 말하지 말았어야 했어. 그는 매우 화가 났어.
해설 과거 사실에 대한 유감을 나타내고 있으며 문맥상 '~하지 말았어야 했는데'라는 의미가 필요하므로 shouldn't have p.p.를 써야 한다.

10 (b)
해석 이 엘리베이터가 10분 동안 작동하지 않는 것을 보니 뭔가 문제가 있음에 틀림없다.
해설 '~임에 틀림없다'라는 의미의 확신을 나타내는 조동사인 must를 써야 한다.

11 (c)
해석 (a) A: 샐리, 무엇을 찾고 있니?
(b) B: 여권이 필요한데, 어디 있는지 못 찾겠어.
(c) A: 우리가 하와이로 여행을 다녀온 후에 네가 검은색 여행가방에 넣어 둔 것이 틀림없어.
(d) B: 아, 네 말이 맞아. 여기 있네! 고마워.
해설 (c)에서 should have put이란 표현은 '놓아두었어야 했는데 안 했다'라는 의미이므로 문맥상 어색하다. A의 조언에 따라 여권을 찾은 상황이므로 과거 사실에 대한 추측을 나타내는 조동사인 must have p.p.나 may have p.p.를 쓰는 것이 적절하다. 따라서 should를 must나 may로 고쳐야 한다.

12 (d)
해석 (a) 당신은 직장 동료에게서 업무와 관련된 조언을 받아본 적이 있는가? (b) 내 생각에는, 그것은 보통 별로 도움이 되지 않기 때문에 좋은 생각이 아니다. (c) 우리의 동료들은 우리의 상황을 완전히 이해할 수 없으므로, 좋은 조언을 해줄 수 없다. (d) 그러므로 만약 내가 업무와 관련한 충고가 필요하다면, 나는 차라리 동료들에게는 조언을 구하지 않는 것이 낫겠다.
어휘 colleague 동료(=co-worker)
해설 'would rather + 동사원형'은 '차라리 ~하는 것이 낫다'라는 의미로, 부정형은 'would rather not + 동사원형'의 어순으로 써야 한다. 따라서 (d)의 would not rather를 would rather not으로 고쳐야 한다.

unit 05 가정법

TEPS 문법 탐구
p. 47-49

1 1 만약 부모님께서 우리 선생님을 만나신다면, 내 이야기를 믿으실 텐데.
2 만약 그가 여기에 있다면, 그는 대회에 참가할 수 있는 기회를 갖게 될 텐데.
3 만약 너의 도움이 없다면, 나는 이 문제를 풀 수 없을 것이다.
2 1 만약 그가 약속을 지켰더라면, 그 보물을 갖게 되었을 텐데.
2 만약 너의 도움이 없었더라면, 나는 이 문제를 해결할 수 없었을 것이다.
3 1 만약 그가 그때 더 열심히 공부했더라면, 지금쯤 변호사가 되어 있을 텐데.
2 만약 내가 어젯밤 일찍 잠자리에 들었더라면, 오늘 피곤하지 않을 텐데.
4 1 만약 그가 똑똑하다면, 그 일자리를 얻을 수 있을 텐데.
2 만약 내가 부유했더라면, 스포츠카를 샀을 텐데.
3 난 세계 일주를 하고 싶어. (세계 일주를 한다면,) 많은 유명한 박물관을 방문할 텐데.
5 1 내가 너만큼 키가 크다면 좋을 텐데.
2 그 콘서트에 갔더라면 좋았을 텐데.
3 그녀는 마치 나의 여자친구인 것처럼 말한다.
4 그는 마치 작은 마을에서 살았었던 것처럼 보인다.
6 1 너는 결혼할 때가 되었다.
2 나는 네가 차라리 내 생일파티에 오지 않았으면 좋겠다.
3 네가 나한테 밤 늦게 전화하지 않았으면 좋았을 것이다.

Basic Drill
p. 50

A　1 ⓑ　　2 ⓑ　　3 ⓐ　　4 ⓑ　　5 ⓑ　　6 ⓑ
B　1 were　2 sat down　3 had taken
　　4 returned　5 had been

A

1 만약 내가 그 가수의 전화번호를 안다면, 그에게 전화할 수 있을 텐데.
　해설 조건절의 동사가 과거시제(knew)이므로 가정법 과거 문장임을 알 수 있다. 따라서 주절에는 '조동사의 과거형 + 동사원형'을 써야 한다.

2 만약 내가 충분한 돈을 가지고 있었더라면, 어머니께 반지를 사 드릴 수 있었을 텐데.
　해설 주절에 could have bought가 있으므로 가정법 과거완료임을 알 수 있다. 따라서 조건절에는 had p.p.를 써야 한다.

3 혹시 저의 제안에 관심이 있으시다면, 저에게 언제든지 연락 주세요.
　해설 문맥상 '혹시 ~하면'이라는 의미를 나타내는 정중한 표현이므로 should 가정법을 쓰는 것이 적절하다. 'If + 주어 + should + 동사원형 ~'의 형태에서 If가 생략되면서 주어 you와 should가 도치되었다.

4 만약 내가 아프지 않았더라면, 그 일을 끝낼 수 있었을 텐데.
　해설 주절에 could have finished가 쓰였으므로 가정법 과거완료임을 알 수 있다. 따라서 조건절에는 'If + 주어 + had p.p.'가 들어가야 하는데 If가 생략되면서 주어와 동사가 도치되었다.

5 A: 오늘 밤에 나와 함께 영화를 보러 가는 게 어때?
　 B: 그럴 수 있다면 좋을 텐데, 해야 할 일이 많아.
　해설 문맥상 현재 사실에 대한 아쉬움을 나타내고 있으므로 I wish 가정법 과거를 써야 한다. 따라서 과거형인 could가 적절하다.

6 A: 축하해! 너 해냈구나.
　 B: 너의 조언이 없었더라면, 나는 내 연구를 끝낼 수 없었을 거야.
　해설 주절에 couldn't have finished가 있으므로 과거의 사실을 반대로 가정한 가정법 과거완료임을 알 수 있다. 따라서 조건절에는 '만약 ~이 없었더라면'을 뜻하는 표현인 'If it had not been for' 혹은 if가 생략된 형태인 'Had it not been for'를 써야 한다.

B

1 만약 내가 한가하다면, 쇼핑을 하러 갈 텐데.
　해설 주절에 would go가 쓰였으므로 가정법 과거임을 알 수 있다. 따라서 조건절에는 동사의 과거형을 써야 하는데, be동사의 경우 인칭에 상관없이 were을 쓴다. 따라서 had been을 were로 고쳐야 한다.

2 나는 그녀가 지금 자리에 앉는 것이 좋다고 본다.
　해설 '~하면 좋을 텐데'란 의미를 나타낼 때, 주절에 would rather가 있을 경우 종속절의 동사는 과거형을 써야 하므로 sits down을 sat down으로 고쳐야 한다.

3 그가 어제 뉴욕에서 비행기를 탔었더라면, 지금 여기에 있을 텐데.
　해설 문맥상 '뉴욕에서 비행기를 타지 못했다'는 과거의 일이 현재까지 영향을 미치고 있으므로 혼합가정법을 써야 한다. 혼합가정법의 조건절에는 had p.p.를 써야 하므로 took를 had taken으로 고쳐야 한다.

4 네가 너의 가족에게로 돌아갈 때가 되었다.
　해설 '~해야 할 때이다'를 의미하는 'It is time (that)' 구문의 종속절에는 과거시제가 쓰여야 하므로 현재형인 return을 returned로 고쳐야 한다.

5 그 콘서트는 정말로 훌륭해서 너도 나와 함께 거기에 있었더라면 했다.
　해설 과거 사실에 대한 후회나 아쉬움을 나타낼 때에는 I wish 가정법 과거완료를 써야 한다. 주어진 문장의 I wish you were는 I wish 가정법 과거이므로 were를 had been으로 고쳐야 한다.

Practice TEST
p. 51-52

1 (a)　　2 (c)　　3 (a)　　4 (c)　　5 (d)　　6 (c)
7 (b)　　8 (b)　　9 (d)　　10 (c)　　11 (b) don't →
didn't　12 (c) start → started

1 (a)
　해석 A: 기말고사 공부를 시작할 시간 아니니?
　　 B: 이 게임을 조금만 더 하고 시작할게요.
　해설 '~해야 할 때이다'라는 의미의 'It is time (that) + 주어 + 동사의 과거형' 구문의 의문형이다. 따라서 빈칸에는 과거형 동사인 started가 들어가야 한다.

2 (c)
　해석 A: 제 결혼식에 와 주셔서 감사해요.
　　 B: 제가 더 일찍 알았더라면, 멋진 선물을 살 수 있었을 텐데요.
　해설 조건절의 시제가 had known인 가정법 과거완료이므로 주절에는 '조동사의 과거형 + have p.p.'를 써야 한다.

3 (a)
　해석 A: 왜 그를 싫어하니?
　　 B: 그는 항상 마치 나의 상관인 것처럼 굴거든.
　해설 '주어 + 동사 ~ + as if + 주어 + 동사의 과거형~'은 '마치

~인 것처럼'의 의미로 현재 사실의 반대를 가정할 때 쓴다. 이때 be동사는 인칭에 상관없이 were를 쓴다.

4 (c)
해석 A: 내가 어른이라면 좋을 텐데.
　　 B: 네가 만약 어른이면 무엇을 할 건데?
어휘 adult 성인(=grown-up)
해설 현재 사실에 대한 아쉬움을 나타낼 때에는 'I wish (that) + 주어 + 동사의 과거형'을 써야 한다. 이때 be동사는 인칭에 관계없이 were를 쓴다.

5 (d)
해석 A: 테드! 시험은 어떻게 봤니?
　　 B: 만약 너의 도움이 없었더라면, 수학에서 F학점을 받았을 지도 몰라.
해설 주절에 might have gotten이 있으므로 가정법 과거완료임을 알 수 있다. 따라서 조건절에는 '만약 ~이 없었더라면'을 뜻하는 표현인 'If it had not been for'나 'Had it not been for'를 써야 한다.

6 (c)
해석 만약 우리 아버지가 그 계약에 서명하셨더라면, 많은 돈을 벌 수도 있으셨을 텐데.
어휘 contract 계약
해설 주절에 could have earned가 쓰인 가정법 과거완료이므로 조건절에는 had p.p. 형태를 써야 한다.

7 (b)
해석 만약 그때 내가 오디션에 통과했더라면, 지금 스타가 되어 있을 텐데.
어휘 audition 오디션
해설 조건절에 had p.p.가 사용되었으므로 가정법 과거완료인 것처럼 보이지만, 주절에 현재를 나타내는 부사인 now가 있으므로 혼합가정법임을 알 수 있다. 따라서 주절의 빈칸에는 '조동사의 과거형 + 동사원형'을 써야 한다.

8 (b)
해석 만약 내 남자친구가 내게 청혼한다면, 난 정말 행복할 텐데.
해설 조건절에 동사의 과거형인 proposed가 쓰인 것으로 보아 가정법 과거임을 알 수 있다. 따라서 주절에는 '조동사의 과거형 + 동사원형'을 써야 하므로 would be가 적절하다.

9 (d)
해석 혹시 잭슨 씨를 만나시면, 안부를 전해주세요.
해설 문맥상 정중한 요청을 나타내는 should 가정법을 쓰는 것이 적절하다. 주어진 문장의 원래 형태는 'If + 주어 + should + 동사원형 ~'이지만 If가 생략되면서 주어와 should가 도치되었다.

10 (c)
해석 그들이 처음부터 정직했었더라면 좋았을 텐데.
해설 과거 사실에 대한 아쉬움이나 후회를 나타낼 때에는 'I wish (that) + 주어 + had p.p.'를 써야 한다.

11 (b)
해석 (a) A: 제가 히터를 꺼도 괜찮으시겠어요?
　　 (b) B: 끄지 않으시면 좋을 텐데요. 제가 감기에 걸렸거든요.
　　 (c) A: 어머, 몰랐어요. 차 좀 드릴까요?
　　 (d) B: 네, 감사합니다. 정말 친절하시네요.
해설 '주어 + would rather (that) + 주어 + 동사의 과거형 ~'은 '~하면 좋을 텐데'라는 의미이다. 종속절에는 동사의 과거형을 써야 하므로 (b)의 don't를 didn't로 고쳐야 한다.

12 (c)
해석 (a) 경기 침체기에는 대부분의 사람들은 직장이 있다는 것만으로 행복하다고 느낀다. (b) 그들은 직장에서 감히 임금 인상이나 승진을 요구하지 못한다. (c) 그러나 요즘은 경기가 나아지고 있으므로, 직장에서 당신이 원하는 것이 무엇이든지 그것을 얻는 일에 대해서 생각할 때이다. (d) 그 비결은 당신이 고용주에게 당신이 그것을 받을 자격이 있다는 사실을 인정하게 만드는 것이다.
어휘 slump 불황 / dare 감히 ~하다 / promotion 승진 / deserve ~받을 만하다
해설 '~해야 할 때이다'라는 의미는 'It is time (that) + 주어 + 동사의 과거형'으로 쓴다. 따라서 (c)의 start를 started로 고쳐야 한다.

unit 06 to부정사

TEPS 문법 탐구　　　　　　　　p. 54-56

1 1 매일 아침 일찍 일어나는 것은 쉽지 않다.
　 2 그는 영국으로 여행을 가기로 결정했다.
　 3 나는 식물들을 돌보는 것이 재미있다는 것을 알게 되었다.
　 4 내 꿈은 평화롭게 사는 것이다.
　 5 그는 내게 적어도 일주일에 세 번은 운동을 하라고 충고했다.
2 1 제게 마실 것 좀 주세요.
　 2 그 국제 회의는 다음 주에 서울에서 열릴 예정이다.
3 1 그는 첫 기차를 타기 위해 일찍 일어났다.
　 2 그 소년은 위대한 음악가로 성장했다.
　 3 그의 어머니는 그가 아직 살아 있다는 소식을 듣고 기뻐했다.
　 4 그녀가 그렇게 큰 집을 사는 것을 보면 가난할 리가 없다.
　 5 영원히 너와 함께 있을 수 있다면 나는 행복할 거야.

4 1 그와 함께 일하는 것은 그녀에게 쉽지 않다.

　2 그녀가 그렇게 말하다니 친절하구나.

5 1 그녀는 부자인 것 같다.

　2 그녀는 젊었을 때 부자였던 것 같다.

　3 모든 에세이는 금요일까지 제출되어야 한다.

　4 나는 그를 깨우지 않기 위해서 조용히 문을 닫았다.

Basic Drill
p. 57

A　1 ⓑ　2 ⓐ　3 ⓐ　4 ⓐ　5 ⓐ　6 ⓑ

B　1 not to be　2 found it difficult　3 to know
　　4 which to choose　5 rich enough to donate

A

1　그는 나 대신에 그 일을 하는 것을 거부했다.

해설 refuse는 목적어로 to부정사를 취한다.

2　우리 부모님은 내가 친구들과 함께 놀이공원에 가는 것을 허락하지 않으셨다.

해설 allow는 5형식 문장에서 to부정사를 목적보어로 취하며 이때 'allow + 목적어 + to부정사'의 어순을 따른다.

3　나는 이번 목요일까지 써야 할 학기말 보고서가 3개 있다.

해설 빈칸 앞의 three term papers를 수식하여 문맥상 '써야 할 학기말 보고서'라는 의미가 되어야 하므로, 형용사적 용법의 to부정사를 써야 한다.

4　대통령은 다음 주에 미국을 방문할 예정이다.

해설 문맥상 '~할 예정이다'라는 의미가 되어야 하는데, 이는 'be동사 + to부정사'의 형태로 나타낼 수 있다. 주어인 대통령이 방문하는 행위의 주체이므로 능동태로 써야 한다.

5　A: TEPS를 매일 열심히 공부하면 높은 점수를 받게 될 거야.
　　B: 네가 그렇게 말하기는 쉽지.

해설 to부정사의 의미상의 주어는 'for + 목적격'이나 'of + 목적격'으로 나타낼 수 있는데, 동사 뒤의 형용사가 사람의 성격이나 감정을 나타내는 경우가 아니면 일반적으로 'for + 목적격'을 쓴다. 주어진 문장에는 형용사 easy가 있으므로 'for + 목적격'의 형태를 취해야 한다.

6　A: 그가 왜 회의에 안 왔나요?
　　B: 그는 그것에 대해 잊어버렸던 것 같아요.

해설 to부정사의 시제가 본동사(seem)보다 한 시제 앞선 과거에 있었던 일이므로 완료부정사 형태인 to have forgotten을 써야 한다.

B

1　내 상관은 항상 나에게 늦지 말라고 말한다.

해설 to부정사의 부정은 to부정사 앞에 not이나 never를 붙여 나타낸다. 따라서 어순을 not to be로 바꿔야 한다.

2　그들은 일 년 안에 일본어를 완전히 익히는 것이 어렵다는 것을 알게 되었다.

해설 밑줄 친 부분 뒤에 나오는 'to master ~' 부분이 진목적어의 역할을 하고 있으므로, find와 보어로 쓰인 difficult 사이에 가목적어 it이 필요하다.

3　그는 역사에 대해 모든 것을 알고 있는 체한다.

해설 pretend는 3형식 문장에서 to부정사를 목적어로 취하는 동사이므로 knowing을 to know로 고쳐야 한다.

4　가방이 너무 많아서 어느 것을 골라야 할지 모르겠다.

해설 know의 목적어로 '의문사 + to부정사' 형태의 명사구를 쓰고 있다. 따라서 which to choose의 어순이 되어야 한다.

5　그는 그렇게 많은 돈을 기부할 수 있을 만큼 충분히 부유하다.

해설 '~할 만큼 충분히 …하다'는 'enough to' 관용표현을 이용해 나타낼 수 있다. be동사 뒤에 형용사 보어인 rich가 나오고, 이어 enough와 to가 이어지도록 어순을 바꿔야 한다. 따라서 rich enough to donate가 되어야 한다.

Practice TEST
p. 58-59

1 (d)　2 (c)　3 (b)　4 (b)　5 (d)　6 (c)
7 (b)　8 (d)　9 (c)　10 (b)　11 (d) for → of
12 (d) participate → to participate

1 (d)

해석 A: 너 여기로 와서 나랑 같이 공부할 수 있니?
　　B: 아니. 부모님이 내게 집을 떠나지 말라고 말씀하셨어.

해설 tell은 5형식 문장에서 to부정사를 목적보어로 취해 'tell + 목적어 + to부정사'의 어순을 따르며, to부정사의 부정은 to부정사 앞에 not을 쓴다.

2 (c)

해석 A: 이 컴퓨터를 저희 사무실로 배달해주셨으면 합니다.
　　B: 네, 문제없습니다. 이 곳에 주소를 적어주세요.

해설 'would like + 목적어 + to부정사'의 구문으로 '~가 …하기를 바라다'의 의미를 나타낸다.

3 (b)

해석 A: 그는 항상 날 괴롭혀. 어떻게 해야 하지?
　　B: 넌 그를 무시할 필요가 있어.

해설 It ~ to부정사의 가주어-진주어 구문이며, 주절의 형용사가 necessary이므로 to부정사 앞에 의미상의 주어로 'for you'를 취한다.

4 (b)

해석 A: 내일까지 이 보고서를 끝내야 하는데, 난 지금 너무 피곤해.
B: 내가 그 일에 대해서 무엇인가를 할 것이라고 기대하지마.

해설 expect는 5형식 동사로 쓰일 때 to부정사를 목적보어로 취하며, 'expect + 목적어 + to부정사'의 어순으로 쓰인다.

5 (d)

해석 A: 너는 그가 어디 출신인지 아니?
B: (사람들은) 그가 어렸을 때 러시아에서 살았었다고들 해.

해설 'be said + to부정사'는 '(사람들이) ~라고 말하다'라는 의미이다. 그가 러시아에서 살았던 것은 본동사의 시제보다 앞선 시제이므로 완료시제 to부정사인 to have p.p.의 형태를 써야 한다.

6 (c)

해석 형이 내게 형의 새 컴퓨터를 빌려주지 않기로 결정해서 나는 굉장히 실망했다.

해설 decide는 to부정사를 목적어로 취하는 동사이며, to부정사의 부정은 to부정사 앞에 not을 쓴다.

7 (b)

해석 그는 전화를 받기 위해서 라디오 볼륨을 줄였다.

해설 '~하기 위해서'라는 목적의 의미를 나타내는 부사적 용법의 to부정사를 써야 한다.

8 (d)

해석 모든 회원들에게 이번 토요일에 어디에서 모일 것인가를 알려주세요.

해설 know의 목적어로 '의문사 + to부정사'의 형태인 명사구가 쓰였다.

9 (c)

해석 외국인 학생들을 위한 특별한 프로그램이 내년에 그 대학교에서 시작될 예정이다.

어휘 launch 시작하다, 착수하다

해설 '~할 예정이다'를 나타내는 'be + to부정사' 구문이 쓰였다. 주어인 A special program과 동사 launch는 의미상 수동의 관계이므로 to be p.p.의 형태를 써야 한다.

10 (b)

해석 30분 동안 공부하고 나서, 그 어린 소년은 간식을 좀 먹기 위해 (공부를) 멈췄다.

해설 '~하기 위해서'라는 목적의 의미를 나타내는 부사적 용법의 to부정사를 써야 한다.

11 (d)

해석 (a) A: 너는 지난 토요일에 무엇을 했니?
(b) B: 난 엄마와 함께 쇼핑을 갔어. 엄마가 내게 이 파란 자켓을 사주셨어.
(c) A: 와, 너에게 잘 어울린다.
(d) B: 그렇게 말해주다니 넌 정말 친절해. 고마워.

해설 to부정사 앞에 사람의 성격을 나타내는 형용사가 나오면, to부정사의 의미상의 주어를 'of + 목적격'으로 써야 한다. 문맥상 nice는 사람의 성격을 의미하므로 (d)의 for you는 of you가 되어야 한다.

12 (d)

해석 (a) 여러분이 여러분 자신의 장례식에 참석할 수 있게 해주는 새로운 프로그램이 있습니다. 물론 가짜 (장례식)입니다. (b) 이 프로그램에서는 여러분이 자신의 유언장을 작성한 후, 관에 들어가서 잠시 동안 누워 있게 됩니다. (c) 이 프로그램의 창시자의 말에 따르면, 그것은 사람들이 그들의 삶을 다시 시작할 수 있도록 도와줄 것이라고 합니다. (d) 몇몇 회사들은 전 직원들에게 이 프로그램에 참여할 것을 요구합니다.

어휘 funeral 장례식 / fake 가짜 / will 유언장 / coffin 관

해설 require는 5형식에서 to부정사를 목적보어로 취하는 동사이다. 따라서 (d)의 participate는 to participate가 되어야 한다.

unit 07 동명사

TEPS 문법 탐구　　　　　　p. 61-63

1 1 다른 사람의 일기장을 읽는 것은 매우 재미있다.
2 나는 집 근처의 공원에서 조깅하는 것을 즐긴다.
3 나는 이번 일요일에 소풍 가는 것을 고대하고 있다.
4 내 취미는 전 세계의 동전들을 수집하는 것이다.

2 1 그는 지난 달에 그녀에게 그 책을 빌려주었던 것을 잊었다.
2 그는 3시에 여동생을 마중 나가기로 한 것을 잊었다.
3 나는 그녀 앞에서 그렇게 어리석은 말을 했던 것이 후회스럽다.
4 네가 시험에 불합격했다는 걸 말하게 되어서 유감이다.
5 나는 그녀에게 전화해 봤지만, 그녀는 받지 않았다.
6 나는 매끼 식사마다 건강에 좋은 음식을 먹으려고 노력한다.
7 그녀가 단 한 번도 답장을 안 했기 때문에 나는 그녀에게 편지 쓰는 것을 그만둘 것이다.
8 나는 무언가를 떨어뜨렸는지 확인하기 위해서 멈춰 섰다.

3 1 제가 여기서 담배를 피우는 것이 싫으신가요?
2 나는 아버지께서 약속을 지키지 않으시는 것을 이해할 수 없다.

4 1 나는 선생님인 것이 자랑스럽다.
2 나는 과거에 선생님이었던 것이 자랑스럽다.
3 나는 너를 돕는 게 지겹다.
4 그녀는 남에게 도움을 받는 것이 지겹다.
5 몇몇 나라에서는 차를 가지고 있지 않은 것이 흔하지 않다.

Basic Drill

p. 64

A   1 ⓑ   2 ⓑ   3 ⓐ   4 ⓑ   5 ⓐ   6 ⓑ

B   1 my not answering   2 her   3 sleeping
      4 being treated   5 opening

A

1 당신에게서 소식을 듣기를 고대하고 있습니다.

해설 '~을 고대하다'라는 의미의 look forward to에서 to는 전치사이기 때문에 목적어 자리에 동명사를 써야 한다. to부정사의 to와 혼동하지 않도록 주의한다.

2 살이 찌고 싶지 않으면 단 음식을 먹는 것을 피해야 한다.

해설 avoid는 동명사를 목적어로 취하는 동사이다.

3 세 개의 언어를 유창하게 말하는 것이 그의 특별한 능력이다.

어휘 fluently 유창하게

해설 주어 자리에 동사가 올 때에는 동사원형이 아니라 동명사의 형태로 써야 한다.

4 그는 어젯밤에 영화배우를 만났던 것에 대해 아직도 흥분해 있다.

해설 전치사의 목적어 자리인 빈칸에는 동명사가 와야 하는데, 동명사의 시제가 주절보다 앞선 시제이므로 완료동명사인 having p.p.의 형태로 써야 한다.

5 A: 파티에 샌드위치를 가져오는 것을 잊지 마.
   B: 걱정하지 마. 잊지 않을게.

해설 forget은 to부정사를 목적어로 취하면 '~할 것을 잊다'라는 의미이고, 동명사를 목적어로 취하면 '~한 것을 잊다'라는 의미이다. B의 대답에서 won't라는 미래시제가 쓰였으므로 빈칸에는 문맥상 '가져올 것을'이란 뜻이 필요하다. 따라서 to부정사를 써야 한다.

6 A: 제주도 여행은 어땠니?
   B: 하루 종일 걷느라 힘들었어.

해설 have trouble v-ing는 '~하느라 힘들다'라는 의미의 관용표현이다.

B

1 내 여자친구는 내가 그녀의 문자에 답장을 안 해서 화가 났다.

해설 동명사를 부정하는 not은 동명사의 바로 앞에 위치하므로, 의미상의 주어로 쓰인 my와 위치를 바꿔야 한다.

2 나는 그녀가 다른 사람들에 대해 나쁘게 말하는 것이 싫다.

해설 동명사의 의미상 주어는 소유격 또는 목적격으로 나타내므로 she를 her로 고쳐야 한다.

3 내 딸은 10살임에도 불구하고, 혼자 자는 데 익숙하지 않다.

해설 be used to v-ing는 '~하는 데 익숙하다'라는 의미로 to가 전치사이기 때문에 뒤에 동명사를 취한다. 따라서 sleep을 sleeping으로 고쳐야 한다. be used to-v는 '~하는 데 사용되다'라는 의미의 수동 표현이다.

4 제 동생은 아이 취급받는 것을 싫어하니, 그를 '귀여운 아기'라고 부르지 마세요.

해설 주어(My brother)와 동명사(treating)의 관계가 수동의 관계이므로 being p.p.의 형태를 써야 한다.

5 제이크는 자신의 온라인 쇼핑몰을 여는 것을 고려하고 있다.

해설 consider는 동명사를 목적어로 취하는 동사이므로 to open을 동명사 형태로 고쳐야 한다.

Practice TEST

p. 65-66

1 (d)   2 (c)   3 (b)   4 (d)   5 (b)   6 (c)
7 (c)   8 (c)   9 (b)   10 (b)   11 (d) go →
going   12 (a) work → working

1 (d)

해석 A: 오늘 밤에 외식하는 거 어때?
   B: 그거 좋은 생각인데!

해설 '~하는 것은 어때?'라는 의미의 'What do you say to v-ing?' 구문에서 to는 전치사이므로 목적어로 동명사를 써야 한다.

2 (c)

해석 A: 내 취미는 콘서트에 가는 거야. 너는 어떠니?
   B: 나는 주말마다 산에 오르는 것을 즐겨.

해설 enjoy는 동명사를 목적어로 취하는 동사이다.

3 (b)

해석 A: 매일 계단을 오르내리는 것이 널 건강하게 해줄 거야.
   B: 알아, 하지만 나는 엘리베이터를 이용하는 것이 더 좋아.

해설 주어 자리에 동사가 올 때에는 동명사의 형태로 써야 한다.

4 (d)

해석 A: 그는 친구들 앞에서 비웃음 당하는 것에 대해 개의치 않는 것 같아 보였어.
   B: 그러게, 나도 그걸 보고 놀랐어.

해설 mind는 동명사를 목적어로 취하는데, 문맥상 주어가 '비웃음을 당하다'라는 수동의 의미이므로 being p.p.의 형태로 써야 한다.

5 (b)

해석 A: 샘, 내 정장을 찾으러 세탁소에 들르는 걸 기억했니?
   B: 아, 죄송해요. 완전히 잊어버렸어요. 지금 바로 갈게요.

어휘 cleaner's 세탁소 / drop by 들르다

해설 remember는 to부정사를 목적어로 취하면 '~할 것을 기억하다'라는 의미이고, 동명사를 목적어로 취하면 '~한 것을 기억하다'라는 의미이다. 문맥상 세탁소에 들러야 할 것을 기억했냐는 의미이므로 to부정사를 써야 한다.

6 (c)

해석 그녀는 내게 거짓말을 한 것을 인정했다.

어휘 admit 인정하다

해설 admit은 동명사를 목적어로 취하는 동사이다.

7 (c)

해석 오늘 아침은 추워서, 조깅을 하고 싶지 않다.

해설 feel like v-ing는 '~하고 싶다'라는 의미의 관용표현이다.

8 (c)

해석 그가 늦게 들어왔을 때, 선생님의 눈에 띄는 것을 피할 수 없었다.

해설 escape는 동명사를 목적어로 취하는 동사인데, 문맥상 '선생님에 의해 눈에 띄는 것'이라는 의미이므로 수동태 동명사인 being p.p.의 형태로 써야 한다.

9 (b)

해석 나는 그가 로스앤젤레스로 이사를 가서 슬펐다.

해설 동명사의 의미상의 주어로는 소유격이나 목적격을 써야 하므로 his 또는 him을 쓴다.

10 (b)

해석 나는 그에게 비밀을 말하지 않을 수 없었다.

해설 cannot help v-ing는 '~하지 않을 수 없다'라는 의미의 관용표현이다.

11 (d)

해석 (a) A: 리사, 이번 여름 휴가 때 뭘 할 거니?
(b) B: 친구들과 함께 하와이에 갈 계획이야.
(c) A: 와! 정말 신나겠다!
(d) B: 응. 난 하와이에 갈 것을 고대하고 있어.

해설 look forward to는 '~을 고대하다'라는 의미로 to가 전치사이기 때문에 뒤에 동명사를 써야 한다. 따라서 (d)의 go를 going으로 고쳐야 한다.

12 (a)

해석 (a) 전문가들은 너무 열심히 일하는 것은 술을 너무 많이 마시는 것보다 더 좋지 않을 수 있다고 한다. (b) 즉, 만약 당신이 일 중독자라면, 당신은 알코올 중독자만큼 건강하지 않은 것이다. (c) 그러므로 당신은 당신이 하는 일의 양을 줄여야 할 것이다. (d) 결국, 세상에서 당신의 건강보다 더 소중한 것은 없다.

어휘 expert 전문가 / workaholic 일 중독자 / alcoholic 알코올 중독자 / valuable 가치 있는

해설 (a)에서 work too hard는 that절 속의 주어 자리이므로 동사가 원형으로 쓰일 수 없고 동명사 형태여야 한다. 따라서 work를 working으로 고쳐야 한다.

unit 08 분사

TEPS 문법 탐구
p. 68-70

1 1 너에게 몇몇 놀라운 소식을 말해줄게.
　2 나는 그녀의 미소 짓고 있는 얼굴을 좋아해.
　3 그는 닫힌 창문을 열려고 애썼다.
　4 땅에 떨어진 낙엽들이 많이 있다.

2 1 저기 자고 있는 개를 봐.
　2 그는 편지 속에 숨어 있는 메시지를 발견했다.
　3 조심해! 울타리 밑에 자고 있는 큰 개가 있어.
　4 나는 책 속에 숨겨져 있던 약간의 돈을 발견했다.

3 1 그 뮤지컬은 정말 지루했어.
　2 그 뮤지컬은 스페인어로 공연되었기 때문에 난 너무 지루했어.
　3 나는 내 남동생이 편지를 쓰고 있는 것을 보았다.
　4 나는 남동생이 쓴 편지를 보았다.

4 1 파티에서 산드라를 봤을 때, 그는 그녀를 예전에 만났었다는 것을 깨달았다.
　2 우비를 입고 그는 빗속을 걸었다.

5 1 화면에서 그를 본 적이 있기 때문에, 나는 공항에서 그를 알아볼 수 있었다.
　2 어느 것을 골라야 할지 몰라서 나는 두 개를 모두 샀다.
　3 날씨가 비가 와서 우리는 소풍을 취소해야 했다.

Basic Drill
p. 71

A　1 ⓐ　　2 ⓑ　　3 ⓐ　　4 ⓑ　　5 ⓐ　　6 ⓐ

B　1 disappointed　　2 Not listening to
　　3 Having eaten　　4 surprising　　5 built

A

1 나는 그 꼬마가 빵집에서 빵을 훔치고 있는 것을 보았다.

해설 see는 5형식 지각동사로 빈칸에는 목적어인 소년의 상태를 설명하는 목적보어가 필요한데 훔친 행위의 주체가 소년이므로 능동형을 나타내는 현재분사를 써야 한다.

2 그 깨진 컵을 만지지 마세요.

해설 빈칸에는 형용사 역할을 하는 분사가 필요한데 컵은 사람에 의해 깨어진 것이므로 수식받는 명사(cup)와의 관계가 수동이다. 따라서 과거분사를 써야 한다.

3 꽃병에 꽃을 꽂으면서 우리 엄마는 아름다운 노래를 불렀다.

해설 'While she arranged flowers in the vase'가 분사구문으로 변형된 상태임을 알 수 있다. 부사절의 주어와 주절의 주어가 동일하므로 접속사와 주어를 생략하고, 꽃을 꽂는 주체가 어머니이므로 능동의 의미인 현재분사를 써야 한다.

4 모든 것들이 고려되었을 때, 이 계획이 더 실용적이다.

어휘 practical 실용적인

해설 분사구문이 쓰인 문장으로, 주절과 분사구문의 주어가 서로 일치하지 않아 분사 앞에 부사절의 주어가 그대로 남게 된 경우이다. consider는 '~을 고려하다'라는 의미의 타동사인데, 주어인 All things는 '고려되는' 것이므로 수동태 분사구문을 써야 한다. 'all things(everything) considered'는 '모든 것을 고려했을 때'라는 의미의 관용표현임을 기억해두자.

5 A: 저 모든 계단을 걸어 올라가고 싶지 않아.
　　B: 엘리베이터가 있어서 그렇게 하지 않아도 돼.

해설 '~이 있다/없다'의 주어 자리에는 there이 오게 마련인데, 이 there와 주절의 주어가 같지 않으므로 분사구문으로 변형이 되더라도 there가 생략될 수 없다. 따라서 There being이 알맞은 분사구문의 형태이다.

6 A: 지난번에 만났던 그 남자 맘에 드니?
　　B: 솔직히 말하자면, 그는 내가 좋아하는 타입이 아니야.

해설 frankly speaking은 '솔직히 말하자면'이라는 의미의 관용표현이다.

B

1 내 아들은 시험 결과에 실망했다.

해설 disappoint는 '실망시키다'라는 의미의 타동사로, 주어(My son)가 시험 결과로 인해 실망을 느끼게 된 것이므로 수동의 의미인 과거분사를 써야 한다. 따라서 disappointing을 disappointed로 고쳐야 한다.

2 선생님이 말하는 것을 듣지 않고 그는 수업 중에 만화책을 보고 있었다.

해설 분사구문을 부정할 때에는 분사의 앞에 not을 써야 한다.

3 비빔밥을 먹고 나서 나는 한국 음식에 관심을 갖게 되었다.

해설 비빔밥을 먹고 난 후에 한국 음식에 대해 관심을 갖기 시작한 것이므로 분사구문의 시점이 주절의 시점보다 앞선 시점이다. 따라서 완료분사구문인 Having eaten으로 고쳐야 한다.

4 그의 어머니는 그 놀라운 소식을 들었을 때 기절했다.

어휘 faint 기절하다

해설 surprise는 타동사로 '~을 놀라게 하다'라는 의미이다.

news가 사람을 놀라게 만드는 주체이므로 능동의 의미인 현재분사를 써야 한다. 따라서 surprised를 surprising으로 고쳐야 한다.

5 이곳은 500년 전에 왕에 의해 지어진 사원이다.

해설 building은 앞에 있는 the temple을 수식해주는 분사인데 사원은 왕에 의해 지어진 것이므로 수동의 의미인 과거분사를 써야 한다. 따라서 building을 built로 고쳐야 한다.

Practice TEST

p. 72-73

1 (b)	2 (d)	3 (d)	4 (b)	5 (c)	6 (d)
7 (c)	8 (d)	9 (b)	10 (d)	11 (d) laughed	

→laughing　　12 (c) resulted →resulting

1 (b)

해석 A: 무엇을 도와드릴까요?
　　B: 이 정장을 목요일까지 드라이클리닝 해주세요.

해설 문맥상 have의 의미가 '~이 …되게 하다'라는 사역동사로 쓰였으므로 빈칸에는 목적어인 this suit의 상태를 설명하는 목적보어가 필요하다는 것을 알 수 있다. this suit는 드라이클리닝을 하는 주체가 아닌 대상이므로 수동의 의미인 과거분사를 써야 한다.

2 (d)

해석 A: 이번 여름에 인도를 방문할 거니?
　　B: 응, 타지마할을 보게 되어 신나.

해설 빈칸에는 주어의 상태를 설명하는 보어가 필요하다. excite는 타동사로서 '~를 들뜨게 하다'라는 의미인데 문맥상 주어는 타지마할을 보게 된다는 사실로 인해 들뜨게 된 상태이므로 빈칸에는 수동의 의미인 과거분사가 필요하다.

3 (d)

해석 A: 이 회사에서 만든 제품에 대해 어떻게 생각해?
　　B: 좋은 것 같아.

해설 빈칸에는 앞의 명사(the product)를 꾸며주는 형용사가 필요하기 때문에 make가 to부정사나 분사로 변형되어야 한다. 부정사로 명사를 수식하게 되면 '~할'의 의미가 되므로 문맥상 어울리지 않으며, 분사의 경우 제품은 '만들어지는' 것이므로 수동의 의미인 과거분사를 써야 한다.

4 (b)

해석 A: 테리가 내게 차를 빌려줄까?
　　B: 내가 그를 아는데, 빌려줄 것 같지 않아.

해설 know는 '~을 알고 있다'라는 의미의 타동사이며, 분사구문의 생략된 주어인 I가 그 사람의 성격에 대해 알고 있다는 내용이므로 능동의 의미인 현재분사를 써야 한다.

5 (c)

해석 A: 네가 고용될 거라고 생각하니?

B: 잘 모르겠어. 면접관이 만족스러워 하는 것 같지 않았거든.

해설 빈칸은 2형식 동사인 look의 주격보어가 들어갈 자리이다. satisfy는 '~를 만족시키다'라는 의미의 타동사인데, 문맥상 면접관은 만족시키는 입장이 아니라 만족되어야 하는 입장이 므로 수동의 의미인 과거분사를 써야 한다.

6 (d)

해석 LA에 위치한 그 학교는 훌륭한 축구팀으로 유명하다.

해설 빈칸에는 The school을 수식하는 형용사가 필요하므로 '(위치에) 두다'라는 의미의 타동사인 locate의 분사형이 필요하다. The school은 '(위치에) 놓여진' 것이므로 수동의 의미인 과거분사를 써야 한다.

7 (c)

해석 린다는 일주일에 한 번 마사지를 받는 것이 긴장을 풀어준다는 것을 알게 되었다.

해설 빈칸은 5형식 동사인 find의 목적보어가 들어갈 자리인데 빈칸 앞에 가목적어 it이 있으므로 결국 빈칸 뒤의 진목적어인 'to get ~' 부분이 능동·수동을 결정할 기준이 된다. relax는 '~을 편안하게 만들어주다'라는 의미의 타동사인데 목적어인 '마사지를 받는 것'이 주어인 린다를 편안하게 해주는 행위의 주체이므로 능동의 의미인 현재분사를 써야 한다.

8 (d)

해석 장기간 동안 섭취하면 이 화학물질은 암을 유발할 수 있다.

해설 부사절에 주어가 생략되어 있으므로 부사절의 주어가 주절의 주어인 this chemical과 동일함을 알 수 있다. this chemical 은 섭취되는 대상이므로 수동태 분사구문을 써야 한다.

9 (b)

해석 그 항공사는 마일리지 프로그램에 관한 새로운 규정을 만들었다.

해설 '~에 관계하다'라는 의미의 concern은 현재분사 형태로 쓰여 '~에 관한'이라는 의미의 관용표현으로 쓰인다.

10 (d)

해석 그 도시를 오래 전에 떠났었기 때문에, 제이슨은 어디에서 자야 할지 몰랐다.

해설 leave는 '~을 떠나다'라는 의미의 타동사이며, 분사구문의 생략된 주어인 Jason이 도시를 떠나는 행위의 주체이므로 능동태 분사구문을 쓴다. 또한 분사구문의 시점이 주절의 시점보다 한 시제 앞선 시제이므로 완료분사로 표현해야 한다.

11 (d)

해석 (a) A: 니콜! 소개팅 어땠니?

(b) B: 그보다 더 좋을 수가 없었어.

(c) A: 정말? 무슨 일이 있었는지 얘기해줘.

(d) B: 그는 정말 웃겼어. 데이트하는 내내 날 계속 웃게 해줬어.

해설 'keep + 목적어 + 분사'는 '계속해서 ~하다'라는 의미이다. 목적어 me가 동사 laugh의 행위의 주체이므로 과거분사인 laughed를 현재분사인 laughing으로 고쳐야 한다.

12 (c)

해석 (a) 스트레스가 여러분을 살찌게 할 수 있다는 것을 알고 계셨습니까? (b) 여러분이 스트레스를 받을 때, 스트레스 호르몬이 분비되어 여러분의 신체에 영향을 주기 시작합니다. (c) 또한 이 호르몬은 여러분의 신체가 지방을 저장하게 해서 체중 증가를 가져옵니다. (d) 따라서 스트레스가 쌓이기 시작하자마자 그 스트레스를 없애려고 노력해야 합니다.

어휘 hormone 호르몬 / get rid of 제거하다

해설 선택지 (c)의 'resulted in~'은 분사구문이다. result in은 '~를 초래하다'라는 의미로 주어인 It(=a stress hormone)과 능동 관계이므로 현재분사인 resulting in으로 고쳐야 한다.

unit 09 관계사

TEPS 문법 탐구
p. 75-77

1 그는 나의 선생님이다. 그는 캐나다에서 왔다.

2 1 그 남자는 네게 그 정보를 준 유명한 기자였다.

2 저것이 위대한 건축가에 의해 설계된 집이다.

3 1 그 남자가 내가 회의에서 만났던 유명한 기자였다.

2 저것이 10년 전에 위대한 건축가가 설계한 집이다.

4 1 그 남자는 (그의) 여동생이 나를 좋아하는 유명한 기자였다.

2 나는 내 코트와 어울리는 색깔의 가방을 찾고 있다.

5 1 우리는 우리가 살고 있는 환경을 보존해야 한다.

2 이것이 내가 펜을 올려놓았던 책상이다.

3 그녀가 내가 이야기를 나눴던 소녀다.

6 1 당신이 회의 때 말한 것은 사실이 아니다.

2 그는 가난한 소년에게 그가 필요로 하는 것을 주었다.

3 그게 내가 산 것이다.

7 1 저곳이 그가 태어난 집이다.

2 나는 그가 처음으로 여기에 왔던 날이 기억나지 않는다.

3 그게 내가 너를 믿지 않는 이유야.

4 그것이 내가 그 문제를 해결한 방법이야.

Basic Drill

p. 78

A 　1 ⓐ 　　2 ⓑ 　　3 ⓐ 　　4 ⓑ 　　5 ⓑ 　　6 ⓑ

B 　1 which[that] 　2 of which 　3 which
　　4 which[that] 　5 why

A

1 나는 똑똑한 남자와 결혼하고 싶다.

해설 관계사절(_____ is smart)에 주어 없이 **바로 동사**가 나오고 있으므로 빈칸에는 주격 관계대명사인 who를 써야 한다.

2 나는 부모님이 영화배우인 친구가 있다.

해설 관계사절(_____ parents are movie stars)의 문장 구조를 보면 be동사가 쓰여서 따로 목적어가 필요 없기 때문에 목적격 관계대명사 whom은 답이 될 수 없다. 선행사인 a friend와 parents의 관계를 살펴보았을 때 소유격 관계대명사인 whose가 적절하다.

3 그는 러시아에 가본 적이 있다고 말했는데, 이는 거짓말이었다.

해설 선행사가 앞 절 전체이고 빈칸 앞에 콤마(,)가 있으므로 계속적 용법의 관계대명사를 써야 한다. 따라서 정답은 which이다.

4 그들에게서 들은 것을 제게 말해주세요.

해설 tell이 문맥상 4형식으로 쓰였으므로 me는 tell의 간접목적어이고 관계사절(_____ you heard from them)이 tell의 직접목적어에 해당이 된다. 문맥상 '~하는 것'으로 해석되며 빈칸 앞에 선행사가 없으므로 정답은 what이다.

5 A: 그와 말다툼했던 그 여자가 지금은 그의 직장 상사야.
　　B: 그는 참 운도 없구나!

해설 선행사가 사람이고 관계사절(_____ he had argued)에 목적어가 없으므로 목적격 관계대명사 whom이 필요한데, 원래 문장이 'He had argued with the woman.'이었음을 고려하면 정답은 전치사와 관계대명사가 결합된 with whom이다.

6 A: 미국에 가본 적 있니?
　　B: 그럼. 미국은 내가 지난 10년 동안 살았던 나라야.

해설 관계사절(_____ I've lived for the past ten years)이 완전한 구조의 절이고, 장소를 나타내는 선행사가 쓰였으므로 관계부사 where 혹은 장소 전치사와 관계대명사를 결합한 in which를 써야 한다.

B

1 이것들은 내가 읽고 싶어하는 책들이 아니다.

해설 what은 선행사를 포함하는 관계대명사이기 때문에, the books라는 선행사가 있는 이 문장에서는 what을 쓸 수 없다. 따라서 선행사가 사물임을 감안하여 what을 which나 that으로 고쳐야 한다.

2 나는 유명한 배우가 감독인 영화를 보았다.

해설 관계사절(the director _____ was a famous actor)에 주어나 목적어가 필요하지 않으며, 선행사 a movie와 the director의 관계를 감안하면 소유격 관계대명사가 들어가는 것이 적절하다. 선행사가 사물이고 'the 명사 + 관계대명사 + 동사'로 이어지고 있으므로 of which로 고쳐야 한다.

3 그녀는 나에게 자신의 이름을 알려주지 않았는데, 나는 그것이 매우 이상했다.

해설 **선행사가 앞 절 전체이고 두 절 사이에 콤마(,)가 있으므로 계속적 용법의 관계대명사를 필요로 한다. 따라서 that을 쓸 수 없으며** which로 고쳐야 한다.

4 이곳은 내가 5년 전에 방문했던 그 도시가 아니야. 많이 변했어!

해설 선행사(the city)가 장소를 나타내는 명사이므로 관계부사 where이 적절해 보일 수 있으나, 관계사절(_____ I visited five years ago)을 살펴보면 타동사 visit의 목적어가 없는 불완전한 구조임을 알 수 있다. 불완전한 구조를 이끄는 관계사는 관계부사가 아닌 관계대명사이기 때문에 where를 which나 that으로 고쳐야 한다.

5 나는 그가 그 수업에서 왜 낙제를 했는지 모르겠어.

해설 관계사절(_____ he failed the class)이 완전한 구조이며 선행사가 the reason이므로 방법을 나타내는 관계부사 how보다는 이유를 나타내는 관계부사인 why가 들어가는 것이 적절하다.

Practice TEST

p. 79-80

1 (b) 　　2 (b) 　　3 (c) 　　4 (d) 　　5 (d) 　　6 (b)
7 (c) 　　8 (d) 　　9 (c) 　　10 (d) 　　11 (c) the way
how → the way[how] 　　12 (d) what → which[that]

1 (b)

해석 A: 네가 생각하기에 그 일을 맡을 적임자는 누구인 것 같아?
　　B: 제임스가 그 일을 가장 잘 해낼 수 있는 사람이지.

해설 선행사가 사람(the person)이고, 관계사절(_____ can do the job best)이 주어 없이 동사로 이어지고 있으므로 주격 관계대명사 who 또는 that이 필요하다.

2 (b)

해석 A: 줄리, 무슨 문제 있니? 걱정스러워 보인다.
　　B: 엄마의 병이 요즘 나를 가장 걱정시키는 것이야.

해설 관계사절(_____ concerns me most these days)은 주절의 동사 is의 보어 자리로 명사절이 되어야 한다. 빈칸 앞에 선행사가 없고 문맥상 의미가 '~하는 것'이어야 하므로 정답은 what이다.

3 (c)

해석 A: 그 영화 정말 재미있었어.

B: 그게 내가 그 영화를 네게 추천한 이유야.

어휘 recommend 추천하다

해설 네 개의 선택지 모두가 관계부사인데 빈칸 앞에 선행사가 없으므로 문맥을 통해 답을 결정해야 한다. 문맥상 영화가 재미있기 때문에 추천을 해주었다는 것이 자연스러우므로, 정답은 선행사 the reason이 생략된 관계부사 why이다.

4 (d)

해석 A: 너의 선생님에 대해 어떻게 생각하니?

B: 그는 내가 그동안 만났던 사람들 중에서 가장 훌륭한 분이셔.

해설 선행사가 사람이고 관계사절(I have ever met)이 목적어가 없는 불완전한 구조이므로 목적격 관계대명사 whom이 이끄는 관계사절이 필요하다. 하지만 'whom I have ever met'이라는 선택지가 없기 때문에 whom이 생략된 형태의 (d)가 정답이 된다.

5 (d)

해석 A: 런던은 어때요?

B: 런던은 방문하는 데 돈이 많이 드는 도시예요.

해설 선행사가 a city이고 관계사절(_____ costs lots of money to visit)에 주어가 없이 동사가 바로 나오므로 주격 관계대명사 which가 적절하다. what은 문장에 선행사가 있으므로 오답이고 where이나 in which는 빈칸 뒤에 불완전한 구조가 이어지고 있으므로 정답이 될 수 없다.

6 (b)

해석 그는 담배를 많이 피우는데, 그것이 그의 말년에 많은 건강상의 문제를 야기할 것이다.

해설 앞 절 전체를 선행사로 받고 있으며 빈칸 앞에 콤마(,)가 있으므로 정답은 계속적 용법으로 사용될 수 있는 관계대명사 which이다.

7 (c)

해석 과학자들은 눈에 보이고 증거로 뒷받침될 수 있는 것에 의존한다.

어휘 evidence 증거

해설 빈칸 앞에 선행사가 없고 관계사절(_____ can be seen and supported by evidence)이 depend on의 목적어 역할을 해야 하므로 명사절을 이끄는 what을 써야 한다.

8 (d)

해석 네가 파티에서 대화를 나눴던 남자가 내 예전 남자친구야.

해설 관계사절의 원래 문장이 'You talked with the man at the party.'임을 감안하면 빈칸에는 전치사와 관계대명사가 결합된 with whom을 써야 한다.

9 (c)

해석 우리가 지난번에 그 문제를 해결하기 위해 사용했던 방법이 이번에는 효과가 없었다.

어휘 settle 해결하다

해설 관계사절(_____ we settled the problem last time)이 완전한 구조이기 때문에 (a)는 답이 될 수 없다. 선행사가 The way로 방법을 나타내며, 원래 문장이 'We settled the problem in the way last time.'이라는 것을 감안하면 정답은 (c)가 된다.

10 (d)

해석 그는 우리 반에서 성적이 가장 좋은 학생이다.

해설 관계사절 맨 앞에 명사(grades)가 나오고 있으며, 선행사 the student와 grades의 관계를 볼 때 성적은 학생에게 속하는 것이므로 소유격 관계대명사가 적절하다. 선행사가 사람임을 감안하면 whose가 정답이다.

11 (c)

해석 (a) A: 켈리, 그 수학 문제 풀었니?

(b) B: 당연히 풀었지. 굉장히 간단했어.

(c) A: 정말? 그럼 그 문제를 어떻게 풀었는지 설명해줄 수 있니?

(d) B: 물론이지. 연필이랑 종이 좀 줘 봐.

해설 선택지 (c)에서 '그 문제를 푸는 방법'을 표현할 때 the way how란 표현을 쓰고 있는데 선행사인 the way와 관계부사인 how는 함께 사용할 수 없으므로 the way만 쓰거나 how만 써야 한다.

12 (d)

해석 (a) 비록 대부분의 사람들이 햄버거가 미국에서 유래했다고 생각하지만 실제로 그것은 몽골에서 만들어졌다. (b) 한 독일 사업가가 그것을 맛본 뒤, 그의 나라로 요리법을 가져왔다. (c) 나중에 독일 이민자들이 햄버거를 미국으로 가져왔다. (d) 그리고 나서 1955년에 맥도날드 형제가 주메뉴로 햄버거를 파는 패스트푸드 음식점을 열었다.

어휘 recipe 요리법 / immigrant 이주민

해설 what은 선행사를 포함하고 있는 관계대명사로, 앞에 선행사를 쓰지 않는다. 그런데 선택지 (d)에서 what 앞에 선행사(a fast-food restaurant)가 있고, 이후에 동사(sold)로 연결되기 때문에 사물을 선행사로 하는 주격 관계대명사 which나 that으로 고쳐야 한다.

unit 10 접속사

TEPS 문법 탐구
p. 82-84

1 1 나는 영화, 스포츠, 그리고 역사에 관심이 있다.

2 네 휴대전화는 테이블 위나 소파 위에 있어.

3 나는 너와 함께 하고 싶지만, 숙제를 해야 해.

4 그는 굉장히 외로울 것임에 틀림없는데, 왜냐하면 그의 부모 님은 프랑스에 계시기 때문이다.

5 나는 늦게 일어나서 택시를 타고 학교에 갔다.

2 1 너와 나 둘 모두 그 일에 책임이 있다.

2 너와 나 중 한 명이 그 일에 책임이 있다.

3 너와 나 둘 모두 그 일에 책임이 없다.

4 너뿐만 아니라 나도 그 일에 책임이 있다.

5 너뿐만 아니라 나도 그 일에 책임이 있다.

3 1 그가 천재라는 것은 잘 알려진 사실이다.

2 그가 동의할 것인지 아닌지는 이 시점에서 매우 중요하다.

3 당신이 저를 도와주실 수 있는지 궁금합니다.

4 제가 이 상황에서 무엇을 해야 할지를 아십니까?

5 제가 이 상황에서 무엇을 해야 한다고 생각하십니까?

4 1 당신이 거기에 도착하면, 그를 직접 보게 될 것입니다.

2 내가 공부를 하고 있는 동안, 그는 컴퓨터 게임을 했다.

3 내가 10년 전에 그를 만난 이래로 그가 내게 '싫어'라고 말한 적이 없었다.

4 나는 엄마를 보자마자 울었다.

5 네가 내 편지를 받게 될 쯤이면 나는 뉴욕으로 떠났을 것이다.

6 아파트를 구할 때까지 나는 호텔에 머물 것이다.

5 1 내일 비가 오면 그 경기는 취소될 것이다.

2 내가 살아있는 한, 나는 담배를 피우지 않을 것이다.

3 비가 오지 않는다면 나는 내일 새로 산 치마를 입을 것이다.

6 1 그가 약속을 지키지 않았기 때문에, 나는 그를 다시 보지 않을 것이다.

2 비록 그는 열심히 공부했지만, 시험을 통과하지 못했다.

3 나는 그의 용기를 존경은 하지만, 그를 용서할 수는 없다.

7 1 나는 내년에 유럽으로 여행을 가기 위해서 돈을 모으고 있다.

2 그가 너무나 조용했기 때문에 아무도 그가 그곳에 있다는 것을 몰랐다.

3 그것은 매우 좋은 기회여서 그는 그 기회를 놓치고 싶지 않았다.

8 1 그는 영화를 보는 동안에 잠이 들었다.

2 영화 (상영) 중에, 그는 잠이 들었다.

3 그는 아팠기 때문에 회의에 참석하지 않았다.

4 병 때문에 그는 회의에 참석하지 않았다.

5 그가 그 계획에 대해 불만을 제기했음에도 다른 사람들은 그를 무시했다.

6 그의 불만에도 불구하고 다른 사람들은 그를 무시했다.

Basic Drill
p. 85

A 1 ⓑ 2 ⓐ 3 ⓑ 4 ⓐ 5 ⓐ 6 ⓑ

B 1 either 2 Because[As/Since] 3 where the fire started 4 so 5 While

A

1 당신의 친절한 충고뿐만 아니라 재정적 지원에도 감사드립니다.

해설 주어진 문장에 but also가 있으므로 'A뿐만 아니라 B도 역시' 라는 의미의 'not only A but also B'의 표현을 써야 한다.

2 그 시인이 결혼했다는 것은 거의 알려지지 않았다.

해설 주어 자리에 온 명사절 접속사를 고르는 문제인데 종속절 (_____ the poet got married)의 구조가 완전하므로 That이 정답이다.

3 편지함에 제게 온 편지들이 있는지 확인하고 싶어요.

해설 타동사인 see의 목적어 자리에 온 명사절 접속사를 찾는 문제 인데, 동사인 see가 '~을 알아보다, 확인하다'의 의미이므로 접속사도 '~하는 것'이라는 확정된 내용의 that보다는 '~인 지 아닌지'라는 의미의 if가 적절하다.

4 당신이 비용을 지불하지 않았기 때문에, 당신을 위한 것은 없 습니다.

해설 문맥상 '~에도 불구하고'보다는 '~하기 때문에'와 같은 이유 의 의미가 적합하므로 Because가 정답이다.

5 A: 다음 열차는 언제 올 거라고 생각하세요?
B: 제가 아는 한 약 20분 후에 올 거예요.

해설 간접의문문에서 주절의 동사가 think와 같이 상대방의 의견 을 묻는 경우에는 의문사가 문장의 맨 앞에 위치한다. 따라서 When do you think의 어순으로 써야 한다.

6 A: 당신의 회사를 어떻게 찾죠?
B: 당신이 이곳에 도착할 때쯤이면, 제가 공항에서 당신을 기 다리고 있을 것입니다.

해설 문맥상 '~이후로' 또는 '~때문에'의 Since보다 '~할 때쯤 이면'의 By the time이 적절하다.

B

1 너는 그의 의견이나 나의 의견 중의 하나를 선택해야 한다.

해설 뒤에 or가 있기 때문에 한 가지를 택일해야 하는 상황임을 알 수 있다. 따라서 both를 either로 고쳐야 한다.

2 그는 매우 피곤했기 때문에 문을 잠가야 하는 것을 잊어버렸다.

해설 앞 절이 뒷 절의 원인이므로 '~했기 때문에'로 연결되는 것이 자연스럽다. for도 '왜냐하면'이라는 뜻으로 쓰이나 등위접속 사이기 때문에 연결해주는 대상들 사이에 위치해야 한다. 따 라서 부사절 접속사인 Because나 As 또는 Since로 고쳐야 한다.

3 그 불이 어디서 시작했는지 아십니까?

해설 do you know가 포함된 간접의문문으로 where did the fire start는 know의 목적어가 된다. 이 경우 어순은 '의문사 + 주어 + 동사 ~'여야 하므로 where the fire started로 고쳐야 한다.

4 나는 너무 바빠서 책 읽을 시간이 없었다.

해설 '너무 ~해서 …하다'를 의미할 때에는 'so ~ that'이나 'such ~ that' 모두 가능하지만 'such ~ that'의 경우에는 사이에 '형용사 + 명사'가 와야 한다. 주어진 문장에서처럼 형용사만 있을 경우에는 such가 아닌 so를 써야 한다.

5 내가 설거지를 하는 동안에 여동생은 창문을 닦았다.

해설 during은 '~하는 동안에'라는 의미이기는 하나 전치사로서 뒤에 명사(구)가 와야 한다. 주어진 문장에서처럼 '주어 + 동사'가 이어지는 경우에는 '~하는 동안에'라는 의미의 접속사 While을 써야 한다.

Practice TEST
p. 86-87

1 (d) 2 (c) 3 (c) 4 (d) 5 (d) 6 (b)

7 (a) 8 (a) 9 (b) 10 (b)

11 (a) Do you think what →What do you think

12 (d) not only for the receiver and for the giver →
not only for the receiver but also for the giver[both
for the receiver and for the giver]

1 (d)

해석 A: 런던에서 호텔 객실을 구할 수 있을 거라고 생각해?
B: 글쎄, 인터넷에서 검색을 해보기 전까지는 확실히 말할 수 없어.

해설 문맥상 '~할 때까지'라는 의미가 적합하므로 until을 써야 한다.

2 (c)

해석 A: 화장실이 어디죠?
B: 저 역시 어디 있는지 모릅니다.

해설 직접의문문인 'Where is it?'이 주절의 동사 know의 목적어 자리로 들어가면서 간접의문문으로 변형된 상태이다. 간접의문문의 어순은 '의문사 + 주어 + 동사'이므로 where it is가 정답이다.

3 (c)

해석 A: 너 마이크가 오기를 기다리고 있니?
B: 그가 올지 안 올지는 나와 상관없어.

해설 문맥상 '~인지 아닌지'라는 의미의 명사절 접속사를 골라야 하는데, 빈칸 뒤에 or not이 있으므로 Whether가 정답이다.

4 (d)

해석 A: 이 매장에 들어가려면 줄을 서야 하나요?
B: 아뇨, 만약에 회원카드가 있으시면 그럴 필요가 없습니다.

어휘 stand in line 줄을 서다

해설 부사절 접속사를 고르는 문제로 문맥상 '만약 ~라면'의 의미가 적절하다. 따라서 if가 정답이다.

5 (d)

해석 A: 나랑 제니랑 내 생일 파티에 올 수 있니?
B: 미안하지만, 그녀와 나 모두 못 가겠어.

해설 생일 파티에 올 수 있냐는 질문에 미안하다고 답하고 있으므로 두 사람 모두 가지 못한다는 내용이 이어지는 것이 자연스럽다. 따라서 '그녀와 나 둘 다 아닌'이라는 의미의 neither she nor I가 정답이다.

6 (b)

해석 그날 밤에 홍콩에 도착했을 때, 나는 그 도시가 너무나 밝아서 놀랐다.

해설 부사절 접속사를 고르는 문제로 문맥상 '~했을 때'의 의미가 가장 적절하므로 정답은 When이다.

7 (a)

해석 그것은 너무나 감동적인 영화였기 때문에 나는 그 영화를 한 번 더 보기로 결심했다.

해설 '너무 ~해서 …이다'의 부사절인데 빈칸 뒤에 'a + 형용사 + 명사'의 어순이 나오는 것으로 보아 'such + a + 형용사 + 명사 + that' 구문인 것을 알 수 있다. 따라서 정답은 (a)이다.

8 (a)

해석 낸시는 그 곡을 여러 번 연습했음에도 불구하고 대회에서 실수를 했다.

해설 빈칸에는 '~에도 불구하고'라는 양보의 의미가 필요한데, although는 접속사이므로 뒤에 절이 오고, 전치사인 despite는 명사(구)가 이어지며, but은 등위접속사이므로 이어주는 대상들 사이에 있어야 한다. 주어진 문장의 경우 빈칸 뒤에 주어와 동사, 즉 절이 있으므로 정답은 (a)이다.

9 (b)

해석 쇼핑을 하는 동안 케이트는 빵과 계란은 샀지만, 우유를 사는 것을 깜박했다.

해설 적절한 등위접속사를 고르는 문제로 문맥상 '그러나'의 의미가 가장 적합하므로 정답은 (b)이다.

10 (b)

해석 날씨가 점점 더 악화되었기 때문에 메이슨과 제인은 그들의 신혼여행을 취소해야 했다.

해설 적절한 부사절 접속사를 고르는 문제로 문맥상 '~하기 때문에'의 이유를 나타내는 접속사 Since를 써야 한다.

11 (a)

해석 (a) A: 내 아내의 생일 선물로 무엇을 사야 한다고 생각해?
(b) B: 글쎄, 너의 주머니 사정에 달려 있겠지.
(c) A: 만약 내가 돈이 많다면 너에게 물을 필요가 없을 텐데.
(d) B: 그런 상황이라면 꽃이 좋겠다.

해설 간접의문문에서 주절의 동사가 think일 때에는 의문사가 문장의 맨 앞에 위치해야 한다. 따라서 (a)의 Do you think what을 What do you think로 고쳐야 한다.

12 (d)

해석 (a) 당신은 생일에 무슨 선물을 원하세요? (b) 혹시 누군가가 준 선물이 맘에 들지 않아서 실망해본 적이 있나요? (c) 통계에 따르면, 해마다 수십억 달러가 원치 않는 선물을 사는 데 낭비된다고 합니다. (d) 그러므로 받는 사람을 위해서나 주는 사람을 위해서나 현금이 최고의 선물인 것 같습니다.

해설 선택지 (d)에서 상관접속사의 연결이 잘못 되어 있다. 문맥상 '주는 사람과 받는 사람 모두에게'라는 의미이므로 not only A but also B의 구문을 쓰거나 both A and B를 써야 한다.

unit 11 전치사

TEPS 문법 탐구
p. 89-91

1 1 비용은 소포의 무게에 따라 다르다.
2 이 편지는 그의 형이 아닌, 그에게서 온 것이 틀림없다.
3 너에게서 소식을 듣기를 고대하고 있다.

2 1 저 병 안에 있는 우유는 마시지 마.
2 나는 어제 중국 음식점에서 저녁을 먹었다.
3 놀랍게도, 그는 짧은 시간 내에 그 보고서를 완성했다.

3 1 공항에 도착하면 나한테 전화해.
2 런던에는 많은 박물관들이 있다.
3 가방을 저쪽에 있는 소파 위에 두세요.
4 그 강 위에는 낡은 다리가 있다.
5 나는 침대 밑에서 그 고양이를 발견했다.
6 강을 가로질러 헤엄치는 것은 어렵다.

4 1 우리 집 앞에서 6시에 만나자.
2 마크와 나는 6월 5일에 결혼할 것이다.
3 우리는 주로 겨울에 스키를 타러 간다.
4 저희 사장님께서 5분 후에 이곳에 오실 겁니다.
5 그 교통사고 이후에, 그는 운전하는 것을 그만두었다.
6 그는 어제 세 시간 동안 컴퓨터 게임을 했다.
7 나는 여름 휴가 동안에 일본으로 여행을 가고 싶다.
8 내가 너를 저녁 9시까지 기다린 거 아니?

9 이번 주 금요일까지 제 책을 돌려주세요.
10 다음 주 일요일에 뭘 할 예정이니?

5 1 나는 병 때문에 회의에 참석할 수 없었다.
2 내 노력에도 불구하고 그녀는 나아지고 있지 않다.

6 1 우리는 당신에게서 아무런 주문도 받지 않았습니다.
2 나는 매일 버스를 타고 학교에 간다.
3 나는 그것에 대해서 아무것도 모른다.
4 나와 같이 영화 보러 가는 게 어때?
5 그녀는 안경 대신에 콘택트 렌즈를 낀다.

Basic Drill
p. 92

A   1 ⓐ   2 ⓐ   3 ⓑ   4 ⓑ   5 ⓐ   6 ⓑ
B   1 deal with   2 saying   3 despite[in spite of]
    4 break up with   5 in

A

1 나는 일을 그만두고 한 달 동안 유럽에 가고 싶다.
해설 for와 during은 모두 '~동안'이라는 의미의 전치사이지만, for는 기간의 길이를 나타낼 때 쓰고 during은 특정 기간을 나타낼 때 쓴다. a month는 '한 달'이라는 기간의 길이를 나타내는 명사이므로 for를 써야 한다.

2 비행 두 시간 전에는 공항에 도착하세요.
해설 at은 특정한 지점이나 위치를 나타낼 때, in은 도시나 국가처럼 넓은 장소를 나타낼 때 쓴다. 공항은 특정한 장소이므로 at을 써야 한다.

3 회사의 방침 때문에 그 질문에 대답 해 드릴 수 없습니다.
어휘 policy 정책
해설 in spite of는 '~에도 불구하고'라는 의미이고 because of는 '~ 때문에'라는 의미인데 주어진 문장에서는 '~ 때문에 말해줄 수 없다'의 의미가 자연스러우므로 because of를 써야 한다.

4 나는 내 남자친구를 9월 8일에 처음 만났다.
해설 달(月)만 언급하는 경우에는 앞에 in을 쓰지만, 날짜가 함께 명시되는 경우는 특정 시간을 언급하는 것이므로 on을 써야 한다.

5 A: 어떻게 가능한 한 빨리 공항에 갈 수 있을까요?
B: 지하철을 타고 가는 것이 나을 겁니다.
해설 교통수단 앞에는 전치사 by가 쓰여 '~을 타고'라는 의미를 나타낸다.

6 A: 이 실수에 대해서 누구에게 책임이 있다고 생각하세요?
B: 잘 모르겠습니다. 매우 어려운 질문이네요.
해설 '~에 대해서 책임이 있다'를 뜻하는 표현은 be responsible for이다.

B

1 지금 당장 당신의 문제를 처리해 드릴 것을 약속할게요.

해설 '~을 처리하다, 다루다'를 뜻하는 표현은 deal with이다.

2 그는 화가 났기 때문에, 작별인사도 하지 않고 교실을 떠났다.

해설 without은 '~이 없이'라는 의미의 전치사이기 때문에 뒤에 to부정사가 아닌 동명사를 목적어로 취해야 한다. 따라서 to say를 saying으로 고쳐야 한다.

3 해리는 컨디션이 안 좋았음에도 불구하고 그 대회에 참가했다.

해설 '~에도 불구하고'를 나타내는 전치사는 despite나 in spite of를 쓴다. 따라서 despite of에서 of를 삭제하거나 in spite of로 고쳐야 한다.

4 내가 린다와 헤어지는 데 3개월이 걸렸다.

해설 '~와 헤어지다'를 뜻하는 표현은 break up with이다.

5 당신은 여름에 주로 어떤 운동을 하시나요?

해설 계절 명사 앞에는 전치사 in을 써야 한다.

Practice TEST

p. 93-94

1 (b)	2 (c)	3 (d)	4 (a)	5 (c)	6 (d)
7 (b)	8 (b)	9 (b)	10 (d)	11 (a) until →	
by	12 (d) for → on				

1 (b)

해석 A: 엄마, 제 파란색 셔츠를 어디선가 보셨나요?

　　B: 네 침대 위에 두었단다.

해설 문맥상 '침대 위에 두다'라는 의미이므로 on을 써야 한다. over도 '~위에'라는 뜻이기는 하지만 두 물체가 접촉되지 않은 상태에서의 위를 의미하므로 정답이 될 수 없다.

2 (c)

해석 A: 브렌다와 통화할 수 있을까요?

　　B: 물론이죠, 잠시만 기다려주세요.

해설 문맥상 '잠깐 동안'이라는 의미가 되어야 하므로 '~동안'이라는 의미의 for나 during 중에 답을 골라야 하는데, 특정 기간이 아니라 구체적인 기간의 길이를 나타내야 하므로 during은 정답이 될 수 없다.

3 (d)

해석 A: 베이징에서 얼마 동안 머무르실 건가요?

　　B: 5일 동안이요.

해설 도시, 국가명 앞에는 전치사 in을 쓴다.

4 (a)

해석 A: 너 다음 주 일요일 내 생일파티에 올 거니?

　　B: 물론이지.

해설 원래 요일 앞에는 전치사 on을 써야 하지만, this, last, next 등이 함께 사용될 경우에는 전치사를 생략하고 쓴다.

5 (c)

해석 A: 너는 현대 미술에 관심이 있니?

　　B: 응, 있어. 내가 가장 좋아하는 예술가는 앤디 워홀이야.

해설 '~에 흥미가 있다'를 뜻하는 표현은 be interested in이다.

6 (d)

해석 나는 밤 10시에 잠자리에 들어 오늘 아침 10시까지 잤다.

해설 문맥상 '~까지'라는 의미가 되어야 한다. by와 until은 모두 '~까지'라는 의미의 전치사이지만, 특정 시점까지의 완료를 나타낼 때에는 by를, 특정 시점까지 지속되는 일을 의미할 때에는 until을 써야 한다. 오늘 아침 10시까지 계속 잔 것이므로 until이 적절하다.

7 (b)

해석 샘이 네게 나에 대해서 많이 얘기했다고 들었어.

해설 전치사의 목적어 자리에 대명사를 쓸 경우, 목적격으로 써야 한다.

8 (b)

해석 너는 너의 학급 친구들과 사이좋게 지내도록 노력해야 한다.

해설 '~와 사이좋게 지내다'를 뜻하는 표현은 get along with이다.

9 (b)

해석 그가 말한 것을 이해하려고 하는 대신에, 케이트는 그의 말을 무시했다.

해설 instead of는 전치사이므로 동명사를 목적어로 취해야 한다.

10 (d)

해석 폭우로 인해 모든 비행편이 결항되었다.

해설 문맥상 '~ 때문에'라는 의미의 전치사인 due to를 써야 한다. because는 접속사이므로 뒤에 명사구가 아닌 절이 나와야 한다.

11 (a)

해석 (a) A: 샘, 우리가 내일까지 이 보고서를 끝낼 수 있다고 생각하니?

　　(b) B: 글쎄, 확신할 수는 없지만, 우리는 선택의 여지가 없잖아.

　　(c) A: 교수님께 기한을 좀 연장해달라고 부탁 드리는 것은 어떨까?

　　(d) B: 그거 좋은 생각이야. 지금 당장 같이 가보자.

어휘 extension (날짜의) 연기, 연장

해설 by와 until은 모두 '~까지'라는 의미의 전치사이지만, 특정 시점까지의 완료를 나타낼 때에는 by를, 특정 시점까지 지속되는 일을 의미할 때에는 until을 써야 한다. 특정 시점까지 보고서를 끝마쳐야 하는 것이므로 by를 써야 한다.

12 (d)

해석 (a) 당신의 시간을 좀 더 효율적으로 사용할 수 있는 한 가지 방법은 당신의 일상생활에 20/80의 규칙을 적용하는 것이다. (b) 그 규칙은 한 이탈리아인 경제학자에 의해서 처음으로 발견되었다. (c) 그는 한 나라의 회사들 중의 대략 20퍼센트 정도가 그 국가의 부의 80퍼센트를 창출해낸다고 했다. (d) 그러므로, 여러분의 성과의 80퍼센트로 이어지는 20퍼센트의 활동들에 여러분의 시간을 투자하는 것이 바람직하다.

어휘 efficiently 효율적으로 / economist 경제학자

해설 선택지 (d)에서 '~를 하는 데 시간을 사용하다'를 뜻하는 표현은 'spend + 시간 + on ~'이므로 전치사 for를 on으로 고쳐야 한다.

unit 12 명사, 관사

TEPS 문법 탐구
p. 96-98

1 1 그의 마당에는 아름다운 꽃들이 있다.
　2 당신을 우리 직원들에게 소개하고 싶습니다.
　3 저에게 물 한 잔을 가져다 주세요.
　4 나는 그 문제를 해결하기 위해 더 많은 정보가 필요하다.
　5 마이클 잭슨은 영원히 기억될 것이다.
2 1 나는 새 컴퓨터를 하나 사고 싶다.
　2 우리 집에는 두 대의 컴퓨터가 있다.
　3 사랑의 힘은 강력하다.
　4 나는 치즈케이크 한 조각을 원한다.
3 1 우리 아버지는 강에서 다섯 마리의 큰 물고기를 잡았다.
　2 그의 선글라스는 매우 비싸 보인다.
　3 경찰들이 도둑을 찾고 있다.
　4 정크푸드는 너의 건강에 좋지 않다.
　5 수학은 나에게 있어서 가장 어려운 과목이다.
　6 그의 가족은 대가족이다.
　7 우리 가족들은 모두 부지런하다.
4 1 꼭 우산을 가져가도록 해.
　2 나는 한 달 동안 일본에 있었다.
　3 당신은 적어도 일년에 한번 건강검진을 받아야 한다.
5 1 나는 뮤지컬을 한 편 봤다. 그 뮤지컬은 정말 재미있었다.
　2 이것은 내 여자친구로부터 빌린 책이다.
　3 해가 빛나고 있다.
　4 제가 취소할 수 있는 마지막 날이 언제인가요?

　5 부자들이라고 항상 행복한 것은 아니다.
6 1 이것은 매우 멋진 계획이어서 나는 모두가 당신을 도와줄 것이라고 확신한다.
　2 그 프로젝트는 그렇게 짧은 시간 안에 끝날 수 없다.
　3 나는 우리 주변의 사람들을 모두 안다.

Basic Drill
p. 99

A　1 ⓑ　　2 ⓑ　　3 ⓐ　　4 ⓑ　　5 ⓐ　　6 ⓐ
B　1 a few　　2 double the price　　3 an
　　4 is　　5 junk food

A

1 이 강에서 많은 물고기 종들이 발견된다.

해설 species와 fish는 단수와 복수의 형태가 같은 명사이기 때문에 수식어를 통해 단수인지 복수인지를 파악할 수 있다. 주어진 문장의 경우에는 '많은 수의'라는 의미의 many가 있으므로 복수로 사용되었음을 알 수 있고, 따라서 동사도 복수동사여야 한다.

2 나는 손님들을 위해 많은 종이컵들을 사야 한다.

해설 much 뒤에는 셀 수 없는 명사가 와야 하고, plenty of 뒤에는 복수명사와 셀 수 없는 명사가 모두 올 수 있다. 빈칸 뒤에 paper cups라는 복수명사가 쓰였으므로 plenty of를 써야 한다.

3 나는 컴퓨터 장비를 파는 매장을 찾고 있다.

해설 equipment는 집합명사로 셀 수 없으므로 a/an을 붙이거나 복수형으로 쓸 수 없다.

4 당신은 꽤 먼 거리를 걸어야 하니, 택시를 타는 것이 좋을 것 같습니다.

해설 '꽤 ~한'이라는 의미를 표현할 때에는, 'quite + (a/an) + 형용사 + 명사'의 어순으로 쓴다.

5 A: 택시로 인천공항까지 가는 데 얼마나 걸리나요?
　B: 약 40분쯤 걸립니다.

해설 교통수단을 나타내는 말 앞에는 관사를 쓰지 않는다.

6 A: 얼마나 자주 치과 검진을 받으시나요?
　B: 일년에 두 번이요.

어휘 checkup 검진

해설 '~마다'라는 의미를 가지고 있는 부정관사 a를 써야 한다.

B

1 어린 나이에도 불구하고, 맥스는 꽤 많은 책을 읽었다.

해설 quite a little은 셀 수 없는 명사를 수식하는 형용사인데 book은 셀 수 있는 명사이므로 a little을 a few로 고쳐야 한다.

2 나는 그것에 대해 기꺼이 두 배의 가격을 지불할 것이다.

해설 all, both, double, twice, half 뒤에는 'the + (형용사) + 명사'의 어순으로 써야 한다. 따라서 the double price를 double the price로 고쳐야 한다.

3 영어책을 한 권 사는 게 어떻겠니?

해설 부정관사를 쓸 때에는 첫 소리가 자음인 단어 앞에는 a를, 모음인 단어 앞에는 an을 쓰는데, English의 첫소리가 모음이므로 an을 써야 한다.

4 물리학은 내가 이해하기에 너무 어렵다.

해설 physics는 -s로 끝나서 복수형처럼 보일 수 있으나 과목명은 항상 단수 취급해야 하므로 단수동사를 써야 한다. 따라서 are를 is로 고쳐야 한다.

5 너는 더 이상 정크푸드를 먹으면 안 된다.

해설 junk food는 집합명사로 셀 수 없는 명사이기 때문에 부정관사 a/an을 붙이거나 복수형으로 쓸 수 없다. 따라서 junk foods를 junk food로 고쳐야 한다.

Practice TEST
p. 100-101

1 (a)	2 (c)	3 (d)	4 (c)	5 (a)	6 (d)
7 (a)	8 (a)	9 (b)	10 (c)		

11 (c) many furnitures → much furniture

12 (c) researches → research

1 (a)

해석 A: 모리스, 오늘 같이 점심식사 하는 거 어때? 내가 살게.
　　 B: 그러고 싶지만, 이미 다른 계획이 있어.

해설 식사명 앞에는 관사를 쓰지 않는다.

2 (c)

해석 A: 너무 졸려. 깨어 있지를 못하겠어.
　　 B: 그거 이상하구나. 넌 이미 커피를 세 잔이나 마셨잖아.

해설 coffee는 물질명사로서 a cup of와 같은 단위를 사용하여 양을 나타낸다. 복수형으로 쓸 때에는 단위인 a cup을 복수로 고쳐야 하므로 cups of coffee가 적절하다.

3 (d)

해석 A: 지난 주말에 한 소개팅 어땠니?
　　 B: 난 그렇게 멋진 남자를 만나본 적이 없어.

어휘 blind date 소개팅

해설 'such + a/an + 형용사 + 명사'의 어순으로 '너무나 ~한'의 의미를 나타낼 수 있다.

4 (c)

해석 A: 빌, 수학시험 어떻게 봤니?
　　 B: 아직 결과를 몰라.

해설 B가 말하고 있는 결과는 앞에서 언급된 수학시험의 결과이기 때문에 정관사를 필요로 하므로, the results가 적절하다. result는 보통 복수형으로 쓰여 시험이나 경기의 성적을 나타낸다.

5 (a)

해석 A: 이번 주 토요일 오후에 농구하자.
　　 B: 좋아, 세 시에 보자.

해설 운동경기명 앞에는 관사를 쓰지 않는다.

6 (d)

해석 이 안내 책자는 심장병의 원인과 그것의 치료 방법들에 대한 정보를 제공해 드립니다.

어휘 brochure 안내 책자 / treatment 치료

해설 information은 셀 수 없는 명사이므로 a/an을 붙이거나 복수형으로 쓸 수 없다.

7 (a)

해석 캐주얼한 옷은 이런 종류의 행사에는 적절하지 않다.

해설 clothing은 셀 수 없는 명사이므로 단수동사를 써야 하고, 빈칸 뒤에 형용사 보어(proper)가 나오는 것을 감안하면 be동사인 is를 써야 한다.

8 (a)

해석 북극곰들은 긴 흰색 털과 검은색 눈을 가지고 있다.

해설 fur은 셀 수 없는 명사이므로 long 앞에 a를 쓸 수 없다. 또한 문맥상 특정한 털을 의미하는 것이 아니기 때문에 the나 that을 쓸 필요가 없으므로 빈칸에는 long이 들어가는 것이 적절하다.

9 (b)

해석 나는 어제 제이슨으로부터 몇몇 충격적인 소식을 들었다.

해설 news는 셀 수 없는 명사이므로, 셀 수 있는 명사를 수식하는 수량 형용사인 many, a few, a number of 등과 함께 쓰일 수 없다. some은 셀 수 있는 명사와 셀 수 없는 명사 모두를 수식할 수 있다.

10 (c)

해석 이 서류들을 복사하는 것이 네가 가장 먼저 해야 할 일이다.

해설 서수 앞에는 정관사 the를 쓴다.

11 (c)

해석 (a) A: 토니, 내일 네가 이사할 때 내가 도와줄게.
　　 (b) B: 아, 고마워. 지금 막 네게 부탁하려고 했었는데.
　　 (c) A: 아파트에 가구가 얼마나 많니?

(d) B: 사실, 내가 가지고 있는 것이라고는 약간의 책과 옷
뿐이야.

해설 (c)의 furniture는 셀 수 없는 명사이므로 복수형으로 쓸 수 없
고, many의 수식을 받을 수 없다. 따라서 many furnitures
를 much furniture로 고쳐야 한다.

12 (c)

해석 (a) 발표에서 가장 중요한 것은 무엇일까? (b) 발표를 성공적
으로 하기 위해서, 당신은 준비를 잘 해야 한다. (c) 이는 당신의
생각을 뒷받침하기 위해 조사를 해야 한다는 것을 의미한다.
(d) 당신의 생각이 사실에 의해 뒷받침될 때, 사람들은 더 쉽
게 설득당한다.

어휘 presentation 발표 / well-prepared 잘 준비된 / persuade
설득하다

해설 (c)의 research는 셀 수 없는 명사이므로 앞에 a/an을 붙이거
나 복수형으로 쓸 수 없다. 따라서 researches를 research로
고쳐야 한다.

unit 13 대명사

TEPS 문법 탐구
p. 103-105

1 1 나는 네가 최선을 다하기를 원한다.
2 네가 어른이 되면, 너는 스스로를 돌봐야 한다.
3 내가 직접 그것을 만들었다.

2 1 이것은 내 표이고, 저것이 너의 것이다.
2 캘리포니아의 인구는 네바다의 인구보다 많다.
3 나는 나와 같은 이름을 가진 사람들을 만나보고 싶다.

3 1 내 친구가 나에게 책을 한 권 주었는데, 나는 그 책이 마음에
든다.
2 네 노트북 컴퓨터가 멋져 보여. 나도 하나 사고 싶어.
3 나는 작은 차를 가지고 있지만, 내 형은 큰 차를 가지고 있다.

4 1 이 상황에 대해서 누구에게 책임이 있나요?
2 당신은 이것과 저것 중에서 어느 것이 더 좋은가요?
3 당신이 가장 좋아하는 색은 무엇인가요?
4 날씨가 어떤가요?
5 당신은 왜 그것을 필요로 합니까?

5 1 그가 내게 두통약을 좀 주었다.
2 미국 역사에 관한 책을 좀 가지고 계신가요?
3 제가 방금 만든 파스타 좀 드시겠어요?
4 나는 네가 나를 위해 만들어준 음식이라면 어떤 것이든 좋아.
5 나는 모자 두 개를 가지고 있는데, 한 개는 흰색이고 나머지 한
개는 검은색이다.

6 이 재킷은 제게 너무 크니 다른 것을 보여주세요.
7 나는 가방 다섯 개를 가지고 있는데, 한 개는 작고 나머지 전부
는 크다.
8 어떤 사람들은 여름을 좋아하고 또 어떤 사람들은 겨울을 좋
아한다.
9 우리 부모님께서는 두 분 모두 의사셔서, 나도 의사가 되기를
바라신다.
10 커피와 주스가 있으니까, 네가 둘 중에 하나를 고를 수 있어.
11 두 벌의 드레스 모두 예쁘지 않다.
12 내 친구들 중에 아무도 내게 돈을 빌려주고 싶어 하지 않았다.
13 아무도 그 회의에 참석하지 않았다.
14 나는 그들로부터 아무런 답장을 받지 못했다.

Basic Drill
p. 106

A 1 ⓐ 2 ⓐ 3 ⓑ 4 ⓑ 5 ⓐ 6 ⓐ
B 1 himself 2 those 3 None
4 others 5 What

A

1 너는 우산이 없으니까, 내가 하나 빌려줄게.
해설 빈칸에는 an umbrella를 대신해서 쓸 수 있는 대명사가 필
요한데, 특정 우산을 지칭하는 것이 아니므로 one을 써야 한
다.

2 나는 하루 걸러로 반 친구들과 함께 축구를 한다.
해설 every other 뒤에는 단수명사를 써야 하며, every other
day는 '하루 걸러'라는 의미이다.

3 그의 어린 시절은 그의 아내의 그것(어린 시절)과 달랐다.
해설 앞에 언급된 childhood를 지칭하면서 뒤의 of his wife의
수식을 받고 있으므로 that을 써야 한다.

4 책상 위에 세 권의 책이 있는데, 한 권은 내 것이고 나머지는
테드의 것이다.
해설 세 권 중에서 한 권을 뺀 나머지 두 권이 테드의 것이므로 빈칸
에는 여러 개 중 나머지 모두를 의미하는 the others를 써야
한다.

5 A: 냉장고에 치즈가 좀 남아 있나요?
  B: 잘 모르겠지만, 아마도 약간 있을 거예요.
어휘 refrigerator 냉장고
해설 some과 any 모두 '약간'이라는 의미의 부정대명사이지만,
some은 긍정문에 사용하고 any는 의문문이나 부정문에 사
용한다. 빈칸이 있는 문장은 긍정문이므로 some을 써야 한다.

6 A: 너의 선생님은 어떠시니?
  B: 그분은 매우 현명하고 친절하셔.
해설 빈칸에는 like의 목적어 역할을 할 수 있는 의문대명사가 필요

하므로, What을 써야 한다.

B

1 내 어린 아들은 다른 사람의 도움 없이 혼자서 옷을 입을 수 있다.

해설 dress는 '~에게 옷을 입히다'라는 의미로서 뒤에 사람 목적 어를 취한다. 문맥상 아들이 자기 자신에게 옷을 입히는 것이 고, 주어와 목적어가 같은 경우이므로 목적어 자리에 재귀대 명사 himself를 써야 한다.

2 이 책에 있는 표현들은 탐의 책에 있는 표현들과 매우 유사하다.

해설 앞에 언급된 복수명사 the expressions를 받아야 하는 것이 므로 복수형인 those를 써야 한다.

3 반 친구들 중 아무도 어제 숙제를 하지 않았다.

해설 no one은 of my classmates와 같은 수식어구의 수식을 받 을 수 없고 단독으로 대명사 기능을 한다. 따라서 'of + 복수 명사'의 형태를 뒤에 쓸 수 있는 None으로 고쳐야 한다.

4 어떤 학생들은 수학을 좋아하고, 다른 학생들은 영어를 좋아 한다.

해설 the others는 '나머지 모두'를 뜻하는데, 수학이나 영어 외에 다른 과목을 좋아하는 학생들도 있을 것이므로 '나머지 사람 들 중 일부'를 의미하는 others로 고쳐야 한다.

5 뭐 때문에 그것을 샀니?

해설 전치사 for의 목적어 역할을 할 수 있는 의문대명사를 써야 하므로, 의문부사인 Why를 What으로 고쳐야 한다.

Practice TEST
p. 107-108

1 (b)	2 (c)	3 (a)	4 (c)	5 (a)	6 (c)
7 (b)	8 (a)	9 (c)	10 (c)		

11 (a) any → some   12 (b) these → those

1 (b)

해석 A: 이 컴퓨터는 너무 느려. 새 것으로 하나 사자.
　　 B: 우리에게 충분한 돈이 있니?

해설 앞에서 언급된 명사와 같은 종류의 것을 가리킬 때에는 one 을 쓰는데, one이 형용사의 수식을 받을 때에는 'a/an + 형 용사 + one'의 형태로 쓰인다. 문맥상 컴퓨터 한 대를 사는 것이므로 복수 형태인 new ones는 적절하지 않고 a new one을 써야 한다.

2 (c)

해석 A: 근처에 은행이 있나요?
　　 B: 네, 이 길의 반대쪽 끝에 있습니다.

어휘 nearby 근처에

해설 은행이 있는 위치를 나타냄에 있어 '이 길의 반대쪽 끝'이라는 의미가 되어야 하므로 둘 중의 나머지 하나를 나타내는 the other를 써야 한다.

3 (a)

해석 A: 머리가 아파요.
　　 B: 알약 한 개를 6시간마다 드시면, 곧 나아지실 거예요.

해설 'every + 기수 형용사 + 복수명사'는 '~마다, 간격으로'라는 의미이다.

4 (c)

해석 A: 오늘 아침 그 회의에 몇 명의 사람들이 있었니?
　　 B: 뭔가 잘못 됐어. 아무도 없었어.

해설 No one은 수식어 없이 단독으로 대명사 기능을 할 수 있다. No는 형용사이기 때문에 반드시 뒤에 명사를 동반해야 하고, None은 단독으로 쓸 수는 있지만 복수로 취급하기 때문에 단수동사와 함께 쓸 수 없다. Neither은 '둘 다 아니다'라는 의미이므로 문맥상 적절하지 않다.

5 (a)

해석 A: 여름 방학 동안 어디를 가고 싶니? 런던이나 파리?
　　 B: 둘 중 어디든 좋아. 네가 결정해.

해설 문맥상 둘 중 어느 곳이나 좋다는 의미가 되어야 하는데, 단수 동사가 쓰였으므로 Both가 아닌 Either를 써야 한다.

6 (c)

해석 사람들은 자신이 가지지 못한 것을 가지고 있는 사람들을 부러 워하는 경향이 있다.

해설 '~한 사람들'이라는 의미를 나타낼 때에는 'those who'라는 표현을 사용한다.

7 (b)

해석 그 과학자는 그 건물이 그의 이름을 따서 지어진 것에 대해 매 우 자랑스러워 했다.

해설 '~의 이름을 따서 명명되다'라는 의미의 be named after에 서 after가 전치사이므로 빈칸에는 목적격 인칭대명사를 써야 한다. himself도 목적어 자리에 올 수는 있으나, that절의 주 어인 the building과 일치하지 않으므로 적절하지 않다.

8 (a)

해석 그 집의 지붕은 햇빛을 흡수해서 그것을 전기로 바꿀 수 있다.

어휘 absorb 흡수하다 / electricity 전기

해설 앞에서 언급된 특정한 명사를 가리킬 때에는 it을 쓰는데, 문 제에서 '흡수된 햇빛'이라는 특정한 명사를 지칭하고 있으므 로 it을 써야 한다.

9 (c)

해석 그런 행동은 어떤 상황에서는 용인될 수 있지만, 또 다른 상황에서는 매우 무례할 수 있다.

어휘 acceptable 용인할 수 있는

해설 먼저 언급된 한 가지 상황과 다른 상황이어야 하므로 '다른'이라는 의미인 another를 써야 한다. other와 the other도 '다른'이라는 의미이지만, other는 명사 없이 단독으로 쓰일 수 없고, the other는 '둘 중의 다른 하나'라는 의미이므로 문맥상 적절하지 않다.

10 (c)

해석 싱가포르의 날씨는 러시아의 날씨보다 훨씬 덥다.

해설 앞에 나온 단수명사 the weather를 받으면서, of Russia의 수식을 받고 있으므로 that을 써야 한다.

11 (a)

해석 (a) A: 써니! 나 좋은 소식이 있어.
(b) B: 뭔데? 복권 당첨이라도 된 거니?
(c) A: 맞아! 어떻게 알았어?
(d) B: 너 농담하는 거지! 믿을 수가 없어.

어휘 lottery 복권

해설 '몇몇의, 약간의'라는 의미를 표현할 때 긍정문에서는 some을 써야 하므로, (a)에서 any를 some으로 고쳐야 한다.

12 (b)

해석 (a) 만약 당신이 관리자라면, 직원들이 근무 시간에 인터넷 서핑을 하는 것을 금지하지 말아야 한다. (b) 한 연구에 따르면, 근무 중에 재미를 위해 인터넷을 사용하는 직원들이 그렇지 않은 직원들보다 더 생산성이 높다고 한다. (c) 차이는 그들이 얼마만큼 일에 집중할 수 있는 가에 있다. (d) 즉, 인터넷 서핑을 하려고 휴식을 취하는 것이 그들의 집중력을 향상시킬 수 있다.

어휘 keep ~ from v-ing ~가 …하는 것을 막다 / productive 생산적인 / concentrate on ~에 집중하다(concentration 집중)

해설 '~하는 사람들'은 'those who'라는 표현을 쓰므로, (b)의 these를 those로 고쳐야 한다.

unit 14 형용사, 부사

TEPS 문법 탐구
p. 110-112

1 1 야구는 한국에서 인기 있는 스포츠이다.
2 데이비드는 학교에서 인기가 많다.

2 1 내 아들은 요즘 거의 공부를 하지 않는다.
2 나는 너무 피곤했기 때문에 산책하러 가지 않았다.
3 우리는 늦었으니 너는 매우 빨리 걸어야 한다.
4 흥미롭게도, 그는 아무 말도 하지 않았다.

3 1 나는 그녀의 친절한 미소 때문에 그녀를 좋아한다.
2 그 어린 꼬마는 엄마 옆에 조용히 않았다.
3 그녀는 40대 초반임에도 불구하고 훨씬 더 젊어 보인다.
4 그는 일찍 도착해서 무엇을 해야 할지 몰랐다.
5 그 집은 높은 담장으로 둘러싸여 있다.
6 새들이 하늘 높이 날고 있다.
7 티나는 매우 재능이 뛰어났다.
8 중심가는 사람들로 붐볐다.
9 나는 오후에 시내에 갈 것이다.

4 1 존은 매우 잘생긴 남자이다.
2 나는 꿈에서 세 마리의 작고 검은 괴물들을 보았다.
3 오늘 뉴스에 특별한 소식이 있나요?

5 1 나는 보통 아침 6시에 일어난다.
2 그는 부모님께 먼저 전화 거는 일이 드물다.
3 그는 아침으로 오직 과일과 채소만 먹는다.

6 1 그는 내가 그에게 말하기 전에 이미 그녀에게 이메일을 보냈다.
2 나는 아직 너의 답변을 받지 못했다.
3 그는 아직도 가야 할지 말아야 할지를 결정하지 못했다.
4 그 시계는 내게 너무 비싸다.
5 이 텐트는 우리 모두가 들어갈 수 있을 만큼 충분히 크다.
6 내가 너에게 내 비밀을 얘기했으니까, 너도 역시 내게 네 비밀을 말해줘야 해.
7 빌은 회의에 참석하지 않았고 샐리도 역시 참석하지 않았다.
8 그는 키가 매우 커서 선반의 맨 위에 닿을 수 있다.
9 그는 그의 선생님보다 훨씬 더 크다.

Basic Drill
p. 113

A **1** ⓑ **2** ⓑ **3** ⓐ **4** ⓐ **5** ⓑ **6** ⓑ

B **1** hardly **2** two large white **3** very
  4 can always **5** something special

A

1 나는 내 잃어버린 개를 쉽게 찾았다.

해설 빈칸에 들어갈 단어가 '찾다, 발견하다'라는 의미의 동사인 find를 수식하고 있으므로, 동사를 수식하는 부사인 easily를 써야 한다.

2 나는 너의 거짓말을 또 믿을 만큼 어리석지는 않다.

해설 enough가 명사를 꾸밀 때에는 명사 앞에 위치하지만, 형용사나 부사를 꾸밀 때에는 그 뒤에 위치하므로 형용사 foolish 뒤에서 꾸며주는 선택지 ⓑ가 정답이다.

3 내가 그를 만났을 때, 그는 시내에 갈 것이라고 말했다.

해설 downtown이 go와 함께 쓰이면 부사이기 때문에 따로 전치사나 관사를 쓰지 않는다. 따라서 정답은 ⓐ이다.

4 장난감 비행기가 하늘 높이 날고 있었다.

해설 문맥상 빈칸에는 fly를 수식하는 '높이'라는 의미의 부사가 필요하다. high는 '높은'이라는 의미의 형용사, 또는 '높이'라는 의미의 부사이고, highly는 '매우'라는 의미의 부사이기 때문에 정답은 ⓐ이다.

5 A: 나는 수학 숙제를 못했어. 너는 어떠니, 레나?
　　B: 나도 역시 못했어. 완전히 잊어버렸지 뭐야.

해설 문맥상 '또한, 역시'의 의미가 필요한데, too는 긍정문에서 사용하고 either는 부정문에서 사용한다. 주어진 문장은 부정문이므로 either가 정답이 된다.

6 A: 팀, 소풍 준비는 끝냈니?
　　B: 아니 아직.

해설 부정문의 맨 뒤에서 '아직'이란 의미를 나타내는 부사는 yet이다.

B

1 그의 부모님께서는 너무나 슬퍼서 거의 말씀을 못하셨다.

해설 문맥상 동사 speak를 수식하고 있고, 조동사 뒤에 위치하고 있기 때문에 '열심히, 심하게'란 의미의 부사인 hard보다는 '거의 ~하지 않는'의 의미인 hardly가 더 적합하다.

2 나는 두 개의 큰 흰색 셔츠를 사야 해.

해설 명사를 수식하는 형용사가 여러 개일 때, 형용사는 '수사 + 성질 + 대소 + 신구 + 색깔 + 재료/출처'의 어순을 따른다. 따라서 수사(two) + 대소(large) + 색깔(white) 순으로 써야 한다.

3 나는 하루 종일 열심히 일했기 때문에, 매우 피곤했다.

해설 원래 과거분사를 수식할 때에는 much를 쓰지만, tired, pleased, worried처럼 과거분사가 형용사화된 경우에는 형용사의 원급으로 간주하여 very로 수식해야 한다.

4 너는 언제든 나에게 도움을 청해도 돼.

해설 빈도부사는 조동사 뒤, 일반동사 앞에 위치한다. 따라서 빈도부사인 always와 조동사인 can의 어순을 바꿔야 한다.

5 나는 내 여자친구를 위한 뭔가 특별한 것을 사고 싶다.

해설 보통의 경우에는 형용사가 명사 앞에 위치하지만 -thing, -body, -one 등으로 끝나는 명사를 수식할 때에는 명사 뒤에 위치하게 된다. 따라서 something special로 어순을 바꿔야 한다.

Practice TEST

p. 114-115

1 (c)	2 (a)	3 (d)	4 (a)	5 (c)	6 (a)
7 (d)	8 (a)	9 (d)	10 (a)		

11 (c) good → well　　12 (c) tight → tightly

1 (c)

해석 A: 난 이 문장이 말이 안 된다고 생각해.
　　B: 네가 그 문장을 정확하게 이해하고 있는 것 같지 않구나.

해설 동사 understand를 수식할 수 있는 부사를 써야 하므로 정답은 (c)가 된다.

2 (a)

해석 A: 졸업 후에는 뭘 할 거니?
　　B: 아직 잘 모르겠어.

해설 부정문에서 '아직'을 표현하는 부사는 yet과 still인데 still의 경우 그 위치가 부정조동사 앞이어야 하기 때문에 주어진 문장에는 적합하지 않다. 부정문의 맨 뒤에서 '아직도'의 의미를 나타낼 수 있는 표현은 yet이다.

3 (d)

해석 A: 제이미, 어제 그 가방 왜 안 샀던 거야?
　　B: 내가 사기에는 너무 지나치게 비쌌어.

해설 빈칸에는 '너무 비싼'의 표현, 즉 too expensive가 필요한데 여기에 이를 강조하기 위한 부사 far를 추가해야 하는 문제이다. much, far, even 등은 수식하는 표현 앞에 위치하므로 정답은 (d)가 된다.

4 (a)

해석 A: 제 생각에 따님이 그림에 매우 재능이 있는 것 같아요.
　　B: 정말인가요? 사실 제 딸이 화가가 되고 싶어 해요.

해설 빈칸에는 talented를 수식하는 부사가 와야 하는데 보통 현재분사를 꾸밀 때에는 very를, 과거분사를 꾸밀 때에는 much를 쓰나 과거분사 중에 tired, talented, pleased 등과 같이 형용사화된 분사들은 very로 수식을 한다. 따라서 정답은 (a)가 된다.

5 (c)

해석 A: 너희 아버지께서 유명한 달리기 선수셨다는 게 사실이니?
　　B: 응. 비록 지금은 나이가 드셨지만 여전히 빨리 뛰실 수 있으셔.

해설 fast는 형용사와 부사의 형태가 같으므로 '빠르게'라는 뜻의 부사 또한 fast로 써야 한다. 또한 still은 긍정문에서 조동사 뒤, 일반동사 앞에 위치하므로 정답은 (c)가 된다.

6 (a)

해석 짐은 학교에 늦게 도착했기 때문에 시험을 칠 수 없었다.

해설 빈칸에는 arrive를 수식하는 부사가 필요한데, late의 경우 late(늦게)와 lately(최근에) 두 가지 형태의 부사가 가능하다. 문맥상 '늦게'라는 의미가 더 적합하므로 정답은 (a)가 된다.

7 (d)

해석 이 차의 트렁크는 일년 내내 나의 모든 스키 장비를 보관할 수 있을 만큼 충분히 크다.

해설 문맥상 '~할 만큼 충분히 크다'이므로 too가 아닌 enough 가 적절하며, enough는 형용사나 부사를 꾸밀 때 그 뒤에 위치하므로 정답은 (d)이다.

8 (a)

해석 그녀는 어린 남동생을 돌보기 위해 집으로 갔다.

해설 go 뒤에는 '~로'라는 뜻의 방향을 의미하는 부사나 '전치사 + 명사'가 나올 수 있는데, home의 경우 명사뿐 아니라 '집으로'라는 의미의 부사로도 사용된다. 따라서 전치사나 관사가 없는 (a)가 정답이다.

9 (d)

해석 그는 새로운 누군가와 사랑에 빠지기를 원하고 있다.

해설 '새로운 누군가'의 의미가 되어야 하므로 형용사인 new를 써야 하며, -body로 끝나는 명사의 경우 형용사가 명사 뒤에서 수식하므로 정답은 (d)가 된다.

10 (a)

해석 병 때문에, 나는 더 이상 거의 담배를 피지 않는다.

해설 빈도부사인 rarely는 be동사나 조동사 뒤, 또는 일반동사의 앞에 위치하며 이미 그 안에 부정의 의미를 담고 있으므로 다른 부정어와 함께 쓰일 수 없다. 따라서 정답은 (a)가 된다.

11 (c)

해석 (a) A: 아빠, 이 장난감 자동차 만드는 것 좀 도와주세요.
　　 (b) B: 좋아. 뭐가 문제인 것 같니?
　　 (c) A: 지시사항을 따랐는데도 잘 작동이 되지 않아요.
　　 (d) B: 자, 어디 좀 살펴볼까.

해설 선택지 (c)에서 '잘 작동이 되지 않는다'라고 하는 의미를 'it doesn't work good'으로 표현하고 있는데 여기서 work는 1형식 완전자동사이기 때문에 뒤에 형용사 보어를 쓸 수 없다. 따라서 동사를 수식할 수 있는 부사를 써야 하므로, good을 부사 형태인 well로 고쳐야 한다.

12 (c)

해석 (a) 우주선 안에서 식사를 하는 것은 지구에서 먹는 것과는 상당히 다르다. (b) 우주비행사들은 공기가 없는 특수한 환경에서 산다. (c) 이러한 이유로 그들은 먹을 때 입을 꽉 다물어야 한다. (d) 그렇지 않으면, 음식이 입 밖으로 날라갈 수도 있다.

어휘 spaceship 우주선 / astronaut 우주비행사

해설 선택지 (c)에서 '입을 꽉 다물다'라는 의미를 'close their

mouths tight'로 표현하고 있는데 동사 close를 수식할 수 있는 '단단히, 꽉'이라는 의미의 부사가 필요하므로 형용사인 tight를 쓴 것은 옳지 않다. 따라서 형용사인 tight를 부사인 tightly로 고쳐야 한다.

unit 15 비교

TEPS 문법 탐구

1 1 이 책은 저 책만큼 두껍다.
　 2 오늘은 어제만큼 더운 날이 될 것이다.
　 3 나는 너보다 두 배 더 많이 먹을 수 있다.
　 4 네가 나에게 가능한 한 빨리 전화를 해줬으면 좋겠다.
2 1 그것은 내가 여태까지 본 것 중에서 가장 큰 개이다.
　 2 금은 은보다 비싸다.
　 3 이곳의 대기오염은 매년 더 악화되고 있다.
3 1 이 카메라는 내 것보다 비싸다.
　 2 나는 너보다 더 빨리 달릴 수 있다.
　 3 베티는 그 두 명 중에서 더 아름답다.
　 4 네가 책을 많이 읽을수록, 더 많은 것을 배울 것이다.
4 1 이 교회는 이 마을에서 가장 높은 건물이다.
　 2 그는 모든 반 친구들 중에서 가장 빠르게 달릴 수 있다.
　 3 그녀는 내가 여태까지 본 사람들 중에서 가장 위대한 피겨 스케이팅 선수이다.
　 4 나의 상관은 보통 우리 사무실에서 가장 늦게까지 일을 하신다.
　 5 그는 내가 만났던 사람들 중에서 가장 키가 작은 사람들 중의 하나이다.
5 1 그녀는 그녀의 여동생보다 훨씬 더 예쁘다.
　 2 이곳은 우리가 여태까지 살아본 곳 중에서 가장 훌륭한 아파트이다.
6 앤은 우리 학교에서 가장 똑똑한 소녀이다.
7 1 이 호텔은 당신이 우리에게 추천했던 호텔보다 우수하다.
　 2 너는 에세이를 쓰기에 앞서 조사를 해야 한다.

Basic Drill

A　1 ⓐ　2 ⓐ　3 ⓑ　4 ⓐ　5 ⓑ　6 ⓑ
B　1 more[much more]　2 fund manager　3 shorter
　　4 twice as old as　5 possible[you can]

A

1 이 책은 저 책보다 더 재미있다.

해설 빈칸 뒤에 than이 있으므로 빈칸에는 비교급을 써야 한다.

2 당신의 손은 당신 어머니의 손만큼 작군요.

해설 빈칸 뒤에 as가 있으므로, '~만큼 …한'이라는 의미의 'as + 형용사의 원급 + as'를 써야 한다.

3 운동을 자주 하면 할수록, 더 많은 몸무게를 뺄 수 있다.

해설 'The + 비교급 + 주어 + 동사, the + 비교급 + 주어 + 동사'는 '~하면 할수록 점점 더 …하다'라는 의미이다. 따라서 much의 비교급인 more을 써야 한다.

4 이 마을의 어떤 파스타도 이것만큼 맛있지는 않다.

해설 원급을 이용해서 최상급의 의미를 나타내는 구문으로, '부정주어 ~ + as + 원급 + as ~'는 '~만큼 …한 것은 없다'라는 의미이다. 따라서 tasty as를 써야 한다.

5 A: 왜 그녀를 좋아하니?
　　B: 그녀는 내가 여태까지 만났던 사람들 중에서 가장 친절한 소녀이거든.

해설 문맥상 '여태까지 만났던 사람들 중에 가장 친절한 소녀'라고 하는 것이 자연스러우므로, 'the + 형용사의 최상급 + 명사 + that + 주어 + have ever p.p.' 구문을 사용해야 한다.

6 A: 너는 J.K. 롤링을 좋아하니?
　　B: 응, 내 생각에 그녀는 세계에서 가장 훌륭한 작가들 중 한 명인 것 같아.

해설 '가장 ~한 것(사람)들 중의 하나'라는 의미는 'one of the + 최상급 + 복수명사'로 나타낸다.

B

1 나는 밖에서 노는 것보다 컴퓨터 게임 하는 것을 (훨씬) 더 좋아한다.

해설 밑줄 친 much 뒤에 than이 있기 때문에, 컴퓨터 게임 하는 것과 밖에서 노는 것을 비교하는 비교급 구문임을 알 수 있다. 따라서 원급인 much를 비교급인 more로 고쳐야 한다. 이때 비교급인 more 앞에 수식어인 much를 동반할 수도 있다.

2 그는 그의 회사의 다른 어떤 펀드 매니저보다 더 많은 돈을 벌었다.

어휘 fund manager 펀드 매니저

해설 비교급을 사용해서 최상급의 의미를 나타내는 표현으로, '비교급 + than + any other + 단수명사'를 써야 한다. 따라서 fund managers를 fund manager로 고쳐야 한다.

3 그는 그의 누나들보다 훨씬 더 작다.

해설 short 앞에 비교급을 수식하는 much가 나오고, 뒤에 than이 나오는 것으로 보아 비교 구문임을 알 수 있다. 따라서 원급에 -er을 붙여 비교급인 shorter로 써야 한다.

4 나는 너보다 나이가 두 배만큼 많다.

해설 '~배만큼 …한'이라는 표현은 '배수사 + as + 원급 + as'의 구문을 사용하여 나타낸다. 따라서 밑줄 친 부분의 어순을

twice as old as로 고쳐야 한다.

5 가능한 한 빨리 이 소포를 배달해 주세요.

해설 '가능한 한 빠르게'라는 표현은 'as soon as + 주어 + can'이나 'as soon as possible'을 써서 나타낸다. 따라서 can 앞에 you를 쓰거나 can을 possible로 고쳐야 한다.

Practice TEST

p. 121-122

1 (c)	2 (d)	3 (a)	4 (b)	5 (b)	6 (b)
7 (d)	8 (b)	9 (a)	10 (c)		
11 (d) than → to		12 (a) little → less			

1 (c)

해석 A: 내가 예상했던 것보다 더 높은 점수를 받게 되어서 매우 기뻐.
　　B: 잘됐구나!

해설 문맥상 '예상했던 것보다 더 높은 점수를 받아서'라는 의미가 되어야 하고, 빈칸 뒤에 than이 나오는 것으로 보아 비교급을 써야 함을 알 수 있다.

2 (d)

해석 A: 누가 이 학급에서 가장 큰 남자아이니?
　　B: 잭이 다른 어떤 학생들보다도 더 커.

해설 비교급을 사용해서 최상급의 의미를 나타내는 표현으로, '비교급 + than + all the (other) + 복수명사'를 써야 한다. all the (other) 대신 any other를 쓸 경우에는 뒤에 단수명사가 와야 한다.

3 (a)

해석 A: 너희 어머니께서 병원에 계시다고 들었어. 좀 어떠시니?
　　B: 걱정하지 마. 훨씬 좋아지셨어.

해설 빈칸 뒤에 better가 쓰였으므로, 비교급을 수식할 수 있는 much를 써야 한다.

4 (b)

해석 A: 오늘 오후에 축구를 하는 게 어때?
　　B: 그건 좋은 생각이 아닌 것 같아. 오늘은 어제만큼 춥거든.

해설 'as + 형용사의 원급 + as'는 '~만큼 …한'이라는 의미이다. 빈칸 뒤에 as가 있으므로, 빈칸에는 as cold를 써야 한다.

5 (b)

해석 A: 네가 생각하기에 이 두 벌의 드레스 중에서 어느 것이 더 아름다운 것 같아?
　　B: 음, 고르기 어렵네.

해설 '둘 중에서 더 ~한'이라는 표현은 'the + 비교급 + of the

32

Grammar

BASIC

two' 구문을 사용해서 나타내므로, the more beautiful을 써야 한다.

6 (b)

해석 졸업을 하고 나면, 여러분은 훨씬 더 높은 급여를 받을 수 있을 것입니다.

해설 빈칸 앞에 있는 much는 비교급을 수식하는 부사이므로, higher를 써야 한다.

7 (d)

해석 이것은 이 책에 있는 단연코 가장 어려운 수학 문제이다.

해설 '가장 어려운 수학 문제'라는 의미의 'the most difficult math problem' 앞에 최상급을 강조해 주기 위해 by far가 쓰였다. 최상급은 by far 외에도 much, the very 등으로 수식할 수 있다.

8 (b)

해석 그의 초콜릿칩 쿠키는 내 것의 두 배만큼 크다.

해설 '~배만큼 …한'이라는 표현은 '배수사 + as + 원급 + as'를 이용해 나타낼 수 있다.

9 (a)

해석 나에게 가장 어려운 일 중 하나는 남동생을 돌보는 것이다.

해설 '가장 ~한 것 중에 하나'는 'one of the + 최상급 + 복수명사'로 표현한다.

10 (c)

해석 더 많은 사람들이 우리를 도와줄수록, 우리는 그 프로젝트를 더 일찍 끝낼 수 있다.

해설 '~하면 할수록 점점 더 …하다'라는 의미의 'The + 비교급 + 주어 + 동사, the + 비교급 + 주어 + 동사'를 써야 한다.

11 (d)

해석 (a) A: 지난 주말에 뭐 했니?
(b) B: 난 부모님과 함께 샌디에고 동물원에 갔었어.
(c) A: 그 동물원은 어땠니?
(d) B: 내 고향에 있는 동물원들보다 더 훌륭해.

해설 superior은 단어에 이미 비교의 의미를 가지고 있기 때문에 비교급으로 쓸 때 than이 아닌 to를 동반한다. 따라서 (d)의 than을 to로 고쳐야 한다.

12 (a)

해석 (a) 어떤 사람들은 다른 사람들보다 더 적은 자신감을 가지고 있다. (b) 그들은 일상생활 중에 스트레스와 우울증을 겪는 경향이 있다. (c) 그들은 심지어 심각한 정신적인 문제들을 겪을 지도 모른다. (d) 그러므로 그들은 이 문제를 적절하게 대처해야 하는 방법을 배워야 한다.

어휘 confidence 자신감 / depression 우울증 / develop (병을)

발병시키다 / properly 적절히

해설 (a)에서 어떤 사람들은 다른 사람들보다 더 적은 자신감을 가지고 있다는 의미를 나타내기 위해 비교급을 표시하는 than이 쓰였다. 따라서 원급인 little을 비교급인 less로 고쳐야 한다.

unit 16 특수구문

TEPS 문법 탐구

p. 124-126

1 1 나는 평생 동안 그렇게 높은 빌딩을 한 번도 본 적이 없다.
2 너를 다시 볼 거라고는 꿈에도 생각하지 못했다.
3 나는 매일 운동을 할 뿐만 아니라 덜 먹을 것이다.
4 어떤 상황에서도 부모님께 거짓말을 해서는 안 된다.
5 그가 잠자리에 들자마자 휴대전화 벨이 울렸다.
6 다음 날 아침이 되어서야 그는 그 전날이 어머니의 생일이라는 것을 기억했다.
7 나는 그의 목소리를 듣고 나서야 비로소 그가 내 아버지라는 것을 깨달았다.

2 1 당신의 음식이 나오고 있습니다.
cf 그분이 오십니다.
2 작은 분수 옆에 동상이 하나 서 있었다.
3 A: 나는 그 영화를 보고 싶어.
B: 나도 그래.
4 A: 나는 표를 가지고 오지 않았어.
B: 나도 그래.
5 그는 진실을 모르고, 알고 싶어 하지도 않는다.

3 1 짐이 어젯밤에 그 커피잔을 깨뜨렸다.
¹어젯밤에 그 커피잔을 깨뜨린 사람은 바로 짐이었다.
²짐이 어젯밤에 깨뜨린 것은 바로 그 커피잔이었다.
³짐이 그 커피잔을 깨뜨린 것은 바로 어젯밤이었다.
2 누가 어젯밤에 그 커피잔을 깨뜨렸나요?
3 나는 분명히 마감 날짜 전에 보고서를 끝마쳤다.
4 나는 어렸을 때 빨간색 자전거를 정말 가지고 싶었다.

4 1 내가 보기에 그 선생님은 그 당시에 매우 화가 나 있었다.
2 너의 생각에 반대하는 사람은 있다고 해도 거의 없을 것이다.
3 그는 약속을 거의 어기지 않는다.

5 1 A: 매우 피곤하시겠어요.
B: 네, 그래요.
2 A: 테드만큼 빨리 수영할 수 있니?
B: 아니요, 할 수 없어요.
3 A: 나는 어제 전화 요금을 내지 않았어.
B: 정말? 냈었어야지.
4 A: 누가 이 맛있는 쿠키들을 만들었지?
B: 우리 엄마가 만드셨어.

5 A: 오늘 밤에 영화 보러 갈래?
　B: 응, 가고 싶어.
6 A: 너는 그가 곧 여기에 도착할 거라고 생각하니?
　B: 그렇게 생각해.
7 A: 내 컴퓨터를 고쳐줄 수 있니?
　B: 안타깝지만 못할 것 같아.

Basic Drill　　　　p. 127

A　1 ⓑ　　2 ⓑ　　3 ⓐ　　4 ⓑ　　5 ⓐ　　6 ⓐ
B　1 did he pay　　2 comes the train
　　3 have I been　　4 solved　　5 attend

A

1 그녀는 수학을 잘할 뿐만 아니라, 과학도 잘한다.
해설 'not only + 동사 + 주어~' 구문에서 not only가 문장의 맨 앞에 나올 경우 주어와 동사를 도치시켜야 한다. 따라서 is she의 어순으로 써야 한다.

2 부모님께서는 내가 태권도를 배우길 원하시지만, 나는 그러고 싶지 않다.
해설 but 이하는 원래 'I don't want to learn taekwondo.'인데, to부정사 부분부터 앞절의 내용과 동일하게 반복되기 때문에 대부정사인 to만 남기고 나머지 부분은 생략하여 쓸 수 있다.

3 어떤 경우에도 이 비밀번호를 잊으면 안 된다.
해설 문맥상 비밀번호를 잊으면 안 된다는 의미가 되어야 하는데, 'Under no circumstances + 동사 + 주어'는 '어떤 경우에도 ~해서는 안 된다'라는 부정의 의미이므로 should 뒤에 not을 쓸 필요가 없다.

4 그는 운동을 하고 싶다고 항상 말은 하지만, 거의 운동을 하지 않는다.
해설 '~한다고 해도 거의 안 한다'라는 표현은 'seldom, if ever, 동사'를 쓴다.

5 A: 나는 휴식이 필요해.
　B: 나도 그래.
해설 긍정문에 대한 '나도 그래'는 'So + 동사 + 주어'로 표현하고, 부정문에 대한 '나도 그래'는 'Neither/Nor + 동사 + 주어'로 표현한다. 주어진 대화의 경우 A가 긍정문이므로 'So do I.'가 적절하다.

6 A: 그가 또 약속을 어길까?
　B: 그러지 않기를 바래.
해설 B의 원래 문장은 'I hope that he isn't going to break his promise again.'인데, that절이 not이 대신하여 'I hope not.'이라고 쓴다.

B

1 그는 그 강의에 거의 집중하지 않았다.
해설 hardly가 문장의 맨 앞에 나오면 그 뒤의 주어와 동사는 도치되어야 한다. paid라는 일반동사의 과거형이 쓰였으므로, 조동사 did를 이용하여 did he pay라고 고쳐야 한다.

2 기차가 온다.
해설 문장의 맨 앞에 here이 있으므로 그 뒤의 주어와 동사는 도치되어야 한다. 따라서 comes the train으로 고쳐야 한다.

3 나는 한 번도 놀이공원에 가본 적이 없다.
해설 문장의 맨 앞에 never가 있으므로 그 뒤의 주어와 동사는 도치되어야 한다. have p.p.와 같이 한 단어 이상의 동사구가 도치되어야 할 때에는 맨 앞의 첫 동사만 도치시켜야 하므로 have I been으로 고쳐야 한다.

4 그 문제를 처음으로 푼 사람은 바로 존이었다.
해설 'it was ~ that' 구문 자체에 강조의 의미가 있으므로 that절에서 강조의 조동사 do를 반복해서 쓸 필요가 없다. 따라서 did solve를 solved로 고쳐야 한다.

5 제이미는 오늘 아침 영어 수업에 정말로 출석했다.
해설 did는 attend를 강조하기 위해 쓰인 조동사이므로, 조동사 다음에 위치한 attended를 원형으로 고쳐야 한다.

Practice TEST　　　　p. 128-129

1 (d)　　2 (c)　　3 (d)　　4 (d)　　5 (b)　　6 (b)
7 (c)　　8 (d)　　9 (a)　　10 (c)
11 (b) am →do　　12 (b) reflects →reflect

1 (d)
해석 A: 내 직업 덕택에 아름다운 곳들을 여러 군데 가봤어.
　B: 나도 그래.
해설 긍정문에 대한 답변으로 '나도 그래'를 표현할 때에는 'So + 동사 + 주어'를 쓴다. 현재완료시제인 경우는 'So have I.'라고 써야 한다.

2 (c)
해석 A: 너는 미국 TV 시리즈인 '가십걸'이 보기에 재미있다고 생각하니?
　B: 응, 나는 그렇게 생각해.
해설 B의 원래 대답은 'I think that Gossip Girl is fun to watch.'인데, 동사가 think인 경우 that절을 so로 대신할 수 있다.

34
Grammar
BASIC

3 (d)

해석 A: 제 생각에는 존이 그림을 끝내려면 시간이 더 필요할 것
　　같아요.
　　B: 헬렌도 그래요.

해설 B의 원래 대답은 'Helen needs more time to finish her
painting, too.'인데 본동사부터 같은 말이 반복되고 있기 때
문에 needs 이하를 대동사 do로 대신해서 쓸 수 있다. 주어
가 3인칭 단수(Helen)이므로 does가 적절하다.

4 (d)

해석 A: 언제 내가 돈 버는 것을 시작한다고 예상할 수 있을까?
　　B: 졸업을 하고 나서야 너는 좋은 직장을 얻을 수 있을 거야.

해설 'Only + 부사구 ∼ + 조동사 + 주어 + 본동사 ∼'의 어순으
로 쓰여 '∼하고 나서야 …하다'라는 의미를 나타내므로 can
you get을 써야 한다.

5 (b)

해석 A: 왜 다니엘의 생일 파티에 안 왔니?
　　B: 그럴 의도는 없었어. 난 정말 아팠거든.

해설 'mean to-v'는 '∼할 의도이다'라는 의미이다. B의 원래 대
답은 'I didn't mean to miss Daniel's birthday party.'인
데, to부정사 이후에 같은 내용이 반복되므로 대부정사로 쓰
이는 to만 남기고 뒷부분을 생략해야 한다.

6 (b)

해석 그는 종점에 도착하고 나서야 내려야 할 정거장을 지나쳤다는
것을 깨달았다.

해설 'Not until + 주어 + 동사 ∼ + 조동사 + 주어 + 본동사 ∼'는
'∼하고 나서야 비로소 …하다'라는 의미이다. realize는 일반
동사이기 때문에 조동사 do를 써서 'do + 주어 + realize'의
형태로 도치가 이루어지며, 시제가 과거이므로 do 대신 did
를 쓴다.

7 (c)

해석 테리는 자기 소유의 집이 없으며, 갖고 싶어하지도 않는다.

해설 부정문 뒤에 또 하나의 절이 연결되면서 '∼도 역시 아니다'라
는 의미를 나타내는 경우이다. 빈칸 뒤에 주어와 동사가 도치
된 것으로 보아 부정의 의미를 가진 접속사 nor를 써야 한다.

8 (d)

해석 그가 식탁에 앉자마자 누군가가 문을 두드렸다.

해설 'No sooner + had + 주어 + p.p. ∼ + than + 주어 + 동사
의 과거형 ∼'은 '∼하자마자 …했다'라는 의미이다. 따라서
빈칸에는 No sooner had he를 써야 한다.

9 (a)

해석 마이클은 공상 과학 소설을 거의 읽지 않는다.

해설 '주어 + 동사 + few/little, if any, 명사 ∼'는 '있기는 한데
거의 없다'라는 의미이다.

10 (c)

해석 나는 조슈아가 오랫동안 나를 사랑해왔다는 것을 거의 몰랐다.

해설 little이 문장의 맨 앞에 오게 되면 그 뒤의 주어와 동사는 도
치되어야 한다. know는 일반동사이므로 조동사 do를 써서
'do + 주어 + know'의 형태로 도치시켜야 하며, 시제가 과거
이므로 do 자리에 did를 쓴다.

11 (b)

해석 (a) A: 팀도 우리와 함께 여기 있다면 좋을 텐데.
　　(b) B: 나도 그래. 그가 여기에 있다면 이곳을 맘에 들어할
　　　　텐데.
　　(c) A: 그가 그 회의에 참석해야만 했다니 안타깝기 뭐야.
　　(d) B: 나중에 그와 함께 다시 한 번 이곳에 오자.

어휘 conference 회의

해설 (b)에서 '나도 그래'를 'so am I'로 표현했는데, 앞 문장에 쓰
인 wish는 일반동사이기 때문에 대동사 do를 이용하여 'So
do I'라고 써야 한다.

12 (b)

해석 (a) 어떤 사람들은 언어와 문화가 직접적으로 연관이 없다고
생각한다. (b) 하지만 실제로 언어는 당신의 문화의 모든 측
면을 분명 반영한다. (c) 따라서 당신이 한 나라의 문화에 대
해서 배우고 싶다면 그 나라 사람들의 언어를 조사해보는 것
이 좋은 생각이다. (d) 그렇게 함으로써 당신은 그들의 역사
와 생활방식을 이해할 수 있다.

어휘 reflect 반영하다 / aspect 측면

해설 (b)에 사용된 조동사 does는 뒤에 오는 본동사 reflect를
강조하기 위해서 사용된 강조의 조동사이다. 따라서 뒤의
reflects를 원형으로 고쳐야 한다.

Mini TEST 1

p. 132-134

1 (c)	2 (a)	3 (d)	4 (c)	5 (d)	6 (b)
7 (c)	8 (c)	9 (b)	10 (b)	11 (c)	12 (a)
13 (d)	14 (c)	15 (d) to work →working		16 (b)	
What →Why		17 (d) to feel →feel		18 (c) is →are	

1 (c)
해석 A: 넌 그렇게 먼 거리를 자전거로 갈 수는 없어.
　　B: 아마 그럴지도 모르지만 한번 시도해 볼래.
해설 'such + 관사 + 형용사 + 명사'는 '아주 ~한 …'이라는 뜻이다.

2 (a)
해석 A: 폴, 이제 그 게임을 그만 할 때야.
　　B: 조금만 더 할 수 없을까요?
해설 '~해야 할 때이다'라는 의미를 나타내는 'It is time (that) + 주어 + 동사 ~' 구문에서 동사의 시제는 항상 과거시제여야 하므로 stopped를 써야 한다.

3 (d)
해석 A: 열쇠 어디 있니?
　　B: 탁자 위에 둔 건 기억이 나는데, 지금은 어디에 있는지 모르겠어.
해설 과거에 했던 일을 기억하는 경우에는 'remember + 동명사' 형태를 취해야 하므로 빈칸에는 putting이 들어가야 한다. 'remember + to부정사'는 해야 할 것을 기억한다는 의미이므로 문맥상 정답이 될 수 없다.

4 (c)
해석 A: 샘! 내가 요청했던 자료들을 왜 보내주지 않은 거니?
　　B: 무슨 소리야? 난 지난주에 보냈어.
해설 문맥상 지난주에 자료들을 발송했다는 의미가 되어야 하는데, last week이라는 과거의 특정 시점을 나타내는 부사구가 있으므로 현재완료시제는 쓸 수 없고 과거시제인 mailed를 써야 한다.

5 (d)
해석 A: 실례합니다, 이 건물에 화장실이 어디 있는지 알려주실 수 있으세요?
　　B: 물론이죠. 이 복도의 다른 쪽 끝에 있어요.
해설 복도에는 두 개의 끝이 있고, 그 중 다른 쪽 끝에 화장실이 있다는 의미이므로 두 개 중의 나머지 하나를 나타낼 때 사용하는 the other를 써야 한다.

6 (b)
해석 A: 스티브, 이것이 네가 찾고 있던 것이니?
　　B: 어디 한번 볼게. 음… 아니야, 이 상자는 약간 작아.

해설 문맥상 '~하는 것'의 의미를 나타내야 하며 빈칸 앞에 선행사가 없기 때문에 선행사와 관계대명사가 결합된 형태인 what을 써야 한다.

7 (c)
해석 A: 무대에서 공연했을 때 느낌이 어땠니?
　　B: 재미있었지만, 많은 사람들 앞에서 춤을 추는 게 약간 부끄러웠어.
해설 embarrass는 '~을 부끄럽게 하다'라는 의미의 타동사로, 주어인 I가 춤을 춘 것으로 인해 부끄러움을 느끼게 된 것이므로 수동의 의미인 과거분사 embarrassed를 써야 한다.

8 (c)
해석 심각한 문제들이 종종 작은 실수 하나로 초래될 수 있다.
해설 cause는 '~의 원인이 되다, 초래하다'라는 의미의 타동사인데, 문맥상 문제들이 '초래되는' 것이므로 수동태를 써야 한다. (c)와 (d) 모두 'be + p.p.'의 수동태 형식을 취하고 있지만 빈칸 앞에 조동사 can이 있으므로 동사원형으로 이어지는 be caused가 정답이다.

9 (b)
해석 그 교수님은 5번 이상 지각한 학생 누구에게나 F학점을 주신다.
해설 빈칸 뒤의 'F'는 'F학점(낙제점)'을 의미하는데 셀 수 있는 명사이므로 관사가 필요하다. 불특정한 것을 나타내는 경우에는 부정관사를 써야 하는데 'F'의 첫 소리가 모음으로 발음되기 때문에 an을 써야 한다.

10 (b)
해석 오직 반복되는 연습을 통해서만 성공의 열매를 맛볼 수 있다.
어휘 repeated 반복된
해설 only가 문장의 맨 앞에 나오면, 그 뒤의 주어와 동사는 도치되어야 한다. 조동사가 있는 경우에는 조동사와 주어가 도치되므로 can you taste가 적절하다.

11 (c)
해석 그 코미디언은 어느 날 자고 일어나 갑자기 자신이 유명해졌음을 깨달았다.
어휘 suddenly 갑자기
해설 빈칸은 find의 목적어 자리인데 문맥상 '본인 스스로가 유명해졌음을 알게 되다'의 의미여야 한다. 주어와 목적어가 동일한 대상일 때에는 재귀대명사를 써야 하므로 himself가 정답이다.

12 (a)
해석 파티에 있는 사람들의 수는 우리가 예상했던 것보다 많다.
해설 주어 자리에 'the number of + 복수명사'가 올 경우 실질적인 주어는 the number(~의 수)이기 때문에 단수형 동사를 써야 한다. 단수동사인 is와 has 중에서 빈칸 뒤의 형용사 보

Grammar

BASIC

어(larger)와 연결될 수 있는 것은 is이다.

13 (d)
해석 이번 달 말까지 나는 방학 숙제를 모두 끝낼 것이다.
해설 'by the end of this month'가 '이번 달 말까지'를 의미하므로 현재부터 미래시점까지 사이에서 완료되어야 할 상황을 나타낸다. 따라서 미래시점에서 숙제를 하겠다는 의미의 단순미래가 아닌, 제시한 미래시점까지 완료하겠다는 의미의 미래완료시제(will have p.p.)가 적절하다.

14 (c)
해석 초대장을 가지고 있지 않다면 이 결혼식장에 들어가실 수 없습니다.
해설 문맥상 '초대장을 가지고 있지 않다면'이라는 부정의 의미를 나타내야 하므로 '~하지 않는다면'이라는 뜻의 unless를 써야 한다.

15 (d)
해석 (a) A: 두통이 점점 심해지고 있어.
(b) B: 정말? 너 아스피린을 좀 먹었잖아, 그렇지 않니?
(c) A: 먹었지, 그런데 효과가 없어.
(d) B: 그럼 일은 그만하고 잠깐 누워 있어.
어휘 headache 두통 / aspirin 아스피린, 해열제
해설 (d)는 문맥상 하던 일을 그만하라는 의미가 되어야 하는데, stop 뒤에 to부정사가 쓰이게 되면 '~을 하기 위해서 중단하다'라는 의미가 된다. '~하는 것을 멈추다'라는 의미가 되려면 'stop + 동명사' 형태를 취해야 하므로 to work를 working으로 고쳐야 한다.

16 (b)
해석 (a) A: 나는 내 건강이 정말 걱정돼.
(b) B: 왜 그런 말을 하는데?
(c) A: 항상 피곤하고 허약해진 것 같아.
(d) B: 걱정하지 마. 규칙적으로 운동을 해봐.
어휘 regularly 규칙적으로
해설 (b)는 문맥상 A가 왜 그런 말을 하는지 이유를 묻고 있는 것이다. 또한 의문사를 제외한 나머지 문장이 완전한 구조(주어 + 동사 + 목적어)로 명사가 더 필요하지 않은데도 의문대명사인 what이 사용되었다. 따라서 의미상으로나 문장 구조상으로나 What을 Why로 고쳐야 한다.

17 (d)
해석 (a) 미국의 한 작가는 행복해지기 위해서 사람들이 일을 하지 말아야 한다고 말한다. (b) 그에 따르면, 새로운 사회는 일이 아닌 놀이를 기반으로 건설되어야 한다. (c) 일은 사람들이 하기 싫어도 계속해서 반복해야만 하는 것이다. (d) 반면에 사람들은 (스스로가) 원해서 노는 것이므로, 그것은 사람들을 자유롭고 행복하게 느끼도록 만들어준다.

어휘 society 사회
해설 (d)의 make는 '~하게 만들다'라는 의미의 사역동사로 쓰였다. 사역동사는 동사원형을 목적보어로 취하므로 to feel을 feel로 고쳐야 한다.

18 (c)
해석 (a) 여러분의 심장을 건강하게 하고 싶다면 가능한 한 자주 웃으려고 노력하세요. (b) 왜냐하면 웃음이 심장병에 걸릴 가능성을 낮춰줄 수 있기 때문입니다. (c) 한 연구에 따르면 자주 웃는 사람들은 심장병에 걸릴 확률이 낮다고 합니다. (d) 그 이유는 웃음이 여러분의 혈액이 잘 흐를 수 있게 도와주기 때문입니다.
해설 (c)에서 that절의 주어는 복수명사인 people인데 이어지는 동사가 단수동사 is이므로 주어와 동사의 수 일치가 적절하지 않다. 따라서 is를 are로 고쳐야 한다.

Mini TEST 2　　　　p. 135-137

1 (a)	2 (a)	3 (d)	4 (c)	5 (b)	6 (d)
7 (c)	8 (b)	9 (a)	10 (b)	11 (d)	12 (b)
13 (d)	14 (c)	15 (d) lending → to lend		16 (b)	

Do you think what → What do you think　17 (a)
creating → being created　18 (c) jealousy → jealous

1 (a)
해석 A: 오늘 아침에 케이트가 네게 전화했었어.
B: 정말? 왜 좀 더 일찍 말해주지 않았니?
해설 this, last, next 등의 형용사 뒤에 시간을 나타내는 명사가 올 경우에는 전치사를 생략한다. 따라서 this morning을 써야 한다.

2 (a)
해석 A: 너는 어렸을 때 주로 무엇을 했니?
B: 나는 매일 바이올린을 연주하곤 했었어.
해설 used to는 '~하곤 했었다'라는 의미의 과거의 습관을 나타내는 조동사이다. 조동사 뒤에는 동사원형을 써야 하므로 used to play가 적절하다. be used to v-ing는 '~하는 데 익숙해지다'라는 의미이다.

3 (d)
해석 A: 오늘 매니저님을 만났니?
B: 아니, 내가 매장에 도착했을 때 그분은 이미 집으로 가셨어.
해설 B가 매장에 도착한 시점은 과거인데 매니저는 이미 그 전에 집으로 떠난 것이므로, 과거보다 한 시제 앞선 시제인 과거완

료(had p.p.)를 쓰는 것이 적절하다.

4 (c)
해석 A: 너희 반에서 가장 잘생긴 남자아이는 누구니?
　　 B: 내 생각에 탐이 우리 반에서 그 어떤 학생보다도 더 잘생긴 것 같아.
해설 비교급을 사용해서 최상급의 의미를 나타내는 표현으로, '비교급 + than + any other + 단수명사'를 써야 한다. any other 대신 all the (other)를 쓸 경우에는 뒤에 복수명사가 온다.

5 (b)
해석 A: 나는 세금 인상에 반대해.
　　 B: 정부가 다른 대안이 없는 것 같아.
해설 object to v-ing는 '~에 반대하다'라는 의미이다. 이때의 to는 to부정사의 to가 아니라 전치사이므로 뒤에는 동명사가 와야 하는데, 빈칸 뒤에 목적어가 있으므로 능동형 동명사인 increasing을 써야 한다.

6 (d)
해석 A: 너는 왜 그녀를 위해 다이아몬드 반지를 사지 않았니?
　　 B: 만약 충분한 돈이 있었더라면 샀을 텐데.
해설 if절의 시제가 had had인 것을 보아 가정법 과거완료임을 알 수 있다. 따라서 주절에는 '조동사의 과거형 + have p.p.'를 써야 한다.

7 (c)
해석 A: 짐이 자신의 사업을 시작하려고 회사를 그만두었어.
　　 B: 정말? 그러지 말았어야 했는데.
어휘 quit 그만두다
해설 문맥상 '~하지 않았어야 했다'는 의미를 나타내야 하므로 'should have p.p.'를 써야 한다. 따라서 답은 'He shouldn't have quit his job.'이 되는데 quit his job이 앞의 내용과 중복되므로 이를 생략할 수 있다. 따라서 (c)가 정답이다.

8 (b)
해석 어떤 아이들은 농구를 좋아하고, 다른 아이들은 축구를 좋아한다.
해설 문맥상 빈칸에는 불특정한 다른 아이들을 지칭하는 말이 들어가야 하므로 others를 써야 한다. the others는 나머지 모두를 뜻하는데, 특정한 아이들을 지칭하는 것이 아니므로 '나머지 모두'라는 말은 적절하지 않다.

9 (a)
해석 이 호텔에 숙박하기 위해서는 하룻밤에 200달러의 비용이 들 것이다.
해설 문맥상 '하루당 200달러'라는 의미가 되어야 하므로 '~마다,

~당'이라는 의미로 쓰이는 부정관사 a가 적절하다.

10 (b)
해석 내 남동생은 그의 방을 청소하지 않았고, 나도 역시 그랬다.
해설 부정문 끝에서 '또한, 역시'라는 의미를 덧붙일 때에는 either를 써야 한다.

11 (d)
해석 음악이 꽤 시끄러웠음에도 불구하고, 그녀는 곧 잠들었다.
해설 문맥상 '그럼에도 불구하고'라는 뜻이 되어야 하는데 despite와 in spite of는 전치사이기 때문에 뒤에 절이 이어질 수 없고, nevertheless는 부사이기 때문에 쓸 수 없다.

12 (b)
해석 나는 그가 어젯밤 TV쇼에 출연했다는 것을 믿을 수 없다.
해설 appear은 자동사이기 때문에 수동태로 쓸 수 없는 동사이다. 또한 그가 TV에 출연한 것은 어젯밤이라고 했으므로 과거형인 appeared를 써야 한다.

13 (d)
해석 마이크가 산드라와 결혼할 것이라고는 전혀 생각하지 못했다.
해설 little이 문장의 맨 앞에 나오면 그 뒤의 주어와 동사가 도치되어야 한다. think는 일반동사이므로 조동사 do를 사용해서 도치를 한 did I think가 적절하다.

14 (c)
해석 당신의 주머니 속에 있는 것을 보여주십시오.
해설 문맥상 '~하는 것'이라는 의미가 되어야 하며, 빈칸 앞에 선행사가 없으므로 선행사를 포함하는 관계대명사 what을 써야 한다.

15 (d)
해석 (a) A: 지금 돈이 얼마나 있니?
　　 (b) B: 그것이 왜 알고 싶은데?
　　 (c) A: 내가 새 휴대전화를 사고 싶은데, 돈이 충분하지 않거든.
　　 (d) B: 그래서 내가 너한테 돈을 빌려줄 거라고 기대하는 거니?
해설 expect는 목적보어로 to부정사를 취하는 동사이다. 따라서 (d)의 lending을 to lend로 고쳐야 한다.

16 (b)
해석 (a) A: 내일이 제니의 생일이야. 그녀에게 줄 선물을 샀니?
　　 (b) B: 아직. 넌 그녀가 뭘 좋아할 거라고 생각하니?
　　 (c) A: 그녀에게 지갑을 사주는 게 어때? 그녀가 좋아할 거야.
　　 (d) B: 좋은 생각인 것 같아. 같이 하나 사러 가자.
해설 간접의문문에서 주절의 동사가 think, believe, suppose 등일 경우에는 의문사가 문장의 맨 앞에 위치해야 하므로, (b)의 Do you think what을 What do you think로 고쳐야 한다.

17 (a)

해석 (a) 네덜란드에서 만들어진 이후에, 도넛에는 오랫동안 구멍이 없었다. (b) 전해지는 이야기에 따르면, 최초의 고리 모양의 도넛은 한 배의 선장에 의해 우연히 만들어졌다. (c) 어느 날, 그 선장은 배 운전대의 손잡이에 그의 도넛을 끼웠다. (d) 그가 그의 도넛을 빼냈을 때, 그는 새로운 흥미로운 모양을 보았다.

어휘 accidently 우연히 / steering wheel 운전대

해설 도넛은 사람들에 의해 만들어진 것이므로 수동태인 'be + p.p.' 형태를 취해야 한다. 따라서 (a)의 creating을 being created 로 고쳐야 한다.

18 (c)

해석 (a) 사람들은 질투심이 좋지 않다고 생각하는 경향이 있다. (b) 하지만 당신은 질투심을 긍정적인 목적으로 사용할 수 있다. (c) 예를 들어, 당신이 친구의 직장에 대해 부러움을 느낄 때, 그들의 행운을 부러워하지 마라. (d) 대신에, 그 에너지를 당신에게 더 적합한 직장을 찾는 데 사용하라.

어휘 jealousy 질투(jealous 질투하는) / positive 긍정적인

해설 feel은 뒤에 형용사를 보어로 취하는 동사이므로, (c)의 jealousy를 jealous로 고쳐야 한다.

Mini TEST 3

p. 138-140

1 (a)	2 (d)	3 (b)	4 (c)	5 (a)	6 (b)
7 (c)	8 (a)	9 (c)	10 (d)	11 (d)	12 (d)
13 (b)	14 (d)	15 (c) locking →to lock		16 (d)	

expensively → expensive   17 (d) high → highly

18 (b) caused → causing

1 (a)

해석 A: 공원에서 뭐 했니?
B: 그냥 잠시 동안 산책했어.

해설 '잠시 동안'이라는 의미를 표현할 때에는 for a while을 써야 한다. in a while은 '잠시 후에'라는 의미로 주로 미래시제와 함께 사용된다.

2 (d)

해석 A: 그는 대기업에서 일하나요?
B: 네, 한국에서 가장 큰 기업 중 하나예요.

해설 문맥상 '한국에서 가장 큰 회사 중 하나'라는 의미가 적합하므로 'one of the + 최상급 + 복수명사'의 구문을 쓰는 것이 적절하다.

3 (b)

해석 A: 커피와 차 중에 어느 것을 원하십니까?

B: 둘 다 원치 않아요.

해설 문맥상 '둘 다 원하지 않는다'는 의미이기 때문에 both를 고르기 쉬우나 not ~ both는 '둘 다 원하는 것은 아니다', 즉 둘 중 하나만 원한다는 의미이므로 적절하지 않다. 또한 neither의 경우 이미 don't라는 부정의 표현이 있으므로 쓸 수 없다. 따라서 '둘 다 ~가 아니다'라는 의미의 not ~ either를 써야 한다.

4 (c)

해석 A: 지금 가봐야 해요. 만나서 반가웠어요.
B: 네, 저도 반가웠어요.

해설 문맥상 '가봐야 한다'라는 의미여야 하기 때문에 '~해야 한다'라는 의미의 조동사 must를 써야 한다.

5 (a)

해석 A: 잭에게 내가 그의 전화를 기다리고 있다고 말해 줄래?
B: 그래, 그가 너에게 곧 전화하도록 시킬게.

해설 have는 '~에게 …하도록 시키다'라는 의미의 사역동사로서, 원형부정사를 목적보어로 취한다. 따라서 call을 써야 한다.

6 (b)

해석 A: 텔레비전에 나오는 저 여배우는 아주 젊어 보여.
B: 그녀를 실제로 보면 생각이 달라질 걸.

해설 문맥상 빈칸에는 When you see가 들어가는 것이 적절한데, 접속사와 주어를 생략하고 see를 현재분사 형태인 Seeing으로 고쳐서 분사구문으로 쓸 수 있다. 문맥상 종속절과 주절의 시제가 같아야 하므로 완료분사구문인 Having seen은 적절하지 않다.

7 (c)

해석 A: 너 아직도 폴과 함께 사니?
B: 아니, 그는 지난 달 이후로 지금까지 할머니 댁에서 지내고 있어.

해설 '~이래로'라는 의미의 since가 쓰였으므로 현재완료시제나 '지속'의 상황을 강조하는 현재완료진행시제인 has been staying을 써야 한다.

8 (a)

해석 나는 너무 피곤해서 일에 집중하는 데 어려움을 겪었다.

해설 '~하는 데 어려움을 겪다'라는 의미는 'have trouble v-ing'의 형태로 표현한다.

9 (c)

해석 그 초등학교에서 행사를 주최하고 있는데, 그 행사는 해마다 가난한 아이들을 위해서 열린다.

어휘 host 주최하다

해설 an event를 선행사로 하는 주격관계대명사 which를 써야 한다. 빈칸 앞에 선행사가 있으므로 선행사를 포함하는 관계

대명사 what은 쓸 수 없으며, that은 계속적 용법으로 쓰일 수 없으므로 답이 될 수 없다. 또한 관계대명사 이끄는 문장 구조가 불완전하기 때문에 where도 답이 될 수 없다.

10 (d)
해석 그 디자이너의 가방은 대부분의 사람들에게는 너무 비싼 물건이다.
해설 부사인 too는 'too + 형용사 + a/an + 명사'의 어순으로 쓰여 '너무나 ~한'이라는 의미를 나타낸다.

11 (d)
해석 그의 노력에도 불구하고 그의 성적에는 어떤 변화도 보여지지 않았다.
해설 주어로 쓰인 '그의 성적의 변화'가 '보여지지 않았다'라는 의미이므로 주어와 동사가 수동의 관계임을 알 수 있다. 따라서 수동태인 'be + p.p.' 형태를 써야 하는데 문장의 주어가 changes이므로 복수동사로 받아서 were seen이라고 써야 한다.

12 (d)
해석 나는 외국어를 공부할 때 사전을 이용하는 것이 유용하다는 것을 알게 되었다.
해설 find는 '~이 …하다는 것을 알게 되다'라는 의미의 5형식 동사로 쓰일 수 있는데, 이때 목적어 자리에 to부정사구가 오게 되면 목적어 자리에 가목적어 it을 대신 쓰고 to부정사구는 목적보어 뒤에 쓴다. 따라서 it helpful to use의 어순으로 써야 한다.

13 (b)
해석 심장병을 예방하기 위해 일주일에 적어도 세 번 운동을 하는 것이 필요하다.
해설 '운동하다'라는 의미의 동사인 work out이 문장의 주어 자리에 와야 하므로, 동명사 형태인 working out으로 써야 한다. Having worked out은 완료동명사로서 주절보다 한 시제 앞선 상황을 나타내기 때문에 문맥상 적절하지 않다.

14 (d)
해석 네가 더 일찍 사실을 말했더라면, 나는 너를 용서해주었을 텐데.
해설 주절에 would have forgiven이 쓰인 것으로 보아 가정법 과거완료임을 알 수 있다. 따라서 조건절에는 had p.p.의 형태를 써야 하므로, had told가 적절하다.

15 (c)
해석 (a) A: 나 뭔가 잊어버린 것 같아.
(b) B: 사무실에 중요한 뭔가를 두고 온 건 아니지?
(c) A: 아닌데… 아, 문 잠그는 걸 잊었어!
(d) B: 정말? 우리 되돌아가야겠다.

해설 (c)는 문맥상 '문을 잠가야 하는데 잊어버리고 안 잠갔다'라는 의미가 되어야 하는데, forget 뒤에 동명사가 목적어로 오면 '~한 일을 잊어버리다'란 의미이므로 적절하지 않다. 따라서 '~해야 할 일을 잊어버리다'라는 의미의 to부정사를 써야 하므로 locking을 to lock으로 고쳐야 한다.

16 (d)
해석 (a) A: 잭, 이 재킷 참 좋아 보인다, 그렇지 않니?
(b) B: 응. 색깔이 마음에 든다.
(c) A: 한번 입어 보지 그러니?
(d) B: 모르겠어. 굉장히 비싸 보이거든.
해설 (d)에서 look은 2형식 동사로 형용사를 보어로 취한다. 따라서 부사인 expensively를 형용사인 expensive로 고쳐야 한다.

17 (d)
해석 (a) 요즘, 직장에서 성공하려면 여러분은 훌륭한 팀원이 되어야 합니다. (b) 이는 여러분과 팀의 관계가 중요하다는 뜻입니다. (c) 그 이유는 팀워크가 공통의 목표를 달성하는 데 도움이 되기 때문입니다. (d) 따라서, 여러분이 훌륭한 팀원이 될 수 있다면, 여러분의 상사는 여러분을 높이 평가할 것입니다.
어휘 succeed 성공하다 / relationship 관계 / teamwork 팀워크
해설 high에도 부사적인 의미인 '높이'라는 의미가 있지만, 물리적인 높이를 의미하는 말이므로, '~을 높이 평가하다'라는 의미로 쓰일 때에는 highly를 써야 한다. 따라서 (d)의 high를 highly로 고쳐야 한다.

18 (b)
해석 (a) 휴대전화는 여러분의 친구들과 소통하는 데 있어 유용한 물건입니다. (b) 그러나 휴대전화는 시간을 낭비하게 만들어 여러분의 학습에 영향을 줄 수도 있습니다. (c) 여러분은 친구들과 문자 메시지를 주고 받거나 게임을 하는 데 시간을 너무 많이 소비할 수 있습니다. (d) 이는 여러분의 시간을 많이 빼앗을 수 있습니다.
해설 (b)는 문맥상 분사구문의 주어가 주절의 주어(your cell phone)와 같고, 휴대전화가 시간낭비를 초래하는 것이므로 능동태를 사용해야 하는 것을 알 수 있다. 따라서 caused를 causing으로 바꾸어 능동태 분사구문을 써야 한다.

READING
Comprehension

Basic Drill
p. 146-147

1 ⓐ 2 ⓑ 3 ⓐ 4 ⓐ 5 ⓐ

1 ⓐ

시골에서는 <u>얼마나 많은 수의 개를 키우는지</u>는 보통 문제가 되지 않는다. 그러나 몇몇 도시에서는 세 마리 이상의 개를 집에서 키우는 것이 법으로 금지되어 있다. 이 법률들은 도시 지역에서 개가 많은 문제를 일으킬 수 있기 때문에 만들어졌다. 작은 아파트에서 키워지는 너무 많은 수의 개들은 나쁜 냄새를 풍길 수 있고 심한 소음을 낼 수 있다. 이것은 이웃들에게도, 개들 스스로에게도 나쁘다.
ⓐ 얼마나 많은 수의 개를 키우는지
ⓑ 당신이 개를 마당에서 키우는지

어휘 countryside 시골 / prohibit 금지하다 / urban 도시의 / yard 마당

해설 빈칸 다음 문장이 But이라는 접속사로 연결되어 있으면서 세 마리 이상의 개를 키울 수 없는 도시의 경우를 설명하고 있다. 빈칸이 있는 문장은 시골의 상황을 설명하고 있으므로 빈칸에는 도시 상황과 대비되는 내용이 오는 것이 자연스럽다. 따라서 몇 마리의 개를 키우든 문제가 되지 않는다는 내용의 ⓐ가 들어가는 것이 적절하다.

2 ⓑ

어떤 사람들은 사형 제도가 다른 범죄자들에게 겁을 주어 그들이 법을 따르게 만든다고 주장한다. 그러나 실제로 많은 죄수들이 사형에 처해지는 지역에서 가장 높은 살인 범죄율이 나타난다. 가장 낮은 살인 범죄율이 나타난 지역에서는 사형을 집행할 가능성이 더 낮다. 사형 제도의 지지자들은 또한 범죄자들을 감옥에 수감하는 것에는 너무 비용이 많이 든다고 주장한다. 하지만 실제로는 범죄자들을 사형에 처하는 것보다 수감하는 것이 <u>더 경제적이다</u>.
ⓐ 덜 흔하다
ⓑ 더 경제적이다

어휘 claim 주장하다 / death penalty 사형 (제도) / scare ~ into v-ing ~에게 겁주어 …하게 하다 / criminal 범죄자 / obey 준수하다 / murder 살인 / put ~ to death ~를 사형에 처하다 / supporter 지지자 / in reality 사실상 / house 수용하다 / economical 경제적인

해설 사형제 지지자들이 죄수를 수감하는 데 비용이 많이 든다는 점을 들어 사형제를 찬성한다고 설명한 후, But이라는 역접 접속사로 빈칸이 있는 문장이 연결되고 있으므로 빈칸에는 그와 반대되는 내용인 ⓑ가 들어가는 것이 적절하다.

3 ⓐ

많은 사람들이 이 책이 도움이 된다고 말한다. 그러나 나는 이 책의 몇 군데에 문제가 있다고 생각한다. 예를 들어, 부정직한 행동을 조장하는 것으로 보이는 한 챕터가 있다. 거짓말을 하는 것이 항상 좋다고 실제로 주장하고 있지는 않다. 하지만 분명 <u>선의의 거짓말을 하는 것은 용납된다고</u> 시사한다.
ⓐ 선의의 거짓말을 하는 것은 용납된다고
ⓑ 정치가들이 거짓말을 하지 말아야 한다고

어휘 promote 조장하다, 장려하다 / dishonest 부정직한 / behavior 행동 / suggest 시사하다 / white lie 선의의 거짓말 / acceptable 용납할 수 있는 / politician 정치가

해설 글쓴이는 어떤 책의 내용 중 정직하지 않은 행동을 조장하는 부분에 문제가 있다고 주장하고 있다. 빈칸 앞 문장에서 거짓말이 항상 옳다고 책에서 실제로 주장하고 있는 것은 아니라고 언급한 후, 빈칸이 있는 문장이 However로 연결되고 있으므로 앞 문장과 반대되는, 즉 거짓말을 해도 괜찮다는 내용이 나올 것임을 알 수 있다. 따라서 정답은 ⓐ이다.

4 ⓐ

다른 회사들과 마찬가지로 월마트는 <u>모든 직원을 평등하게 대우해야 한다</u>. 불행히도 항상 그래 왔던 것은 아니다. 흑인 직원들은 수차례 불공평한 처우에 대해 불만을 제기해왔다. 예를 들어 2009년 2월, 월마트는 아프리카계 미국인 트럭 운전사에 대한 대우와 관련한 소송에 직면했다. 그 운전사들이 일자리에 지원했을 때 다르게 대우받았음이 밝혀졌다. 법원은 월마트에게 소송을 해결하기 위해 1750만 달러를 지불하라고 명했다.
ⓐ 모든 직원을 평등하게 대우해야 한다
ⓑ 많은 예전 직원들에 의해서 소송을 당해왔다

어휘 unfortunately 불행히도 / unfair 불공평한 / treatment 대우 / face 직면하다 / lawsuit 소송 / involve 관련시키다 / court 법원 / settle 해결하다 / sue 고소하다 / former 이전의

해설 빈칸 뒷 문장에 불행히도 늘 그래 왔던 것이 아니라는 언급과 함께 월마트가 직원을 불평등하게 대우한 것 때문에 소송에 휘말린 예가 설명되고 있다. 따라서 빈칸에는 월마트가 직원을 평등하게 대우해야 한다는 내용이 오는 것이 적절하다.

5 ⓐ

학문 관련 직업을 위해 자기소개서를 쓰는 것은 기업 분야의 취업을 위해 자기소개서를 쓰는 것과 유사하다. 그러나 길이나 양식 면에서 <u>요구되는 내용은 상당히 다르다</u>. 학문 관련 직업을 위한 자기소개서는 보통 기업 취업을 위한 자기소개서에 담기는 정보를 포함해야 한다. 그러나 그것은 당신의 (학문적) 업적의 상세한 내용도 포함할 만큼 충분히 길어야 한다. 이상적으로는 당신의 연구, 수업 및 행정적 성취들이 포함되어야 한다.
ⓐ 요구되는 내용은 상당히 다르다
ⓑ 각각의 경우에 따라야 할 정해진 규칙은 없다

어휘 cover letter (취업 시) 자기소개서 / academic 학문의 / field 분야 / normally 보통(은) / contain 포함하다 / accomplishment 업적 / ideally 이상적으로 / administrative 행정상의 / content 내용 / differ 다르다 / significantly 상당히

해설 학문적인 용도의 자기소개서와 사업상의 자기소개서는 유사한 면이 있다는 내용의 첫 문장에 이어, 빈칸이 있는 문장에 역접을 나타내는 연결어 However가 있으므로 빈칸에는 두 경우의 자기소개서에 다른 점이 있다는 내용이 들어가는 것이 적절하다.

Practice TEST
p. 148-149

1 (c)	2 (b)	3 (d)	4 (c)

1 (c)

'악어의 눈물을 흘리는 것'은 슬픈 척하는 사람을 가리킨다. 그렇다면 그것이 어떻게 악어와 관련이 있는 것일까? 악어는 사냥을 할 때 종종 풀숲에 숨어서 움직이지 않고 있다. 악어는 운이 없는 동물이 지나갈 끄기 있게 기다린다. 그러나 물 밖에 오랜 시간 동안 나와 있는 것은 악어의 눈을 건조하게 만든다. 그래서 악어는 눈을 촉촉하게 유지시켜줄 눈물을 만들어 낸다. 이것이 악어가 아무 감정을 느끼고 있지 않는데도 울고 있는 것처럼 보이게 한다.

(a) 동물에 관심이 있는
(b) 실수를 후회하는
(c) 슬픈 척하는
(d) 다른 사람의 기분을 상하게 하는

어휘 crocodile 악어 / motionless 움직이지 않는 / patiently 참을성 있게 / come by 오다, 들르다 / care about ~에 관심을 가지다 / regret 후회하다 / pretend ~인 체하다

해설 악어가 사냥 중에 눈물을 흘리는 것은 어떤 감정 때문이 아니라 단순히 눈을 건조하지 않게 하기 위함이라고 설명하고 있으므로, 악어의 눈물이라는 표현이 실제로 슬프지 않으나 슬픈 척하는 사람에 대해 언급할 때 쓰는 말임을 알 수 있다.

2 (b)

The Poor People's Institute는 벤자민 톰슨에 의해 1790년에 독일에서 설립되었다. 그것은 가난한 아이들을 교육시키고 음식을 제공하는 프로그램이었다. 이 기관에 다니는 아이들은 시간제 일을 해야 했다. 일을 하고 있지 않을 때에는 수업에 참여해 읽기와 쓰기, 수학을 배웠다. 더불어, 톰슨은 가능한 한 많은 영양소를 아이들에게 제공해 줄 저렴한 방법을 계속해서 찾았다. 그 결과, 아이들은 주로 감자와 보리, 완두콩이 들어간 수프로 구성된 식사를 제공받았다.

(a) 아이들이 요리사가 되도록 훈련시키는
(b) 가난한 아이들을 교육시키고 음식을 제공하는
(c) 젊은 사람들이 고소득 직업을 찾도록 도와주는
(d) 아이들에게 적절한 의료 서비스를 제공하는

어휘 institute 기관 / found 설립하다 / continuously 계속해서 / nutrition 영양소 / consist of ~로 구성되다 / primarily 주로 / barley 보리 / pea 완두콩 / health care 의료 서비스

해설 빈칸 뒷 문장들에서 이 기관에 다니는 아이들이 시간제 일을 하는 동시에 교육을 받고 식사를 제공받는다고 했으므로 빈칸에는 (b)가 들어가는 것이 적절하다.

3 (d)

미신은 일반적으로 사실보다는 관습에서 유래된 신념들이다. 그러나 어떤 미신들은 과학적인 원리에 근거한 것처럼 보인다. 이것의 한 가지 예로 "밤에 붉은 하늘은 선원에게 기쁨, 아침에 붉은 하늘은 선원들에게 경고"라는 옛말이 있다. 이것은 어리석은 미신처럼 들릴지 모르나, 실제로 일출과 일몰의 색은 구름의 영향을 받는다. 따라서 동쪽으로부터 다가오는 먹구름이 아침 하늘을 정말로 붉게 보이게 할 수도 있다.

(a) 잘못된 정보로 가득한
(b) 기술에 의해 영향을 받는
(c) 고전 설화로부터 유래한
(d) 과학적인 원리에 근거한

어휘 superstition 미신 / tradition 관습 / sailor 선원 / delight 기쁨 / warning 경고 / sunrise 일출(↔sunset 일몰) / storm cloud (폭풍을 몰고 오는) 먹구름 / approach 다가오다 / misinformation 잘못된 정보 / principle 원리

해설 미신은 주로 사실에 근거하지 않는 신념이라는 문장 뒤로 빈칸이 있는 문장이 however로 이어지고 있으므로 빈칸에는 그렇지 않은 미신도 있다는 내용이 들어가야 한다. 빈칸 다음 문장부터는 이에 대한 예로 한 옛말에 담긴 과학적인 근거를 설명해 주고 있다.

4 (c)

제2차 세계대전 중 일본의 나가사키에 원자폭탄이 투하되었으나 이것은 원래 니가타에 (투하될) 예정이었던 것이다. 미군에 따르면, 폭탄을 장착한 비행기는 8월 6일에 니가타를 향하고 있었다. 하지만 구름이 너무 많이 끼어 조종사가 잘 볼 수 없었다. 그래서 비행기는 니가타를 지나쳤고 대신 원자폭탄은 나가사키에 투하되었다. 그 끔찍한 날, 두 도시의 운명을 뒤바꾼 것은 바로 날씨였던 것이다.

(a) 비행기가 추락하도록 만든
(b) 일본인들이 전쟁에서 패하게 된
(c) 두 도시의 운명을 뒤바꾼
(d) 비극이 일어나는 것을 막은

어휘 atomic bomb 원자폭탄 / originally 원래 / be headed for ~로 향하다 / crash 추락하다 / fate 운명 / tragedy 비극

해설 원래 니가타에 투하될 예정이었던 원자폭탄이 예상치 못한 악천후로 인해 나가사키에 대신 투하되었다고 설명했으므로, 날씨

로 인해 두 도시의 운명이 달라졌다는 내용이 빈칸에 오는 것이 자연스럽다.

는 As a result가 들어가는 것이 적절하다.

Part 1 unit 02 연결어 넣기

Basic Drill
p. 152-153

1 ⓐ   2 ⓑ   3 ⓐ   4 ⓑ   5 ⓐ

1 ⓐ
고대 이집트의 남성과 여성들은 대개 자신의 머리를 밀고 다른 사람들 앞에서는 가발을 썼다. 그들은 몇 가지 이유로 이렇게 했다. 우선 그것은 뜨거운 이집트의 날씨에 견디는 것을 쉽게 해 주었다. 둘째로, 그것은 머리카락이 있는 것보다 더 깨끗하다고 여겨졌다. 마지막으로, 나이가 든 사람들은 머리가 백발이 되는 것을 걱정할 필요가 없었다. 그러나 대다수의 이집트인들이 머리를 밀었던 것에도 불구하고, 대머리인 것이 매력적으로 여겨지지는 않았다.
ⓐ ~에도 불구하고
ⓑ ~ 때문에

어휘 ancient 고대의 / shave 깎다, 면도하다 / wig 가발 / in public 대중 앞에서 / consider ~라고 여기다 / bald 대머리의

해설 대다수의 이집트인들이 머리를 밀었다는 내용과 대머리가 매력적으로 여겨지지 않았다는 내용은 서로 상반되는 내용이므로, 두 내용을 자연스럽게 연결하기 위해서는 빈칸에 even though가 들어가는 것이 적절하다.

2 ⓑ
가르치는 것은 일방적인 과정이 되어서는 안 된다. 대신 교사들은 학습 공동체를 만들기 위해 노력해야 한다. 이상적인 교실에서는, 학생들이 그들끼리뿐만 아니라, 그들의 교사들과도 상호작용을 한다. 그 결과, 지식은 단순히 교사에 의해 주어지기보다는 모두에 의해 공유되는 것이 된다. 이는 학생들이 더 빨리 배울 수 있도록 도와주며, 공동체의 일원이 되는 것을 그들에게 가르쳐 준다.
ⓐ 반면에
ⓑ 그 결과

어휘 one-way 일방적인 / community 공동체 / ideal 이상적인 / interact with ~와 상호작용하다 / share 공유하다 / encourage 장려하다, 조장하다

해설 빈칸 앞 문장에서는 이상적인 교실 환경의 조건으로 학생들이 선생님을 비롯한 다른 학생들 모두와 상호작용하는 것을 들었다. 빈칸 뒤의 지식이 학생과 교사 모두에 의해 공유된다는 내용은 빈칸 앞 부분에서 설명한 상호작용의 결과로 볼 수 있으므로 빈칸에

3 ⓐ
아기와 성인은 다수의 같은 것들을 필요로 한다. 그러나 아기들은 흔히 이것들을 더 적은 양이나 작은 정도로 필요로 한다. 예를 들어, 햇빛은 유아들에게 좋지만, 적은 양 이상은 해로울 수 있다. 마찬가지로, 성인들은 어떤 음악이 마음을 편안하게 해준다고 생각할지도 모르는 반면에, 아기들은 그것이 아주 작은 소리로 들려지지 않는다면 그것을 참아낼 수 없을지도 모른다.
ⓐ 마찬가지로
ⓑ 다행히도

어휘 degree 정도 / harmful 해로운 / relaxing 긴장을 푸는 / handle 다루다, 처리하다

해설 빈칸 앞에서는 아기들에게 필요한 것일지라도 적은 양만이 제공되어야 한다고 설명한 뒤, 그 예로 햇빛을 들고 있다. 빈칸 뒤에서는 아주 작은 음량이 아니라면 유아들에게 좋지 않을 수 있다는 유사한 사례를 설명하고 있으므로 빈칸에는 Likewise가 들어가는 것이 적절하다.

4 ⓑ
학교 상담사는 학생들에게 조언과 지지를 해줌으로써 그들이 현명한 결정을 하도록 도울 수 있다. 만약 당신이 스트레스로 문제를 겪고 있다면, 당신은 상담사에게 이야기해야 한다. 상담사는 또한 당신이 부모님을 대하는 것이나 반 친구들과 사이좋게 지내는 것에 대해 조언을 해줄 수도 있다. 게다가, 당신의 학교 상담사는 당신이 공부를 더 잘하고 성적을 올리기 위한 방법들에 대해 조언해줄 수 있다.
ⓐ 다시 말해서
ⓑ 게다가

어휘 counselor 카운슬러, 상담사 / decision 결정 / tip 조언 / get along with ~와 사이좋게 지내다 / improve 향상시키다

해설 학교 상담사로부터 얻을 수 있는 도움에 대해 나열하고 있으므로 빈칸에는 첨가의 의미를 나타내는 In addition이 들어가는 것이 적절하다.

5 ⓐ
어떤 동물들은 살아가는 데 많은 공간을 필요로 한다. 그러므로 그들이 동물원에서 살아가는 것은 어렵다. 예를 들어, 북극곰은 동물원에 있을 때 여기저기 걸어 다니며 시간을 보낸다. 이것은 그들이 지루하거나 불행하다는 신호이다. 그들이 야생에서 살 때에는 거의 천2백제곱킬로미터나 되는 지역에서 산다. 그러나 동물원에서 그들은 비좁은 공간에서 지내야 한다. 만약 동물원이 동물들을 건강하고 행복하게 해주길 원한다면, 동물들에게 그들이 필요로 하는 공간을 주어야 한다.
ⓐ 예를 들어
ⓑ 그 결과

어휘 space 공간 / polar bear 북극곰 / back and forth 여기저기, 왔다 갔다 / in the wild 야생에서 / tiny 작은

해설 빈칸 앞에서는 넓은 공간에서 살아야 하는 동물들이 좁은 동물원에 갇혀 사는 것이 힘들다고 설명했고, 빈칸 뒤에서는 그에 대한 예로 북극곰을 들고 있다. 따라서 빈칸에는 for instance가 들어가는 것이 적절하다.

Practice TEST
p. 154-155

1 (d)	2 (c)	3 (a)	4 (c)

1 (d)

요즘 많은 사람들이 인터넷상으로 물건을 파는 개인 사업을 시작하고 있다. 온라인 사업이 전통적인 사업보다 경영하기 쉽긴 하지만, 사이버 공간에서는 경쟁이 치열하다. 다수 중에서 눈에 띄기 위한 한 가지 방법은 수요가 많은 상품을 가장 싼 가격에 제공하는 것이다. 또한 가장 인기 있는 상품들을 할인된 가격의 패키지 상품으로 묶을 수도 있다. 반면에, 당신은 그 대신 구하기 어려운 상품만을 팔기로 결정할 수도 있다. 만약 그렇게 한다면, 당신은 경쟁에 덜 직면할 것이고 높은 가격을 매길 수도 있을 것이다.

(a) 사실은
(b) 결국
(c) 놀랍게도
(d) 반면에

어휘 competition 경쟁 / cyberspace 사이버 공간 / stand out 눈에 띄다, 돋보이다 / demand 수요 / put together 모으다 / discounted 할인된 / package 패키지 상품, 꾸러미 / charge 값을 매기다

해설 빈칸 앞에서는 성공적인 온라인 사업을 위한 방법으로 인기 상품을 싼 가격에 파는 전략을 제시하고 있으며, 빈칸 이후부터는 흔하지 않은 상품을 비싼 가격에 파는 전략을 제시하고 있다. 두 가지 전략은 서로 상반되는 것이므로 빈칸에는 On the other hand가 들어가는 것이 적절하다.

2 (c)

당신의 체중과 잠의 양에는 직접적인 관계가 있다. 연구에 따르면 아이들이나 성인들이 밤에 잠을 충분히 자지 않았을 때 모두 과체중이 되기 쉽다. 연구자들은 이것이 사람의 식욕이 특정 호르몬의 변화에 의해 증가할 수 있기 때문이라고 믿는다. 이러한 (호르몬) 변화는 사람이 잠을 충분히 자지 않았을 때 일어난다. 다시 말해서, 수면 부족이 당신의 신체가 식욕을 돋우게 하는 특정 호르몬을 더 많이 생산하게끔 한다.

(a) 게다가
(b) 이러한 이유로
(c) 다시 말해서
(d) 반면에

어휘 direct 직접적인 / relationship 관계 / overweight 과체중의 / appetite 식욕 / hormonal 호르몬의 / lack 부족

해설 빈칸 앞에서 수면량이 충분하지 않을 경우 호르몬 변화가 일어나 식욕이 증가한다고 설명한 후, 빈칸 뒤에서 이것에 대해 다시 설명하고 있으므로 빈칸에는 In other words가 들어가는 것이 적절하다.

3 (a)

이번 주 초, 터키의 동부가 강한 지진으로 흔들렸다. 이 큰 지진 이후 곧 스무 번 이상의 여진들이 이어졌다. 최초의 지진은 그 지역의 대부분의 사람들이 자고 있었던 늦은 밤에 발생했다. 그 결과, 수천 명의 사람들이 잠옷 바람으로 거리로 달려 나왔고, 남은 밤을 밖에서 보냈다. 공식 발표에 따르면, 50명 이상의 사람들이 사망했고 약 100명의 사람들이 심각한 부상을 입었다.

(a) 그 결과
(b) 다행히도
(c) 요약하자면
(d) 대조적으로

어휘 rock 흔들다, 요동시키다 / earthquake 지진 / original 최초의 / pajamas 잠옷 / official 공식의 / seriously 심각하게 / injure 부상을 입히다

해설 지진의 발생 시각이 늦은 밤이었기 때문에 사람들이 잠옷 바람으로 대피했을 것이므로, 빈칸에는 인과관계를 나타내는 As a result가 들어가는 것이 적절하다.

4 (c)

1990년대에 할로겐 램프는 선명하고 밝은 빛과 적당한 가격 때문에 인기가 있었다. 불행히도, 이 램프는 많은 양의 전기를 소모했다. 게다가 너무 뜨거워져서 많은 주거 화재를 초래했다. 결국 린제이 마르라는 한 하버드대 학생이 이 램프의 에너지 절약형 대체품을 설계했다. 처음에 마르의 램프는 신입생 기숙사 전체에 공급되었다. 후에, 그것들은 하버드 교정에서 사용되었을 뿐 아니라, 전국 각지의 소매점에서도 팔렸다.

(a) 다행히도
(b) 분명히
(c) 불행히도
(d) 이전에는

어휘 halogen 할로겐 / affordable (가격이) 알맞은 / electricity 전기 / household 가정의 / eventually 결국, 마침내 / alternative 대안, 대체품 / distribute 보급하다 / freshman 신입생 / dormitory 기숙사 / retail store 소매점

해설 빈칸 앞에서 할로겐 램프의 장점이 먼저 언급된 뒤에, 빈칸 이후부터 전기 소모가 많고 화재의 위험이 있다는 단점들이 나열되고 있으므로 빈칸에는 Unfortunately가 들어가는 것이 적절하다.

Basic Drill

p. 158-159

1 ⓐ   2 ⓐ   3 ⓑ   4 ⓐ   5 ⓐ

1 ⓐ

과학자들은 우리가 깊은 잠을 자는 동안 우리 뇌에서 무슨 일이 일어나는지에 대해 항상 궁금하게 여겨왔다. 과거에 그들은 우리가 무의식 상태일 때에도 뇌세포는 여전히 활발한 상태일 것이라고 믿었다. 그러나 새로운 연구에 따르면 사람이 깊은 잠을 잘 때 이 세포들도 실제로 휴식을 취한다고 한다. 이는 주위에서 시끄러운 소리가 들리더라도 사람들이 계속 잠을 잘 수 있도록 해준다.
ⓐ 사람들이 자고 있는 동안 뇌세포는 무엇을 하는가
ⓑ 숙면이 왜 건강에 중요한가

어휘 curious 알고 싶어하는 / cell 세포 / remain 여전히 ~이다 / active 활동적인 / unconscious 의식이 없는 / take a break 잠시 휴식을 취하다

해설 사람들이 깊은 잠에 빠져 있을 때, 뇌세포가 계속 활동하는 것이 아니라 휴식을 취한다는 새로운 연구 결과를 설명하고 있는 지문이다. 따라서 이 글의 주제는 사람이 잠을 자는 동안 뇌세포가 하는 일이다.

2 ⓐ

영국의 한 쇼핑센터가 특정한 옷을 입은 쇼핑객들(의 출입)을 금지하기 시작했다. 모자가 달린 상의나 야구 모자를 쓴 사람들은 가게에 들어가지 못한다. 그 쇼핑센터는 다른 손님들이 더 안전하다고 느낄 수 있도록 하기 위해서 이렇게 하고 있다고 얘기한다. 그것의 목적은 학생들이 친구들과 쇼핑몰에서 많은 시간을 보내지 못하게 하는 것이다. 하지만 몇몇 사람들은 그것이 겉모습으로 사람들을 판단하는 불공정한 규정이라고 생각한다.
ⓐ 십대들을 겨냥한 한 쇼핑몰의 엄격한 정책
ⓑ 왜 영국에서 특정 옷들이 인기를 잃었나

어휘 ban 금지하다 / hooded 모자가 달린 / top 상의 / hang out with ~와 시간을 보내다 / appearance 외모 / strict 엄격한 / aim (~을) 대상으로 하다

해설 한 쇼핑몰에서 특정 옷을 입은 학생들의 출입을 금지시키고 있다는 것이 이 글의 주요 내용이므로, 주제는 ⓐ이다.

3 ⓑ

1962년에 유니스 슈라이버는 정신지체 장애인들을 위한 일일 캠프를 시작했다. 그것의 목표는 그들이 스포츠 및 다른 신체적 활동에 참여할 수 있게끔 하는 것이었다. 그 이후, 1968년에 제1회 국제 특별 올림픽이 시카고에서 열렸다. 미국과 캐나다에서 온 천 명의 장애인들이 육상 경기와 수영 경기에 참가했다. 1988년이 되어서야 비로소 특별 올림픽은 국제 올림픽 위원회에서 공식적으로 인정받았다.
ⓐ 특별 올림픽의 의의
ⓑ 특별 올림픽의 유래

어휘 mentally 정신적으로 / disabled 장애가 있는 / participate in ~에 참여하다 / physical 신체의 / compete in ~에 참가하다 / track and field 육상 경기 / officially 공식적으로 / recognize 인정하다 / committee 위원회 / origin 유래

해설 처음에는 정신지체 장애인들을 위한 일일 캠프의 형태로 시작했던 이벤트가 이후 많은 장애인들이 참가하여 스포츠 경기를 펼치는 특별 올림픽으로 발전하게 되었다는 것이 주된 내용이다. 따라서 이 글의 주제로는 ⓑ가 적절하다.

4 ⓐ

어제 신문의 7페이지에 캐나다로의 이민을 선택한 중국 이민자들에 관한 기사가 있었습니다. 세 번째 문단에서 밴쿠버의 로라 링이 "많은 사람들이 더위와 범죄로부터 벗어나기 위해 중국 남부에서 밴쿠버로 이주합니다"라고 말했다고 보도되었습니다. 그러나 링 씨는 사실 중국 남부의 '더위와 습기'로부터 벗어나기 위해 많은 사람들이 밴쿠버로 온다고 이야기했습니다.
ⓐ 실수를 정정하려고
ⓑ 관광을 장려하려고

어휘 immigrant 이민자 / paragraph 문단 / escape from ~에서 달아나다 / humidity 습기

해설 어제의 신문 기사 중에서 잘못 보도된 내용이 있었음을 밝히고 실제 사실이 무엇이었는지 알려주고 있다. 따라서 이 기사의 목적은 정정보도이다.

5 ⓐ

유전자는 가족 구성원들과 공유된다. 그러므로 한 사람이 암에 걸렸다면 가족 중의 다른 누군가도 암에 걸릴 가능성이 있다. 유전학자들은 가족의 병력을 연구하는 사람들이다. 그들은 어떤 사람이 무슨 질병에 걸릴 가능성이 있는지를 밝혀내기 위해 이러한 연구를 한다. 그들은 보통 3대의 의료 기록을 조사하고 반복되는 점을 찾음으로써 이런 정보를 얻을 수 있다.
ⓐ 유전학자들이 하는 일
ⓑ 암이 가족들에게 어떻게 영향을 끼치는가

어휘 gene 유전자(geneticist 유전학자) / cancer 암 / chance 가능성 / determine *밝히다; 결정하다 / sort 종류 / examine 조사하다 / generation 세대 / medical 의료의 / pattern (같은 일의) 반복

해설 가족들의 병력을 조사하여 구성원들이 어떤 병을 앓게 될 가능성이 있는지 알아내는 일을 하는 유전학자에 관한 글이다. 따

라서 이 글의 주제로는 ⓐ가 적절하다.

Practice TEST

p. 160-161

1 (d)	2 (d)	3 (c)	4 (b)

1 (d)

어떤 동물들은 북극 지역에 사는 데 적합하지만, 사람들에게는 극도로 추운 날씨에서 살아가는 것이 쉽지 않다. 가장 중요한 것은 체온이 너무 낮게 떨어지지 않도록 유지하는 방법을 찾는 것이다. 따뜻한 옷을 여러 겹 입는 것은 당신이 이것을 달성할 수 있도록 도와줄 것이다. 또한 반드시 당신의 피부와 옷 사이에 항상 작은 공간이 있도록 해야 하고, 옷은 항상 마른 상태로 있도록 해야 한다.

Q. 지문의 제목으로 가장 적합한 것은?
(a) 북극에서 동물들이 살아남는 법
(b) 왜 북극에 사는 것이 힘든가
(c) 북극의 환경이 변하고 있다
(d) 무엇을 입는지가 당신을 살아남게 할 수 있다

어휘 well-suited 적합한 / Arctic 북극의 / extremely 극도로 / temperature 온도 / layer 겹 / accomplish 달성하다

해설 일부 동물과는 달리 인간이 북극 환경의 추운 날씨 속에서 살아가는 것이 어렵다는 것을 언급한 후, 체온을 지키는 가장 중요한 방법으로 옷을 입는 방법에 대해 설명하고 있다. 따라서 이 글의 제목으로는 (d)가 알맞다.

2 (d)

최근 한 연구에서 초등학생들이 수학을 배우는 방식에 대해 살펴보았다. 연구에서 여교사들과 여학생들 사이에 특이한 연관성이 발견되었다. 교사가 자신의 수학 실력에 대해 자신감이 없을 때, 여학생들은 남학생들이 여학생들보다 수학을 더 잘한다고 생각하기 쉽다고 한다. 결국 이런 믿음은 자신의 수학 실력에 대한 자신감에 영향을 줄 수 있다. 그리고 자신감이 없으면 이 여학생들은 수학을 배우는 데 곤란을 겪을 수도 있다.

Q. 지문의 요지는?
(a) 대부분의 여학생들은 수학을 잘하는 자신의 능력에 자신감을 가지고 있다.
(b) 연구에 따르면 남학생들이 여학생들보다 수학을 잘한다.
(c) 남교사들이 여교사들보다 수학을 더 잘 가르친다.
(d) 어떤 여교사들은 여학생들의 수학 학습에 나쁜 영향을 미친다.

어휘 unusual 특이한 / connection 연관성 / lack ~이 없다 / confidence 자신감 / eventually 결국 / ability 능력 / influence 영향

해설 수학 실력에 자신감이 없는 여교사에게 수업을 받으면, 여

학생들이 '남자가 여자보다 수학을 잘 한다'라는 생각을 갖게 되어 결국 자신의 수학 실력에 대해 자신감을 잃는 경향이 있다는 연구 결과를 설명하고 있다. 따라서 정답은 (d)이다.

3 (c)

다섯 종류의 담수 돌고래들이 있는데, 이 중 아마존강 돌고래는 가장 지능이 높은 것으로 여겨진다. 인간의 뇌보다 40퍼센트 더 큰 뇌를 가지고 있으면서, 이 친근한 생물은 수세기 동안 인간과 조화롭게 살아왔다. 그러나 그들은 지금 멸종 위기에 처해 있다. 아마존 열대우림의 계속된 파괴와 새로 지어진 댐, 수질 오염, 늘어난 보트의 운행량들이 이 포유동물의 생존을 어렵게 만들었다.

Q. 지문의 요지는?
(a) 아마존강 돌고래는 가장 영리한 돌고래종이다.
(b) 아마존강 돌고래는 오염된 지역을 피하는 능력을 가지고 있다.
(c) 인간의 활동이 아마존강 돌고래의 생존을 위협하고 있다.
(d) 아마존강의 생물들과 조화를 이루며 사는 것이 중요하다.

어휘 freshwater 담수의 / in harmony with ~와 조화로운 / extinction 멸종 / destruction 파괴 / rainforest 열대우림 / pollution 오염 / traffic 운행량, 교통량 / mammal 포유동물 / threaten 위협하다

해설 아마존강 돌고래가 과거에는 인간과 조화롭게 살았으나, 지금은 댐 건설, 보트 운행 등 인간의 편의를 위한 활동으로 열대우림이 파괴되면서 멸종 위기에 처하게 되었음을 설명하고 있다. 따라서 인간의 활동으로 인해 아마존강 돌고래의 생존이 위협을 받고 있다는 것이 이 글의 요지이다.

4 (b)

관계자 분께,
제 이름은 조단 리이고, 홍콩에 본사가 있는 한 문구류 제조업체를 대표하고 있습니다. 저희는 매우 다양한 종류의 양질의 종이 제품을 생산하고 있습니다. 여러 다른 나라에 생산 공장을 두고 있어서 저희는 제품을 전 세계에 빠르고 싼 가격에 배송할 수 있습니다. 사실, 저희는 현재 네 개 대륙에 거래처를 두고 있습니다. 검토하실 제품 카탈로그를 첨부했습니다. 표시되어 있는 저희 제품의 가격은 주문량에 따라서 할인이 가능하다는 것을 기억해 주십시오. 시간 내 주셔서 감사합니다.

영업부장, 조단 리 드림

Q. 이 편지의 목적은?
(a) 카탈로그를 요청하기 위해
(b) 회사의 제품을 팔기 위해
(c) 배송에 대해 항의하기 위해
(d) 운송 서비스를 광고하기 위해

어휘 concern 관련되다 / represent 대표하다 / stationery 문구류 / manufacturer 제조업체 / plant 공장 / deliver 배달하다 (delivery 배달) / continent 대륙 / attach 첨부하다 / catalog

카탈로그 / look over 검토하다 / discount 할인하다 / request 요청하다 / advertise 광고하다 / shipping 운송, 선적

해설 자신의 회사 제품과 그 장점에 대해서 간략히 소개하고, 제품의 카탈로그를 첨부하면서 가격 조정이 가능함을 언급하고 있으므로 글쓴이가 자기 회사의 제품을 팔기 위해 보낸 편지임을 알 수 있다.

Part 2 unit 04 사실 확인하기

Basic Drill
p. 164-165

1 (1) F (2) T   2 (1) T (2) F   3 (1) F (2) T
4 (1) T (2) T   5 (1) T (2) F

1 (1) F (2) T
새로운 리얼리티 쇼가 음악가 집안인 잭슨가를 들여다본다. 그 쇼의 제작자들은 많은 잭슨 가족들이 참여한다고 말한다. 하지만 지금 그들은 마이클 잭슨의 세 명의 자녀들 또한 참여하기를 원한다. 하지만 마이클의 누나인 레비는 이를 거절했다. 그녀는 만약 마이클이 살아 있다면, 자녀들이 쇼에 출연하는 것을 절대로 허락하지 않을 것이라고 말한다. 마이클 잭슨은 자녀들의 삶이 공개되지 않도록 지켰으므로, 아마 그녀가 옳을 것이다.
(1) 마이클 잭슨의 자녀들은 TV 스타가 되고 싶어 한다.
(2) 레비는 마이클이 자녀들이 쇼에 나가는 것을 원치 않았을 것이라 생각한다.

어휘 reality show 리얼리티 쇼 / participate 참여하다(=take part) / refuse 거절하다 / private 비밀의, 비공개의

해설 (1) 리얼리티 쇼의 제작자들이 마이클 잭슨의 자녀들을 자신들의 쇼에 출연시키기를 희망한다고는 했으나, 자녀들이 TV 스타가 되기를 원하는지에 대해서는 알 수 없다.
(2) 레비 잭슨은 마이클 잭슨이 살아 있었다면 자녀들의 리얼리티 쇼 출연을 절대 허락하지 않았을 것이라고 했으므로 사실이다.

2 (1) T (2) F
숀 화이트는 2010년 동계 올림픽 남자 스노우보드 하프파이프에서 금메달을 획득했다. 결승전에서 그는 1차 시기에서 50점 만점에 46.8점을 받았다. 이는 매우 높은 점수였고 다른 경쟁자들은 2차 시기 이후에도 이 점수를 넘어설 수가 없었다. 비록 이미 금메달이 확보되었지만, 화이트는 어쨌든 2차 시기에 나섰다. 어떤 압박감도 없이, 그는 더블 맥트위스트 1260이라 불리는 놀라운 기술을 시도했고 48.4점을 받았다.
(1) 화이트의 2차 시기 전에, 경기의 승자는 결정되었다.

(2) 더블 맥트위스트 1260은 스노우보드 하프파이프에서 가장 어려운 동작이다.

어휘 halfpipe 하프파이프(스케이트보딩, 스노우보딩 점프용으로 만든 U자형 구조물) / finals 결승전 / competitor 경쟁자 / beat 이기다 / secure 확보하다 / pressure 압박감 / attempt 시도하다 / trick 묘기

해설 (1) 다른 경쟁자들이 2차 시기까지 마친 후에도 숀 화이트의 1차 시기 점수를 뛰어넘지 못했다고 했으므로 숀 화이트가 2차 시기 이전에 이미 금메달을 결정지었음을 알 수 있다.
(2) 숀 화이트가 선보인 더블 맥트위스트 1260이라는 기술이 스노우보드 하프파이프 경기에서 가장 어려운 기술이라는 언급은 없다.

3 (1) F (2) T
만약 당신이 밤 늦게까지 공부를 한다면, 다음 날 수업 중에 깨어 있는 데 어려움을 느낄지도 모른다. 하지만 이 문제를 해결할 수 있는 방법이 있다. 그저 당신 스스로를 적어도 일 분 동안 밝은 빛에 노출시켜라. 햇빛이 가장 좋지만 밝은 실내등 또한 효과가 있을 것이다. 당신의 체내에는 수면 주기를 조절하는 시계가 있다. 그것이 빛을 감지하면, 깨어 있을 시간이라는 것을 알게 된다.
(1) 인공 조명이 자연광보다 깨어 있는 데 더 도움이 된다.
(2) 밝은 빛은 당신의 몸이 수면 주기를 조절하도록 만들 수 있다.

어휘 awake 깨어 있는 / expose 노출시키다 / indoor 실내의 / sense 감지하다 / artificial 인위적인 / adjust 조절하다

해설 (1) 햇빛이 가장 좋다고 했으므로 자연광보다 인위적인 빛이 더 도움이 된다는 것은 사실이 아니다.
(2) 수면 주기를 조절하는 체내 시계가 밝은 빛을 받게 되면 깨어 있을 시간임을 알게 된다고 했으므로 사실이다.

4 (1) T (2) T
고대 이집트인들은 약혼 반지를 사용한 최초의 사람들이라고 여겨진다. 당시, 그것들은 주로 식물을 엮어서 만들어졌다. 반면에 고대 로마 남성들은 결혼하고 싶은 여성들에게 철로 만들어진 반지를 주곤 했다. 15세기에, 다이아몬드로 만들어진 최초의 현대식 약혼 반지가 사용되었다. 함부르크의 맥시밀리언 대공이 그 반지를 그의 약혼녀에게 주었다.
(1) 고대 이집트의 약혼 반지는 천연 재료로 만들어졌다.
(2) 현재 형태의 약혼 반지는 15세기에 나타났다.

어휘 ancient 고대의 / engagement 약혼 / weave 엮다, 짜다 / steel 철 / fiancee 약혼녀 / material 재료, 물질 / current 현재의

해설 (1) 고대 이집트인들의 약혼 반지는 주로 식물을 엮어서 만들어졌다고 했으므로 사실이다.
(2) 15세기에 다이아몬드가 사용된 현대식 반지가 처음 나타났다고 했으므로 사실이다.

5 (1) T (2) F

수상자들은 오스카상을 받기 전에, 반드시 동의서에 서명을 해야 한다. 거기에는 수상자들이 다른 누구에게도 그 상을 팔지 않을 것에 동의한다는 내용이 나와 있다. 이는 사람들이 개인적인 수집을 위해 상을 사는 것을 방지한다. 만약 수상자가 동의서에 서명하는 것을 거부하면, 아카데미가 그 상을 보관하게 된다. 유명한 감독인 스티븐 스필버그는 이 규정이 만들어지기 이전에 실제로 두 개의 상을 샀으나 나중에 그것들을 아카데미에 반환했다.

(1) 오스카상을 팔지 않겠다고 동의한 후에만 오스카상을 받을 수 있다.

(2) 스티븐 스필버그는 이제 세 개의 오스카상을 가지고 있다.

어휘 agreement 동의서, 계약서 / award 상 / collection 수집

해설 (1) 오스카상을 팔지 않겠다는 동의서에 서명해야만 오스카상을 받게 된다고 했으므로 사실이다.
(2) 스티븐 스필버그가 두 개의 오스카상을 구매했었으나 후에 아카데미에 반환했다고 했으므로 사실이 아니다.

Practice TEST

1 (c)	2 (b)	3 (d)	4 (a)

1 (c)

서울에 있는 한 영화관은 이제 향기, 움직이는 좌석, 그리고 여러 다른 특수 효과를 이용하여 관객들에게 더욱 즐거운 영화 관람 경험을 제공하고자 하고 있다. '4D 영화'라고 알려진 이 시도는 꽤나 성공적이었다. 티켓 가격이 두 배임에도 불구하고 정기적으로 매진이 된다. 최근, 한국의 한 스튜디오와 미국의 특수 효과 회사는 내년에 세 편의 새로운 4D 영화를 제작한다는 제휴를 맺었음을 공표했다.

Q. 지문에 따르면 4D 영화에 대해 옳지 <u>않은</u> 것은?
(a) 지금까지 한국에서 성공적이었다.
(b) 다른 영화들보다 가격이 더 비싸다.
(c) 미국의 특수 효과 회사에 의해 개발되었다.
(d) 관객들에게 시각적인 효과 이상의 것을 제공한다.

어휘 special effect 특수 효과 / movie-going 영화 관람의 / experiment 실험; *시도 / charge 요금을 청구하다 / sell out 매진되다 / on a regular basis 정기적으로 / announce 발표하다 / partnership 동업, 제휴 / visual 시각적인

해설 (a) 지금까지 성공을 거두고 있다고 했으므로 사실이다.
(b) 다른 영화들보다 두 배 정도 가격이 비싸다고 했으므로 사실이다.
(c) 누가 처음 4D 영화를 개발했는지는 언급되지 않았다.
(d) 단순한 시각 효과를 넘어서 향기, 움직이는 의자 등을 이용한다고 했으므로 사실이다.

2 (b)

요즘 샘플링이라고 알려진 기법이 일부 음악가들 사이에서 인기를 얻고 있다. 힙합 음악에서 가장 흔히 들을 수 있는 샘플링은 다른 음악가들 노래 중 일부를 새로운 음악에 섞는 것을 포함한다. 이것은 현대적인 사운드를 가진 매우 독창적인 음악을 만들어 낼 수도 있지만, 불법적일 수도 있다. 다른 곡을 샘플링하기 전에 적절한 허가를 받는 것이 필수적이다. 만약 그렇게 하지 않으면, 당신은 작곡가의 저작권과 그것을 녹음한 음악가의 저작권 모두를 위반하게 된다.

Q. 지문에 따르면 샘플링에 대해 옳은 것은?
(a) 가사가 가장 흔히 고려되는 부분이다.
(b) 허가를 받는다면 합법적이다.
(c) 노래 한 곡의 모든 부분을 사용하는 기법이다.
(d) 힙합 음악가들만 사용한다.

어휘 sampling 샘플링(sample (음악의 일부를) 추출하여 이용하다) / musician 음악가 / involve 포함하다 / result in ~을 야기하다 / original 독창적인 / illegal 불법의 / obtain 얻다 / permission 허가 / violate 위반하다 / copyright 저작권 / lyrics 가사

해설 (a) 샘플링에서 어떤 요소가 가장 고려되는지에 대해서는 언급한 바가 없다.
(b) 샘플링은 불법일 수 있기 때문에 샘플링을 하기 전에 적절한 허가를 받아야 한다고 했으므로 사실이다.
(c) 노래의 일부분을 사용하는 기법이라고 했으므로 사실이 아니다.
(d) 힙합 음악에서 가장 흔하게 사용된다고는 했으나, 힙합 음악가들만 사용한다고 하지는 않았으므로 사실이 아니다.

3 (d)

식품 산업에서 다양한 음식의 풍미를 향상시키기 위해 MSG라고 알려진 화학물질을 첨가하는 것은 일반적이다. MSG는 미각과 연관된 뇌세포를 자극함으로써 작용한다. 불행히도 이것은 몸에 해로울 수 있다. MSG는 파킨슨병과 같은 질환과 관련이 있을 수 있으며, 심지어 죽음까지도 초래할 수 있다. 이런 이유로, 많은 소비자들은 MSG를 피하고자 하는데, 식품 회사들은 때때로 같은 화학물질을 다른 이름으로 사용하기도 한다. 그리고 그들이 그러지 않을 때조차, 물건을 구매하기 전에 굳이 성분을 읽어보는 소비자들은 거의 없다.

Q. 지문에 따르면 MSG에 대해 옳지 <u>않은</u> 것은?
(a) 몇몇 질병의 원인일 수도 있다.
(b) 여러 다른 음식들에 첨가된다.
(c) 주로 음식 맛을 더 좋게 하기 위해 사용된다.
(d) 항상 성분표에 명확히 포함되어 있다.

어휘 chemical 화학물질 / MSG (=monosodium glutamate) 글루탐산 소다(인공 조미료 원료로 쓰이는 화학물질) / enhance 높이다, 향상시키다 / a variety of 다양한 / condition 질환 /

Section 1 정답 및 해설

consumer 소비자 / ingredient 재료, 성분 / purchase 구매하다
/ responsible for ~의 원인이 되는

해설 (a) MSG가 파킨슨병과 같은 질환과 관련이 있을 수 있다고
했으므로 사실이다.
(b) 다양한 음식에 사용된다고 했으므로 사실이다.
(c) 음식의 풍미를 향상시키기 위해 첨가한다고 했으므로 사실이다.
(d) 식품 회사들이 MSG를 다른 이름으로 사용하는 경우가 있다고
했으므로 성분표에 항상 명확히 표시되는 것은 아님을 알 수 있다.

4 (a)
모든 사람들은 때때로 약간의 불안을 경험하지만, 범불안장애
(GAD) 환자들에게 이는 훨씬 더 심각하다. 그들은 거의 일어나
지 않을 법한 일들을 포함하여 모든 것에 대해 염려한다. 사람들
이 최소한 6개월을 일상적인 것들에 대해 과도하게 걱정하게 되면
GAD로 진단받게 된다. 매일 매시간 그들은 학교, 일, 건강에 대해
염려한다. 이런 이유로 긴장을 풀 수 없고 자는 데에도 어려움을
겪는다. 그들은 언제나 피곤하기 때문에 집중하기 힘들다. GAD를
겪는 사람들은 흔히 우울증 역시 겪는다.

Q. 지문에 따르면 GAD 환자들에 대해 옳은 것은?
(a) 수면 주기에 영향을 받는다.
(b) 한 가지 문제에 집중한다.
(c) 보통 6개월 이내에 치료된다.
(d) 바이러스에 의해 발병한다.

어휘 anxiety 염려, 걱정 / generalized anxiety disorder
(GAD) 범불안장애 / sufferer 환자 / diagnose 진단하다 /
excessively 지나치게 / everyday 일상적인 / concentrate 집중
하다 / depression 우울(증) / cure 치료하다

해설 (a) 범불안장애 환자들은 수면을 취하는 데 어려움을 겪는
다고 했으므로 사실이다.
(b) 한 가지 문제에 집중하는 것이 아니라 모든 일들에 대해 염려한
다고 했으므로 사실이 아니다.
(c) 치료에 필요한 기간은 언급되지 않았으며, 6개월이라는 기간은
범불안장애로 진단 받는 기준으로 언급되었다.
(d) 발병 원인에 대해서는 언급되지 않았다.

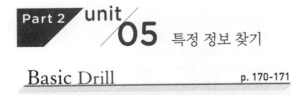

Part 2 unit **05** 특정 정보 찾기

Basic Drill _____ p. 170-171

1 ⓑ   2 ⓐ   3 ⓐ   4 ⓐ   5 ⓐ

1 ⓑ
저희 웹사이트는 당신의 컴퓨터에서 할 수 있는 모든 굉장한 축구
게임들을 특징으로 내세웁니다. 무엇보다도 그 모든 게임이 무료
로 이용 가능합니다. 당신은 혼자서 게임을 할 수도 있고 또는 친
구들을 상대로 할 수 있습니다. 저희의 가장 인기 있는 10개의 게
임을 보거나 모든 게임의 목록을 확인하려면 이곳을 클릭하세요.
당신이 해야 하는 것은 오로지 무료 등록 신청서를 작성하는 것이
며, 바로 시작하실 수 있습니다.

Q. 이 사이트에서 할 수 있는 것은?
ⓐ 축구 경기 보기
ⓑ 축구 게임 하기

어휘 feature 특징으로 하다 / available 이용 가능한 /
complete 완전한 / fill out (문서를) 작성하다 / registration 등록

해설 이 사이트에서는 여러 축구 게임을 무료로 할 수 있다고 했
으므로 정답은 ⓑ이다.

2 ⓐ
유명 플루트 연주자인 제임스 골웨이 경과 그의 부인인 진 골웨이
여사가 댈러스 심포니 오케스트라와 함께 콘서트를 하기로 되어
있었습니다. 불행히도 제임스 골웨이 씨가 계단에서 넘어져 손과
손목, 팔꿈치에 부상을 입었습니다. 올해 남은 그의 공연들은 취소
되었습니다. 그를 대신해, 다른 플루트 연주자가 아닌 캐롤라인 골
딩이라는 이름의 젊은 바이올리니스트가 공연할 것입니다.

Q. 플루트 연주자가 젊은 바이올리니스트로 교체된 까닭은?
ⓐ 그의 부상 때문에
ⓑ 그의 아픈 아내 때문에

어휘 flutist 플루트 연주자 / be scheduled to ~하기로 예정되
다 / fall down 넘어지다 / stairs 계단 / wrist 손목 / elbow 팔꿈
치 / replace 대체하다 / injury 부상

해설 플루트 연주자인 제임스 골웨이 씨가 계단에서 넘어져 부상
을 입으면서 연주가 취소되었고, 대신 젊은 바이올리니스트가 공
연을 한다고 했으므로, 정답은 ⓐ이다.

3 ⓐ
만약 당신이 어떤 이야기를 생각하고 있다면, 마이스튜디오 프로
그램으로 얘기해보시지 않겠습니까? 저희의 소프트웨어는 사진을
편집하고 영화를 만드는 데 필요한 모든 것을 제공합니다. 몇 번의
클릭만으로, 음악을 다운로드하고 사진을 편집하여 그것들을 멋진
영화로 만들 수 있습니다. 그런 다음 그것들을 마이스튜디오 웹사
이트의 당신의 페이지에 업로드하여 친구들과 공유할 수 있습니다.
당신이 어떤 종류의 컴퓨터를 가지고 있는지는 상관 없습니다. 마
이스튜디오는 PC와 맥 컴퓨터 모두에서 이용 가능합니다.

Q. 마이스튜디오 프로그램으로 할 수 있는 것은?
ⓐ 자신의 영화를 인터넷에 올리기

ⓑ 자신만의 노래 만들기

어휘 edit 편집하다 / upload 업로드하다 / Mac(＝Macintosh) 애플 사의 맥킨토시 컴퓨터의 약어

해설 마이스튜디오 프로그램으로 사진을 편집하여 자신만의 영화를 만들고, 그 영화를 인터넷에 올릴 수 있다고 했다. 노래를 다운로드할 수 있다고 했을 뿐, 자신의 노래를 만들 수 있다는 언급은 없었으므로 정답은 ⓐ이다.

4 ⓐ
만약 당신이 이스트빌 중학교의 점심 메뉴를 살펴본다면, 신선한 채소, 신선한 과일 그리고 우유를 보게 될 것입니다. 하지만 또한 치즈버거와 프렌치 프라이도 볼 수 있습니다. 이것은 그 학교가 학생들에게 그들이 먹고 싶어하는 음식과 반드시 먹어야 하는 음식을 모두 제공하기로 결정했기 때문입니다. 만약 학생들이 치즈버거를 주문하면 프렌치 프라이도 주문할 수는 없습니다. 대신, 채소를 주문해야 합니다. 교장 선생님에 따르면, 이 정책은 아이들이 건강하면서 행복할 수 있게 만들어진 것입니다.

Q. 이스트빌 중학교의 점심 메뉴 규칙은?
ⓐ 만약 학생들이 정크 푸드를 먹고자 한다면, 건강에 좋은 음식도 먹어야 한다.
ⓑ 학생들이 수업에서 잘 하지 않으면 정크 푸드를 먹을 수 없다.

어휘 principal 교장 선생님 / policy 정책 / junk food 정크 푸드 (영양가가 낮은 인스턴트 · 패스트푸드)

해설 이 학교에서는 학생들이 먹고 싶어하는 음식과 반드시 먹어야 하는 음식을 동시에 제공하는 규칙이 있다고 설명한 후, 그 예로 정크 푸드인 치즈버거를 먹을 경우 채소도 먹어야 한다고 언급했다. 따라서 정답은 ⓐ이다.

5 ⓐ
우리 행성의 온도가 자연적인 원인과 인간에 의한 이유 모두 때문에 서서히 상승하고 있는 것으로 보인다. 산업 혁명 이후로 계속, 인간은 많은 양의 이산화탄소와 메탄을 공기 중으로 배출해 왔다. 이런 가스들은 공장, 자동차 및 기타 기계류에서 생성된다. 그 가스들이 한 번 대기 중에 들어오면, 그곳에 몇 년씩 머무르며 열이 지구 밖으로 빠져나가는 것을 막는다.

Q. 지구의 온도가 상승하는 이유는?
ⓐ 인간에 의해 생성된 가스가 열이 지구를 떠나는 것을 막는다.
ⓑ 대기 중의 차가운 기체들이 따뜻한 기체로 대체되고 있다.

어휘 planet 행성 / temperature 온도 / steadily 서서히 / man-made 인간에 의한, 인공적인 / Industrial Revolution 산업 혁명 / release 배출하다 / carbon dioxide 이산화탄소 / methane 메탄 / machinery 기계(류) / atmosphere 대기

해설 인간의 활동으로 생성된 이산화탄소와 메탄 가스가 대기 중에 머무르면서 열이 지구 밖으로 나가는 것을 막는다고 했으므로

정답은 ⓐ이다.

Practice TEST
p. 172-173

1 (a)	2 (b)	3 (a)	4 (d)

1 (a)
매년, 대략 80개의 열대성 저기압계가 전 세계의 대양과 바다에서 생성된다. 이러한 폭풍우는 '열대 사이클론'이라는 일반적인 용어로 불린다. 하지만 이러한 폭풍우 중 하나가 태평양에서 생성되고 풍속이 초당 33미터에 달하면, '타이푼'이라고 불리운다. 반면에 대서양이나 카리브해에서 생성되면 '허리케인'이라고 한다.

Q. 두 종류의 열대성 저기압계는 어떻게 분류되는가?
(a) 생성되는 지역에 따라
(b) 이동하는 속도에 따라
(c) 생성되는 계절에 따라
(d) 바람이 부는 방향에 따라

어휘 approximately 대략 / tropical 열대의 / low-pressure system 저기압계 / refer to (as) ~라고 언급하다 / term 용어 / cyclone 사이클론 / typhoon 타이푼, 태풍 / formation 생성

해설 태평양에서 생성되면 타이푼이라고 하고, 대서양이나 카리브해에서 생성되면 허리케인이라고 한다고 설명했으므로, 열대성 저기압계는 생성 지역에 따라 다른 종류로 분류됨을 알 수 있다.

2 (b)
당신이 부유하다면, 당신은 신상 운동화나 첨단 휴대전화를 쉽게 살 수 있습니다. 하지만 다른 사람들이 항상 최신 상품들을 구매할 여력이 되는 것은 아닙니다. 그러나 부유한 국가에서는, 사람들이 보통 안락한 삶을 사는 데 필수적인 것이 아니더라도 이러한 물건들에 가치를 둡니다. 그들은 부유한 이웃들에 뒤처지지 말아야 한다고 느낍니다. 결과적으로 최신 '필수'품을 살 수 없는 사람들은 종종 만족하지 못합니다.

Q. 부유한 국가의 사람들이 항상 행복하지만은 <u>않은</u> 이유는?
(a) 인기 상품들을 상점에서 항상 구매할 수 있는 것은 아니다.
(b) 자신들이 구매할 수 없는 물건들을 다른 사람들은 가진다.
(c) 선택할 수 있는 물건이 너무 많다.
(d) 가난한 나라에서 그들이 너무 많은 것을 갖고 있다고 비난한다.

어휘 running shoes 운동화 / high-tech 첨단의 / afford ~을 살 여유가 되다 / latest 최신의 / keep up with ~에 뒤처지지 않다 / must-have 꼭 필요한, 반드시 가져야 하는 / blame 비난하다

해설 잘 사는 나라의 사람들은 꼭 필요하지 않더라도 이웃에게 뒤처지지 않기 위해 신상품을 사고자 하는데, 부유한 이웃과는 달리 그것을 살 경제적 여유가 없을 때에 불만족을 느낀다고 했다.

따라서 정답은 (b)이다.

3 (a)

브래디 씨에게

최근에, 우리는 학생들의 인종, 성별, 국적에 관한 정보를 수집하는 것에 대한 새로운 정부 지침을 받았습니다. 그것의 목적은 전체 학생에 대한 정확한 그림이 그려지도록 돕는 것입니다. 아무런 문제없이 이 새로운 시스템으로 전환할 수 있도록, 직원 중 한 사람이 이 과정을 맡도록 해 주십시오. 그 사람에게 첨부된 지침서 사본을 주시고, 질문이 있으면 제게 문의하도록 지시해 주세요. 감사합니다.

Q. 이 편지를 받는 사람은 무엇을 해야 하는가?
(a) 정보 수집을 담당할 사람 뽑기
(b) 학생 정보를 수집하는 새로운 절차 만들기
(c) 모든 학생들에게서 개인 정보 수집하기
(d) 전체 학생의 구성에 대한 보고서 작성하기

어휘 recently 최근에 / government 정부 / race 인종 / gender 성별 / nationality 국적 / accurate 정확한 / student body 전체 학생 / switch over 전환하다 / attached 첨부된 / instruct 지시하다 / in charge of ~을 맡고 있는 / makeup 구성

해설 새롭게 바뀐 정부 지침상 학생들에 대한 정보를 수집해야 한다고 설명하면서, 이를 책임지고 맡아서 진행할 사람을 정해달라고 부탁했으므로 정답은 (a)이다.

4 (d)

텔레비전, 컴퓨터, 휴대전화와 같은 전자제품이 버려졌을 때, 그것들은 전자폐기물이라는 것이 된다. 증가하고 있는 전자폐기물의 양은 이제 우리 사회에서 심각한 문제가 되었다. 전자폐기물을 줄이기 위한 첫 번째 단계는 전자기기를 좋은 상태로 유지하여 오래 사용할 수 있도록 하는 것이다. 당신이 그것들을 더 이상 필요로 하지 않을 때에는, 그것들을 버리기보다는 작동하는 기기들을 친구들이나 자선 단체에 기부하도록 해라. 그리고 만약 더 이상 작동을 하지 않게 되면, 사용할 수 있는 부품을 재활용할 단체에 주어라.

Q. 전자폐기물 문제를 해결하기 위한 방법으로 제시되지 <u>않은</u> 것은?
(a) 전자제품들을 최대한 오래 사용할 수 있도록 만들기
(b) 사용한 전자제품을 다른 사람들에게 기부하기
(c) 사용한 제품을 재활용 단체에 주기
(d) 오래된 전자 부품을 새로운 것으로 교체하기

어휘 electronic 전자의 / e-waste 전자폐기물 / reduce 줄이다 / device 기기 / last 오래 가다, (기능이) 지속되다 / donate 기부하다 / function 기능을 하다 / charity 자선 단체 / recycle 재활용하다 / component 구성 요소, 부품

해설 전자폐기물을 줄이는 방법으로 제품 수명 늘이기, 필요 없는 제품 다른 이에게 주기, 작동하지 않는 제품의 부속만 재활용하도록 기부하기 등이 언급되었으나 오래된 부품을 새로운 것으로 교체하라는 언급은 없었다. 따라서 정답은 (d)이다.

Part 2 unit 06 추론하기

Basic Drill
p. 176-177

1 ⓐ   2 ⓑ   3 ⓑ   4 ⓐ   5 ⓐ

1 ⓐ

당신의 개인적인 생각들을 담은 일기를 쓰는 것에는 많은 이점들이 있다. 그것은 시간이 흐름에 따라 당신의 삶에 일어나는 변화들을 알 수 있게 도와준다. 그것은 또한 당신의 꿈과 목표를 뒤돌아볼 수 있게 해줄 것이다. 요컨대, 잘 쓰여진 일기는 당신의 삶을 일종의 개인사로 정리해줄 수 있다. 그리고 그것을 읽음으로써, 당신은 당신을 성장하게 도와줄 중요한 교훈들을 배울 수 있다.

Q. 일기 쓰기에 대해 추론할 수 있는 것은?
ⓐ 그것은 당신의 자기 계발을 도와줄 것이다.
ⓑ 그것은 다른 사람들에 대해서 배울 수 있는 훌륭한 방법이다.

어휘 benefit 이점 / keep a diary 일기를 쓰다 / look back at ~을 뒤돌아보다 / organize 정리하다

해설 일기 쓰기의 여러 이점들을 알려주고 있는 지문이다. 마지막 문장에서 과거의 일기를 읽어봄으로써 스스로를 성장하게 도와줄 중요한 교훈을 배울 수 있다고 했으므로, 일기가 자기 계발에 도움이 된다는 것을 추론할 수 있다.

2 ⓑ

미국인들은 축구를 주요 스포츠로 받아들이는 데 어려움을 겪었다. 1950년에 미국팀이 브라질 월드컵에서 경기를 했을 때, 그들은 당시 세계 최고의 팀이었던 잉글랜드팀을 이겼다. 전 세계의 축구팬들은 뜻밖의 승리에 놀랐다. 그러나 그 팀이 미국으로 돌아왔을 때, 그들의 친구들과 가족을 제외하고는 공항에서 그들을 반기는 사람은 없었다.

Q. 지문에서 추론할 수 있는 것은?
ⓐ 미국인들은 잉글랜드와의 경기를 보는 것을 원하지 않았다.
ⓑ 미국인들은 월드컵에 관심이 없었다.

어휘 defeat ~을 이기다, 패배시키다 / unexpected 예상 밖의 / victory 승리 / greet 반기다

해설 미국이 월드컵에서 세계 최고의 팀인 잉글랜드를 이겼을 때 전 세계의 축구팬들은 열광했지만, 정작 그들이 미국에 돌아왔을 때 가족과 친구들을 제외하고는 아무도 그들을 반기러 나오지 않았다는 데에서 미국인들이 월드컵에 별 관심을 가지지 않았음을 추론할 수 있다.

3 ⓑ

저는 최근에 로버트 치알디니 박사의 〈설득의 심리학〉을 읽었습니다. 이 책은 어떤 물건을 다른 사람에게 어떻게 파는지를 보여줄 것입니다. 제목에서 나타나듯이, 이 책은 다른 사람들에게 영향을 주는 과학적 방법을 가르쳐 줍니다. 저자는 이를 발전시키기 위해서 수백 가지의 심리학 실험들을 연구했습니다. 가장 인상 깊은 것은, 그가 연구의 일환으로 수많은 직업을 가지고 일하며 3년을 보냈다는 것입니다.

Q. 로버트 치알디니 박사에 대해 추론할 수 있는 것은?
ⓐ 그는 성인기의 대부분을 세일즈맨으로 일했다.
ⓑ 다양한 직업을 가진 것이 그의 방법을 발전시키는 것을 도와주었다.

어휘 influence 영향, 설득; 영향을 미치다 / imply 암시하다, 나타내다 / psychological 심리학적인 / impressively 인상 깊게도

해설 저자인 로버트 치알디니 박사가 자신의 연구를 위해 3년간 수많은 직업을 가졌다고 했으므로 그러한 시도가 그의 저술 활동에 도움을 주었음을 추론할 수 있다.

4 ⓐ

무선 네트워크, 혹은 와이파이는 컴퓨터와 다른 네트워크 기기들이 무선으로 통신을 하는 데 사용된다. 당신은 이 기술을 커피숍이나 도서관, 호텔 등에서 사용할 수 있다. 많은 가정들 역시 무선으로 그들의 컴퓨터를 연결하기 위해 와이파이를 사용한다. 심지어 몇몇 도시는 이 기술로 그들의 모든 거주민들에게 무료 인터넷 접속을 제공하려는 시도를 하고 있다. 미래에는 전 세계가 하나의 거대한 무선 네트워크 세상이 될지도 모른다. 어디에 있든지 상관없이 우리는 쉽게 인터넷에 접속할 수 있을 것이다.

Q. 지문에서 추론할 수 있는 것은?
ⓐ 무선 네트워크는 아직 어디에서나 이용 가능한 것은 아니다.
ⓑ 와이파이는 비즈니스 업계에서 가장 자주 사용되는 기술이다.

어휘 wireless 무선의(wire 전선, 케이블 / wirelessly 무선으로) / attempt 시도하다 / resident 거주민 / giant 거대한 / frequently 자주

해설 현재 무선 네트워크를 사용할 수 있는 곳으로 커피숍, 도서관, 호텔을 예로 들었고, 미래에는 어디에 있든 상관없이 무선 인터넷을 사용할 수 있을 것이라고 했으므로, 아직 무선 인터넷의 사용이 어디에서나 가능한 것은 아님을 추론할 수 있다.

5 ⓐ

거짓말 탐지기는 사람의 호흡이나 혈압에 작은 변화가 나타날 때를 감지하도록 고안되어 있다. 이것은 범죄를 저지른 혐의가 있는 사람에게 부착된다. 조사관이 그 사람에게 일련의 질문들을 한다. 그 동안 기계는 그 사람의 호흡 속도가 증가하는지 또는 혈압이 상승하는지를 측정한다. 조사관은 이 정보를 그 사람이 각 질문에 진실되게 대답하고 있는지를 결정하는 데 사용할 수 있다.

Q. 지문에서 추론할 수 있는 것은?
ⓐ 우리가 거짓말을 할 때 우리 몸에서 신체적 변화들이 일어난다.
ⓑ 거짓말 탐지기는 특정 상황에서만 효과적이다.

어휘 lie detector 거짓말 탐지기 / blood pressure 혈압 / be suspected of ~의 혐의를 받다 / commit (범죄를) 저지르다 / investigator 조사관 / determine 결정하다, 알아내다 / truthfully 진실되게 / physical 신체적인 / effective 효과적인

해설 호흡 속도의 증가나 혈압의 상승과 같은 신체적 변화가 일어나는지의 여부로 그 사람의 대답이 진실인지 거짓인지를 결정한다고 했으므로, 우리가 거짓말을 할 때 신체적 변화가 일어난다는 것을 추론할 수 있다.

Practice TEST

p. 178-179

1 (c)	2 (a)	3 (b)	4 (a)

1 (c)

설문지를 만들 때, 구조는 내용만큼이나 중요하다. 어떤 종류의 질문들이 주어질지에 대한 간단한 개요를 보여주는 도입부로 시작해야 한다. 그러나 당신이 무엇을 얻고자 하는지에 대해서는 정확히 설명해서는 안 되는데, 이것이 사람들이 응답하는 방식에 영향을 줄 수 있기 때문이다. 처음 몇 개의 질문들은 쉽고 흥미로워야 한다. 더 복잡한 질문들은 뒤에 나오도록 해야 한다. 그러나 혼란을 피하기 위해 질문들의 논리적 순서를 반드시 유지하도록 해라.

Q. 지문에서 추론할 수 있는 것은?
(a) 첫 번째 질문은 가장 어려운 것이어야 한다.
(b) 정확한 설문지의 의도를 설명하는 것이 필요하다.
(c) 질문들을 논리적으로 배열하는 것이 중요하다.
(d) 도입부가 설문지에서 가장 중요한 부분이다.

어휘 questionnaire 설문지 / structure 구조 / content 내용 / brief 간략한 / overview 개요 / respond 대답하다 / complex 복잡한 / logical 논리적인(logically 논리적으로) / confusion 혼란 / intent 의도

해설 (a) 쉽고 흥미로운 문제가 앞쪽에 와야 한다고 했으므로 정답이 될 수 없다.
(b) 설문지의 명확한 의도를 알게 되면 응답자의 반응이 달라질 수 있기 때문에 이에 대해 정확하게 설명하지 말라고 했으므로 정답이 될 수 없다.
(c) 지문의 마지막 부분에서 혼란을 피하기 위해 문제 순서를 논리적으로 배치할 것을 당부하고 있으므로 정답이다.
(d) 전체적인 구조가 중요하다고 했을 뿐 도입부가 가장 중요하다고 언급한 바는 없다.

2 (a)

스피노사우루스는 거대한 육식 공룡이었다. 그들의 뼈는 종종 티라노사우루스의 뼈와 같은 지역에서 발견된다. 과학자들은 두 종의 거대 포식자들이 먹이 경쟁을 하면서 어떻게 함께 살 수 있었는가에 대해 오랫동안 의문을 가져왔다. 최근의 한 연구로 마침내 그 답이 발견된 것 같다. 한 프랑스인 연구원은 스피노사우루스의 이빨을 면밀히 연구했다. 그는 그들의 이빨이 육상 동물의 이빨보다 악어나 거북이와 같은 수상 동물의 이빨에 더 가깝다는 것을 발견했다.

Q. 지문에서 추론할 수 있는 것은?
(a) 스피노사우루스는 물에서 살았을 것이다.
(b) 스피노사우루스는 악어와 거북이를 먹었을 가능성이 높다.
(c) 스피노사우루스는 티라노사우루스보다 작았을지도 모른다.
(d) 스피노사우루스의 뼈는 유럽에서는 발견되지 않는다.

어휘 Spinosaurus 스피노사우루스 / dinosaur 공룡 / Tyrannosaurus 티라노사우루스 / species (생물의) 종 / predator 포식자 / compete 경쟁하다 / crocodile 악어

해설 스피노사우루스의 이빨이 수상 동물의 이빨에 더 가깝다는 연구 결과가 나왔고, 그 결과가 스피노사우루스가 어떻게 티라노사우루스와 같은 지역에서 살아갈 수 있었는지에 대한 답일 수 있다고 했으므로, 스피노사우루스는 물에서, 티라노사우루스는 육지에서 살았음을 추론할 수 있다.

3 (b)

은퇴를 계획할 때 고려해야 할 많은 것들이 있다. 편안하게 살아갈 충분한 자금을 확보하기 위해, 저축을 습관화할 필요가 있을 것이며, 이 돈을 현명한 투자를 하는 데 사용해야 한다. 또한 예기치 못한 일에 대비할 필요가 있다. 당신이 예상했던 것보다 일찍 일을 그만두게 된다면 가장 좋은 계획일지라도 불충분할 수 있다. 따라서 은퇴 계획을 세울 때에는 모든 가능성을 염두에 두어야 한다.

Q. 지문에서 추론할 수 있는 것은?
(a) 사전에 정확한 은퇴 날짜를 정해야 한다.
(b) 예기치 못한 조기 은퇴에 대비하는 것은 좋은 생각이다.
(c) 투자보다는 은퇴를 위해 돈을 저축하는 것이 좋다.
(d) 은퇴 계획을 짜기 위해 전문가를 고용해야 한다.

어휘 retirement 은퇴, 퇴직 / ensure 확실하게 하다 / investment 투자 / inadequate 불충분한 / take ~ into account ~을 고려하다 / in advance 사전에 / expert 전문가

해설 아무리 은퇴 계획을 잘 짠다 하더라도 예상보다 일찍 퇴직하게 되면 문제가 될 수 있다는 점을 설명하며 예기치 못한 일에 대비할 필요가 있다고 했으므로, 이른 퇴직에 대해서 준비해 두는 것이 좋다는 것을 추론할 수 있다.

4 (a)

아마존족은 기원전 5세기경 흑해 근처에 살았었다고 전해지는 여성 전사 종족이었다. 그들이 실제였는지 아니면 그저 신화였는지에 대해서 많은 논쟁이 있어 왔다. 최근에, 한 고고학자가 그들의 존재를 확인시켜줄지도 모르는 몇몇 매장 장소들을 발견했다. 사체들은 모두 여성이었으며 무기와 함께 매장되어 있었다. 일부는 구부러진 다리뼈를 가지고 있었는데, 이는 그들이 많은 시간을 말을 타며 보냈다는 것을 암시한다. 그리고 사체 중 하나에는 화살이 있었는데, 이것은 그 여성이 전투 중에 죽었을 가능성이 있음을 나타낸다.

Q. 지문에서 추론할 수 있는 것은?
(a) 고고학적 증거가 여성 전사들이 존재했음을 보여준다.
(b) 여성을 위해 고안된 무기들이 매장 장소에서 발견되었다.
(c) 남성과 여성 전사들은 과거에 정기적으로 맞서 싸웠다.
(d) 기원전 5세기에는 말을 타는 것에 관심이 있는 남성들이 거의 없었다.

어휘 race 민족, 종족 / warrior 전사 / debate 논쟁 / myth 신화 / archaeologist 고고학자(archaeological 고고학적인) / burial 매장 / confirm 확인해 주다 / existence 존재(exist 존재하다) / body 사체 / curved 구부러진 / battle 전투 / evidence 증거

해설 최근에 한 고고학자가 발견한 매장 장소에서 여성들의 사체가 나왔는데 무기가 함께 매장되어 있고, 말타기로 인해 다리뼈가 구부러졌거나 화살을 맞은 사체가 있었다는 것으로 보아, 이러한 고고학적 증거를 통해 아마존 여성 전사들이 존재했다는 것을 추론할 수 있다.

Part 3 unit 07 어색한 문장 찾기

Basic Drill
p. 182-183

1 ⓐ 2 ⓑ 3 ⓐ 4 ⓑ 5 ⓑ

1 ⓐ

근로빈곤층의 숫자가 증가함에 따라, 많은 나라에서 이들이 사회 문제로 대두되고 있다. 이들은 직업이 있고 열심히 일하지만, 소득이 낮아 여전히 가난한 상태에 있는 사람들이다.
ⓐ 통계에 따르면 그들 중 많은 이들이 시간제 근로자이다.
ⓑ 저소득 국가에서는 가난한 사람들을 위한 생활 보조비가 인당 3달러에 불과하다.

어휘 working poor 근로빈곤층 / remain 여전히 ~이다 / income 소득 / statistics 통계 (자료) / welfare 생활 보조비, 복지비

해설 근로빈곤층에 관한 지문으로, 근로빈곤층이 사회적인 문제로

떠오르고 있음을 언급하며 그들에 대해 설명하고 있다. 따라서 근로빈곤층의 직업과 관련된 내용을 언급하고 있는 ⓐ가 이어지는 것이 자연스럽다.

2 ⓑ

녹차 한 컵에는 15에서 30밀리그램 가량의 카페인이 들어 있다. 이 카페인은 커피에 들어 있는 카페인과 같은 방식으로 작용하는데, 사람의 뇌와 근육이 더 활발하게 움직이도록 돕는다. 그러나 녹차는 또한 테아닌이라는 성분을 함유하고 있다. 이것이 카페인의 효능을 경감시킨다.
ⓐ 그 결과, 사람들은 깨어있기를 원할 때마다 녹차를 마실 수 있다.
ⓑ 그 결과, 녹차는 그것이 함유하고 있는 카페인에도 불구하고 사람들을 진정시킨다.

어휘 caffeine 카페인 / active 활동적인 / ingredient 성분 / theanine 테아닌 / reduce 줄이다 / effect 효능 / awake 깨어 있는 / calm down 진정시키다 / contain 포함하다

해설 녹차에는 사람의 뇌와 근육을 자극하는 카페인이 들어 있지만 또 다른 성분인 테아닌이 이러한 카페인의 효능을 경감시킨다고 설명했다. 따라서 그 결과로는 녹차에 카페인이 있음에도 불구하고 진정 효과가 있다는 내용이 나오는 것이 자연스럽다.

3 ⓐ

노벨라는 소설보다 짧고 많은 측면에서 소설과는 다른 픽션의 한 유형이다. 소설은 일반적으로 줄거리와 부차적인 줄거리가 있고 많은 등장인물들이 나오며, 다양한 장소에서 (사건이) 일어난다.
ⓐ 그러나 노벨라는 보통 등장인물들이 몇 명 없고 한 가지 사건에 집중한다.
ⓑ 많은 노벨라의 줄거리는 인생의 교훈과 관련이 있다.

어휘 novella 노벨라(단편 소설) / fiction 픽션(상상에 의해 쓰여진 이야기) / aspect 측면 / plot 줄거리 / subplot 부차적인 줄거리 / location 장소 / concentrate on ~에 집중하다

해설 첫 문장에서 노벨라가 소설과 여러 면에서 다르다는 것을 언급한 후, 소설의 특징이 설명되고 있다. 따라서 그 다음에는 소설과 대조되는 노벨라의 구체적인 특징이 나오는 것이 자연스럽다.

4 ⓑ

매년 200억 달러가 온라인 광고를 하는 데 쓰여진다. 분명히, 기업들은 인터넷이 고객들에게 다가가는 데 얼마나 중요한지를 알고 있다. 그들은 인터넷 광고를 최대한으로 활용하기 위해 종종 온라인 광고대행사에 연락을 취한다.
ⓐ 요즘, 광고들은 심지어 영화가 시작하기 전에 극장에서도 상영된다.
ⓑ 이러한 광고대행사들은 기본적인 광고와 마케팅 전략을 만드는 것을 돕는다.

어휘 ad(=advertisement) 광고 / obviously 분명히 / agency

대행사 / make the most of ~을 최대한으로 활용하다 / strategy 전략

해설 온라인 광고가 성행하고 있는 최근 상황에서 온라인 광고대행사들의 역할에 대해 언급하고 있는 글이다. 따라서 온라인 광고대행사들의 구체적인 역할에 대해 설명하고 있는 ⓑ가 흐름상 적절하다.

5 ⓑ

학습에 관해서라면 모두가 다르다. 대부분의 사람들은 시각적 학습자들인데, 이는 그들이 어떤 것을 볼 때 더 빨리 배울 수 있다는 것을 의미한다. 그러나 어떤 사람들은 청각적 학습자들이다. 그들에게는 듣기를 통해 배우는 것이 더 쉽다.
ⓐ 연구에 따르면, 공부를 하는 동안에 음악을 듣는 것이 도움이 된다고 한다.
ⓑ 그들은 노트 필기를 하는 것보다 강의를 녹음하는 것을 더 선호할지도 모른다.

어휘 when it comes to ~에 관해서라면 / visual 시각의 / auditory 청각의 / lecture 강의

해설 시각적 학습자들이 보면서 배우는 반면에, 청각적 학습자들은 듣기를 통해 배우는 것이 더 쉽다고 했다. 따라서 이어지는 내용으로는 청각적 학습자들이 강의를 들을 때, 필기보다 녹음을 선호할지도 모른다는 내용이 적절하다.

Practice TEST
p. 184-185

1 (b)	2 (c)	3 (b)	4 (d)

1 (b)

1907년에 시작된 입체파는 20세기 최초의 중요한 예술 운동 중 하나였다. (a) 가장 유명한 입체파 화가는 파블로 피카소이지만, 그는 단지 여러 입체파 화가들 중 한 명일 뿐이었다. (b) 몇몇 피카소의 가장 유명한 작품들은 전쟁의 공포를 보여줬다. (c) 입체파 그림들은 기본적으로 한 사물의 한 가지 이상의 관점을 동시에 보여준다. (d) 이 운동은 문학, 시, 음악을 포함한 다른 창조적인 분야에 큰 영향을 주었다.

어휘 Cubism 입체파(Cubist 입체파의) / horror 공포 / field 분야, 영역 / literature 문학 / poetry 시

해설 첫 문장에서 입체파에 대해 소개한 후, 이어 대표 화가 및 그림의 특징과 영향력을 설명하고 있다. 특정 화가 작품의 주제에 대해 이야기하고 있는 (b)는 글의 전체 흐름에서 벗어난다.

2 (c)

하나의 오렌지 속에 포함된 칼로리 양은 그것의 크기, 종류, 그리고 오렌지가 얼마나 익었는지에 달려 있다. (a) 작은 오렌지들에

는 대략 55칼로리가, 중간 크기의 것들에는 70칼로리가, 그리고 큰 것들에는 110칼로리 정도가 있다. (b) 발렌시아 오렌지는 평균 약 59칼로리 정도가 되며, 네이블 오렌지는 일반적으로 약 54칼로리를 함유한다. (c) 껍질을 포함해 오렌지의 모든 부분에는 영양가가 있다. (d) 또한, 잘 익은 오렌지는 당분을 많이 함유하고 있는데, 이는 칼로리가 더 많이 들어 있음을 의미한다.

어휘 ripe 익은 / average 평균하여 ~이 되다 / nutritional 영양의 / peel 껍질

해설 첫 문장에서 오렌지의 칼로리 양이 크기, 종류, 익은 정도에 따라 달라진다고 언급한 후, (a), (b), (d)에서 한 항목씩 자세히 예를 들어 설명해주고 있다. 따라서 오렌지의 모든 부분에 영양 성분이 들어 있다는 (c)의 내용은 전체 흐름과 어울리지 않는다.

3 (b)

과체중인 사람들은 자신들이 빨리 많은 체중을 감량해야 한다고 생각하기 때문에 종종 낙심한다. (a) 그러나 단지 살을 조금 빼는 것이 중요한 첫 번째 단계이다. (b) 식단 조절이나 운동을 하지 않고 살을 빼는 한 가지 방법은 당신의 스트레스 수준을 낮추는 것이다. (c) 연구에 따르면 살을 천천히 꾸준하게 빼는 사람들이 나중에 다시 살이 찔 가능성이 더 낮다고 한다. (d) 점진적인 체중 감량을 위한 최고의 방법은 당신이 하는 신체 활동량을 증가시키고 식습관을 바꾸는 것이다.

어휘 overweight 과체중의 / discouraged 낙심한, 실망한 / diet 식단 조절을 하다 / steadily 꾸준하게 / regain 되찾다 / gradual 점진적인

해설 한꺼번에 많은 양의 살을 빼기보다는 조금씩 꾸준히 체중을 줄여야 한다는 것이 이 글의 주요 내용이다. 따라서 식단 조절이나 운동을 통해서가 아니라 스트레스 정도를 줄여서 살을 빼라는 내용의 (b)는 주제에서 벗어난다.

4 (d)

AntiSun이라는 저희 회사에서는 태양으로부터 여러분의 피부를 보호해주는 옷을 생산하고 있습니다. (a) 저희 제품은 정원을 가꿀 때, 운동할 때, 그리고 해변에서 낮 시간을 보낼 때 사용될 수 있습니다. (b) 저희는 최대치의 자외선 차단 효과를 제공하는 옷을 만들기 위해 최신의 과학 연구를 이용합니다. (c) 저희의 최신 자외선 차단 의류 라인은 가능한 가장 높은 자외선 차단 지수를 제공하며 여러분이 계속 시원하고 편안할 수 있도록 해줄 것입니다. (d) SPF라는 머리글자는 자외선 차단 지수를 나타내는데, 그것은 해로운 태양 광선을 막을 수 있는 제품의 능력을 측정하는 것입니다.

어휘 maximum 최대량의 / protection 보호 / SPF(=Sun Protection Factor) 자외선 차단 지수 / UV(=ultraviolet) 자외선 / initial 머리글자 / stand for ~을 나타내다 / measure 측정하다 / ray 광선

해설 첫 문장에서 AntiSun이 자외선 차단 기능을 가진 의류를 생산하는 회사임을 밝힌 후, 회사 제품의 특장점들을 나열하고 있다. 따라서 SPF의 정의에 대해 설명하고 있는 (d)는 전체 지문의 흐름과 어울리지 않는다.

Section 2 실전 Mini TEST

Mini TEST 1

p. 188-191

| 1 (b) | 2 (a) | 3 (a) | 4 (d) |
| 5 (a) | 6 (d) | 7 (c) | 8 (c) |

1 (b)

새로운 건강 법규가 메뉴 품목에 포함된 칼로리 양을 <u>무시하기 힘들게</u> 만들고 있다. 수천 개의 패스트푸드 식당들은 이제 메뉴판에 칼로리 수치를 포함해야 한다. 과거에는 주마다 칼로리 수치를 보여주는 자체 규정을 갖고 있었다. 그러나 지금은, 새로운 법규에 따라 국가적인 기준이 필요하다. 이 법률의 주목적은 식사를 하는 사람들이 자신이 주문하는 음식에 정확히 몇 칼로리가 들어 있는지를 알 수 있게끔 하려는 데 있다.

(a) 어느 때보다 더 낮게
(b) 무시하기 힘들게
(c) 어디에서나 똑같게
(d) 요청 시에 이용 가능하도록

어휘 calorie 칼로리 / contain 포함하다 / state (미국의) 주 / national 국가의 / standard 표준, 기준 / ensure 반드시 ~하게 하다 / diner 식사하는 사람 / exactly 정확히 / on request 요청 시에

해설 음식의 칼로리를 메뉴판에 명시하도록 하는 것이 새로운 건강 법규의 골자로, 이는 사람들이 자신이 먹는 음식의 칼로리를 정확히 알게끔 하기 위한 것이라고 했다. 따라서 이 법이 음식의 칼로리 수치를 무시할 수 없게 만든다는 내용이 빈칸에 들어가는 것이 적절하다.

2 (a)

야생에는 겨우 천 마리 정도의 자이언트 팬더가 남아 있다. 이에 대한 이유 중 몇 가지는 자연적인 것이지만, <u>몇몇은 인간에 의한 것이다</u>. 가장 큰 문제는 그들의 식단인데, 팬더는 오직 대나무만 먹기 때문이다. 불행히도, 같은 지역의 대나무들은 모두 동시에 꽃을 피운 다음에 죽는다. 따라서 팬더는 한 지역에서 다른 지역으로 먹을 것을 찾으며 계속 옮겨 다녀야 한다. 그러나 요즘에는 새로운 도로와 마을들이 이 대나무들 사이에 지어지고 있어서, 팬더가 그것들에 도달하기 힘들게 만든다.

(a) 그러나 몇몇은 인간에 의한 것이다
(b) 그러나 우리가 할 수 있는 것은 없다
(c) 그래서 지금 자이언트 팬더는 멸종되었다
(d) 그러나 지금은 점점 나아지고 있다

어휘 wild 야생 / diet 식단 / bamboo 대나무 / flower 꽃을 피우다 / man-made 인간에 의한 / extinct 멸종된

해설 빈칸 이후의 문장에서 새로운 도로와 마을들 때문에 자이언트 팬더가 먹이를 찾기 위해 이동하는 것이 어려워지면서 그들의 생존이 위협받고 있다고 설명했다. 따라서 자이언트 팬더의 개체

수가 얼마 남지 않은 이유는 인간에 의한 것임을 알 수 있다.

3 (a)

농구가 처음 만들어졌을 때, 그것은 <u>오늘날의 경기와는 아주 달랐다</u>. 예를 들어, 지금은 각 팀이 한 번에 다섯 명의 선수를 쓴다. 그러나 원래는 아홉 명의 선수가 있었다. 그리고 과거에는 그물 대신 복숭아 바구니가 사용되었다. 그래서 팀이 득점할 때마다 누군가가 올라가서 공을 가져와야 했다. 또한 여성들도 그 당시 (농구) 경기를 하긴 했지만 몇몇 이상한 규칙을 따라야 했다. 예를 들어, 그들은 예의 바르지 못하다는 이유로 서로의 공을 가로챌 수 없었다. 그리고 그들은 거의 몸 전체를 덮는 유니폼을 입어야만 했다.

(a) 오늘날의 경기와는 아주 달랐다
(b) 스포츠팬들 사이에서 즉시 인기를 얻었다
(c) 남성과 여성 모두 경기에 참여했다
(d) 사람들이 경기를 하기에 그다지 재미있지 않았다

어휘 originally 원래, 처음에는 / peach 복숭아 / net 그물, 네트 / steal 가로채다 / nearly 거의 / entire 전체의 / instantly 즉시

해설 농구가 처음 만들어졌을 당시에 선수의 숫자나 사용했던 골대, 그리고 여자 선수들에게만 적용되었던 경기 규칙 등 지금의 농구와 다른 점들을 설명하고 있다. 따라서 빈칸에는 초기 농구가 지금의 모습과는 달랐다는 내용이 들어가는 것이 적절하다.

4 (d)

클래식 음악을 듣는 것이 당신의 기분을 나아지게 한다는 것은 모두가 알고 있다. 그런데 그것이 당신을 더 똑똑하게 만들 수 있다는 것도 알고 있는가? 과학적 연구에 따르면 바로크 양식의 클래식 음악을 듣는 것은 사람들이 공부에 집중하도록 도와줄 수 있다고 한다. 정확한 박자로 연주되었을 때, 바로크 음악은 당신의 심장 박동과 맥박을 느리게 만들어 긴장을 풀어 준다. 또한 양쪽 두뇌가 더 활발히 활동하도록 자극하여 당신이 평소보다 더 쉽게 배울 수 있게 해준다.

Q. 무엇에 관한 지문인가?
(a) 바로크 음악은 뇌에 손상을 입은 사람들에게 도움이 된다.
(b) 바로크 음악 작곡가들은 다른 작곡가들보다 똑똑했다.
(c) 바로크 음악의 효과는 그것의 박자에 달려 있다.
(d) 특정 클래식 음악은 학습 능력을 향상시킨다.

어휘 classical music 클래식 음악 / tempo 박자 / heartbeat 심장 박동 / pulse 맥박 / composer 작곡가

해설 정박으로 연주되는 바로크 음악은 사람들의 긴장을 풀어주어 공부에 더욱 집중할 수 있도록 도와준다고 설명하고 있다. 따라서 이 글의 요지는 바로크 음악, 즉 특정 장르의 클래식 음악이 학습 능력을 향상시킨다는 것이다.

5 (a)

경찰에 따르면, 13세 소년인 밥 스미스가 아이스크림 트럭의 운전

사를 쏘겠다고 위협했다. 이 사건은 소년의 친구가 아이스크림 콘을 훔치려고 시도했을 때 시작되었다. 운전사가 그를 저지하자 다른 소년이 그녀에게 총을 겨누었다. 그는 돈을 요구했으나 그녀는 거부했다. 몇 분간 옥신각신한 후에 두 소년은 달아났다. 경찰은 이후 근처 놀이터에서 두 소년을 찾아 체포했다.

Q. 기사에 따르면 밥 스미스에 대해 옳은 것은?
(a) 그는 경찰에 붙잡혔다.
(b) 그의 총은 실제로 장난감이었다.
(c) 그는 트럭 운전사를 쐈다.
(d) 그는 아이스크림 콘을 훔쳤다.

어휘 threaten 위협하다 / shoot (총을) 쏘다 / incident 사건 / point a gun at ~을 향해 총을 겨냥하다 / demand 요구하다 / refuse 거절하다 / run away 달아나다 / nearby 근처의 / arrest 체포하다

해설 (a) 사건이 있은 후 소년들이 근처 놀이터에서 경찰에 체포되었다고 했으므로 사실이다.
(b) 소년의 총이 장난감 총이었는지는 이 글에서 언급되지 않았다.
(c) 총을 겨누긴 했지만 트럭 운전사를 실제로 쐈다고는 하지 않았으므로 사실이 아니다.
(d) 소년의 친구가 아이스크림을 훔치려던 중 저지당했다고 했으므로 사실이 아니다.

6 (d)
〈나의 인생〉은 신생아들을 위한 개인 맞춤형 동화책입니다. 거기에는 아이의 이름, 생일, 그리고 가족 구성원들이 등장합니다. 그것은 당신의 자녀들에게 그들이 얼마나 특별한지를 보여줄 수 있는 훌륭한 방법입니다. 아이들이 자라면서, 그들은 자신의 개인 맞춤형 책을 사용하여 알파벳 글자들을 배우거나 자신의 이름의 철자를 쓰는 법을 배울 수 있습니다. 결국에 그것은 그들이 숙련되고 열렬한 독자가 되도록 도와줄 수 있습니다. 또한 책 뒤편에는 아이들의 어휘를 확장시켜줄 유용한 단어들과 그 뜻이 적힌 목록이 있습니다.

Q. 지문에 따르면 동화책에 대해 옳지 않은 것은?
(a) 아이들은 자신의 이름을 책 속에서 볼 수 있다.
(b) 그것은 아이들에게 알파벳 글자를 가르치는 데 도움이 된다.
(c) 유용한 어휘 목록을 제공한다.
(d) 아이들이 그림을 그릴 수 있는 빈 페이지가 있다.

어휘 personalize (개인의 필요에) 맞추다, ~에 자기의 이름을 넣다 / feature 특색으로 삼다, 주연시키다 / spell 철자를 맞게 쓰다 / skilled 숙련된 / enthusiastic 열렬한 / definition 정의 / expand 확장하다 / vocabulary 어휘 / blank 공백의

해설 (a) 이 책은 아이들의 이름이나 생일을 넣어 만든 개인 맞춤형 동화책이라고 했으므로 사실이다.
(b) 이 책을 통해 알파벳 글자 공부를 할 수 있다고 했으므로 사실이다.

(c) 책 뒷부분에 어휘 목록이 들어 있다고 했으므로 사실이다.
(d) 그림을 그릴 수 있는 빈 페이지에 대한 언급은 없었다.

7 (c)
중력은 지구에 있는 모든 것이 우주로 떠다니지 않게끔 해주는 힘이다. 그것은 우리가 무겁다고 느끼게 해주며 우리의 체중이 얼마가 될지를 결정한다. 우리가 지구의 중심으로부터 멀어지면 멀어질수록, 우리의 무게는 더 줄어든다. 사실, 모든 물체는 다른 모든 것을 끌어당기는 인력을 이용하는데, 심지어 사람들도 그렇다! 물체가 크면 클수록, 그것의 끌어당기는 힘도 더 세진다. 그래서 지구 중력의 당기는 힘이 매우 강하기 때문에 우리는 그보다 작은 물체들의 당기는 힘은 느끼지조차 못한다.

Q. 지문에서 추론할 수 있는 것은?
(a) 사람들은 인력에 의해 당겨지지 않는 유일한 대상이다.
(b) 중력은 우주의 다른 행성에서보다 지구에서 당기는 힘이 더 약하다.
(c) 산꼭대기에 있는 사람이 내려온다면 무게가 더 나갈 것이다.
(d) 중력이 약해짐에 따라 사람의 무게는 증가한다.

어휘 gravity 중력, 인력 / force 힘 / float 떠돌다 / determine 결정하다 / weigh 무게가 ~나가다 / object 물체, 대상

해설 (a) 사람도 서로 당기는 힘을 갖는다고 하였으므로 글의 내용과 반대이다.
(b) 지구와 다른 행성의 중력의 차이와 관련된 내용은 언급되지 않았다.
(c) 지구의 중심으로부터 멀어질수록 무게가 줄어든다고 하였으므로, 산 위에 있던 사람이 아래로 내려오면 지구의 중심에 가까워지므로 무게가 더 나갈 것임을 추론할 수 있다.
(d) 중력의 강약에 따른 무게의 차이에 대해서는 알 수 없다.

8 (c)
잘 쓰여진 에세이의 첫 문단은 에세이의 나머지 부분에 대한 개요를 제시해주는 주제문을 반드시 포함해야 한다. (a) 주제문은 독자들에게 당신의 글이 무엇에 관해 전개될 것인지 알려주어야 한다. (b) 주제문은 중요하기 때문에 당신은 그것을 즉시 만들어내려고 해서는 안 된다. (c) 에세이는 단순한 사실이나 다른 사람들의 생각이 아닌 주제에 대한 당신의 생각을 표현해야 한다. (d) 주제문을 만들기 전에, 당신은 먼저 조사를 좀 하고 나서 정보를 논리적인 방법으로 조직해야 한다.

어휘 paragraph 문단 / thesis statement 주제문 / outline 개요 / present 드러내다 / organize 조직하다, 구성하다 / logical 논리적인

해설 에세이에서 주제문이 하는 역할과 주제문을 쓰는 법에 대해서 간략하게 설명하는 글이다. 나머지 문장들은 주제문에 대한 내용인데 반해, (c)는 에세이 전반에 대한 내용이므로 전체 흐름과 어울리지 않는다.

Mini TEST 2

p. 192-195

1 (a)	2 (c)	3 (b)	4 (c)
5 (a)	6 (a)	7 (b)	8 (c)

1 (a)

당신의 컴퓨터가 켜져 있을 때, 그것의 여러 작동하는 부품들은 열을 만들어 낸다. 만약 이 뜨거운 공기가 충분히 빠르게 제거되지 않으면, 컴퓨터 내의 온도가 올라가서 심각한 손상을 초래할 수 있다. 당신의 컴퓨터를 시원하게 유지하는 최고의 방법은 컴퓨터에 통풍이 될 수 있는 충분한 공간이 있도록 해주는 것이다. 당신의 컴퓨터로부터 공기가 흐르는 것을 막고 있을지도 모르는 물체들은 모두 제거해라. 컴퓨터의 양쪽에 항상 적어도 2인치의 빈 공간이 있어야 한다. 또한 뒤쪽은 완전히 뚫려 있어야 한다.

(a) 당신의 컴퓨터를 시원하게 유지하는
(b) 뜨거운 공기가 흘러 나가지 못하게 하는
(c) 컴퓨터의 고장난 부분을 고치는
(d) 당신 방의 온도를 조절하는

어휘 part 부품 / remove 제거하다 / temperature 온도 / breathe 통풍이 잘되다 / block 막다(↔unblock ~에서 방해물을 제거하다) / flow 흐름(flow out 흘러 나가다) / completely 완전히

해설 빈칸의 앞에서는 컴퓨터 내부의 열이 빠르게 제거되지 않으면 컴퓨터의 손상이 있을 수 있다고 언급했고, 빈칸의 뒤에서는 컴퓨터 속의 공기 흐름을 원활히 해주는 방법이 소개되어 있다. 따라서 빈칸에 들어갈 내용으로는 '컴퓨터를 시원하게 유지하는 방법'이 알맞다.

2 (c)

다른 모든 감정들과 마찬가지로 질투는 사람들이 행복하고 건강한 삶을 살도록 돕기 위한 것이다. 그것의 목적은 우리가 필요로 하는 무언가가 없을 때 우리가 (그것을) 알아차리고 반응하도록 하는 것이다. 예를 들어, 어린 아이들은 부모들이 갓난아기에게 모든 관심을 쏟고 있다고 느낄 때 질투를 하게 된다. 이 질투심은 아이들의 행동에서 드러나고 재빨리 부모의 주의를 끈다. 일단 부모가 상황을 이해하게 되면, 그들은 아이들이 필요로 하는 바로 그것, 더 많은 애정을 자녀들에게 줄 가능성이 높다.

(a) 공부에서 뒤처질 때
(b) 심한 신체적 고통을 느낄 때
(c) 우리가 필요로 하는 무언가가 없을 때
(d) 다른 사람들에게 나쁘게 행동할 때

어휘 emotion 감정 / jealousy 질투(jealous 질투하는) / intend 의도하다 / purpose 목적 / notice 알아채다 / react 반응하다 / attention 주목, 관심 / behavior 행동(behave 행동하다) / once 일단 ~하면 / affection 애정 / fall behind 뒤떨어지다 / severe 심한

해설 빈칸이 있는 문장은 질투의 목적에 관한 설명으로 우리가 언제 질투를 느끼는지에 대해 이야기하고 있다. 빈칸 뒷 문장에서 이에 대한 예로, 아이들이 자신에 대한 부모의 관심이 결핍되었을 때 질투심을 느끼고 그것이 행동으로 표출된다고 했다. 따라서 질투의 목적은 우리에게 필요한 무언가가 없을 때 자연스럽게 반응하는 것이라고 볼 수 있으므로 정답은 (c)이다.

3 (b)

대부분의 사람들이 바비큐 요리 하는 것을 좋아하지만, 대부분 겨울에 뒤뜰에서 그릴로 굽는 것이 어렵다는 것을 압니다. 하지만 새로 나온 쉐프스타 실내용 그릴은 여러분이 언제든지 맛있는 스테이크를 요리할 수 있도록 해줍니다. 그릴은 특수 금속으로 만들어져 있어서 요리하기에 쉽습니다. 또한 한 번에 여러 개의 스테이크를 올려 놓을 수 있을만큼 충분히 큽니다. 게다가, 특별한 받침그릇이 있어 기름이 주방의 조리대에 떨어지지 않도록 막아줍니다. 그리고 그것을 닦을 때가 되면, 여러분은 그릴을 여러 조각으로 분리할 수 있습니다. 각각의 부분들은 식기세척기에 쉽게 넣을 수 있을 정도로 충분히 작습니다.

(a) 그러나
(b) 게다가
(c) 그럼에도 불구하고
(d) 그러므로

어휘 barbecue 바비큐 요리를 하다 / grill 그릴로 굽다; 그릴 / metal 금속 / tray 쟁반 / drip (액체가) 똑똑 떨어지다 / counter 조리대 / separate 분리하다

해설 실내에서도 사용 가능한 그릴을 광고하는 글이다. 빈칸 앞뒤에서 이 그릴의 장점에 대해 계속 나열하고 있으므로, 빈칸에는 첨가의 의미를 가지고 있는 연결사 Moreover가 들어가는 것이 적절하다.

4 (c)

당신이 밤하늘을 올려다 본다면, 달과 별들을 보는 것은 쉽다. 하지만 행성들과 다른 흥미로운 것들을 보기를 원한다면 당신에게는 망원경이 필요하다. 그래서 천문학자들은 최근에 작지만 강력한 망원경을 우주로 보냈다. WISE라고 알려진 그것은 대략 쓰레기통만한 크기이다. 하지만 그것의 크기에도 불구하고, 그것은 먼 우주에 있는 물체의 사진들을 찍을 수 있을 만큼 충분히 강력하다. 천문학자들은 특히 멀리 있는 은하들과 희미한 별들을 살펴볼 수 있기를 희망한다.

Q. 지문의 제목으로 가장 알맞은 것은?
(a) 우주로 쓰레기통 보내기
(b) 천문학자들의 비밀 기술들
(c) 작지만 똑똑한(WISE): 우주 들여다보기
(d) 당신의 마당에서 망원경 사용하기

어휘 telescope 망원경 / planet 행성 / astronomer 천문학자 / trash can 쓰레기통 / distant (거리가) 먼 / galaxy 은하 / faint 희미한

해설 이 글은 최근에 천문학자들이 우주로 쏘아 올린 특별한 망원경에 대해 소개하며 망원경의 크기는 작지만 먼 우주의 사진도 찍을 수 있을만큼 성능이 뛰어나다고 언급했다. 망원경의 이름인 'WISE'가 똑똑하다는 의미의 단어임을 감안할 때, 망원경의 이름과 그것의 뛰어난 성능을 동시에 표현하고 있는 (c)가 이 글의 제목으로 적절하다.

5 (a)

햇살 좋은 날처럼 에너지가 충만한 노란색은 흔히 유쾌하고 낙천적인 색상으로 여겨진다. 그러나 노란색은 사람들을 기분 나쁘거나 화나게 만들 수도 있다. 사람들은 노란색으로 둘러싸여 있을 때 쉽게 화를 내는 경향이 있다. 게다가, 노란색 방에 있는 아기들은 울 가능성이 더 크다. 노란색은 또한 우리의 눈이 처리하기에 가장 어려운 색상이다. 예를 들어, 밝은 노란색 바탕의 컴퓨터 화면은 시간이 지나면서 당신의 시력에 해를 끼칠 수 있다.

Q. 지문의 주제는?
(a) 노란색의 단점들
(b) 색깔이 당신의 감정에 어떻게 영향을 주는가
(c) 노란색 물감의 위험성
(d) 아기를 달래는 데 도움이 되는 색깔들

어휘 cheerful 유쾌한, 기운찬 / optimistic 낙천적인 / upset 마음이 상한 / lose one's temper 화를 내다 / handle 처리하다 / vision 시력 / calm 달래다

해설 노란색이 흔히 유쾌하고 낙천적인 색상으로 여겨지지만, 한편으로는 사람들의 감정을 상하게 하거나 시력에 해를 끼치는 등 나쁜 영향이 있을 수 있다는 것이 이 글의 내용이다. 따라서 이 글의 주제는 노란색의 단점이라고 할 수 있다.

6 (a)

마사지는 물리치료의 간단한 형태이다. 그것은 통증을 줄이고 긴장을 풀 수 있도록 몸의 여러 부분을 누르는 것을 포함한다. 하지만 그것은 단순히 유쾌한 기분을 만들어 주는 것 이상의 일을 한다. 마사지는 또한 당신의 피부 바로 아래에 위치한 근육을 더욱 건강하게 만들어줄 수 있다. 그리고 그것은 더 몸속 깊이 있는 근육이나 장기들에도 이로울 수 있다. 마사지는 혈액이 더욱 원활하게 순환하도록 만든다고 알려져 있다. 이것은 당신의 몸에서 해로운 노폐물이 제거되는 것을 돕는다.

Q. 지문에 따르면 마사지에 대해 옳지 <u>않은</u> 것은?
(a) 그것은 주로 당신의 피부가 건강하게 유지되도록 돕는다.
(b) 신체 장기들은 마사지로부터 이익을 얻을 수 있다.
(c) 몸속 깊은 곳의 근육에 좋다.
(d) 마사지를 받고 나면 몸의 노폐물이 줄어들 것이다.

어휘 physical therapy 물리치료 / press down 누르다, 압박하다 / pleasant 기분 좋은 / muscle 근육 / benefit 혜택을 주다 / internal organs 장기, 내장 / material 물질

해설 (a) 피부가 아니라 피부 아래에 있는 근육을 건강하게 만들어준다고 했으므로 사실이 아니다.
(b) 마사지는 체내의 장기에 이로울 수 있다고 했으므로 사실이다.
(c) 마사지를 통해 몸속 깊은 곳의 근육에 도움이 될 수 있다고 했으므로 사실이다.
(d) 마사지가 혈액 순환을 원활하게 해서 체내의 노폐물을 제거해준다고 했으므로 사실이다.

7 (b)

과거에 사람들은 아기를 낳는 것을 삶의 필수적인 부분으로 보았다. 그러나 요즘에는 많은 젊은 사람들이 아이를 낳을 필요성을 느끼지 못하고 있다. 정부는 아이를 낳는 부부에게 재정적으로 보상을 해주고 있지만, 이것은 도움이 되지 않는다. 단순히 돈으로 문제를 해결하려 하기보다는, 정치가들이 우리의 사회 체제에 중대한 변화를 줄 필요가 있다. 일단 생활비가 내려가고 교육과 의료 서비스가 향상되면, 출생률은 올라갈 것이다.

Q. 낮은 출생률에 대한 해결책으로 글쓴이가 제시하는 것은?
(a) 보상으로 돈을 주는 것
(b) 가족 친화적인 정책을 만드는 것
(c) 부모에게 더 많은 정보를 제공하는 것
(d) 아기들에게 무료 의료 서비스를 제공하는 것

어휘 government 정부 / offer 제공하다 / reward 보상; 보상하다 / financially 재정적으로 / politician 정치가 / social 사회적인 / cost of living 생활비 / education 교육 / birth rate 출생률

해설 글쓴이는 출생률을 높이기 위해 단순히 금전적인 혜택을 주기보다는 정치가들이 사회 전반적인 변화를 이끌어 아이를 양육하기에 좋은 환경을 만들어주어야 한다고 주장하고 있다. 따라서 정답은 (b)이다.

8 (c)

조교는 많은 교실에서 중요한 역할을 한다. (a) 그들의 주요 역할은 교수가 학생들을 가르치는 일에 전적으로 집중할 수 있도록 돕는 것이다. (b) 예를 들어, 그들은 수업안을 짜고, 보조 자료를 개발하고, 과제를 완수하는 데 부가적인 도움이 필요한 학생들을 도와준다. (c) 요즘, 많은 교수들이 온라인으로 특별 과목을 가르치기 위해 새로운 기술을 사용한다. (d) 그들은 또한 교실에 사회적인 측면을 도입하여 학생들이 교수들과 더욱 편해질 수 있도록 해준다.

어휘 teaching assistant 조교 / play a role 역할을 하다 / primary 주요한 / concentrate on ~에 집중하다 / material 자료 / task 과제, 과업 / aspect 측면

해설 첫 문장에서 조교들이 다양한 역할을 한다는 것을 언급한 후, (a)와 (b)에서는 수업과 관련된 조교의 일반적인 역할에 대해 설명하고 있으며, (d)에서는 수업 외적인 부분에서의 역할에 대해 설명하고 있다. 조교의 역할과 무관한 내용의 (c)는 전체 흐름과 어울리지 않는다.

Mini TEST 3

p. 196-199

1 (c)	2 (d)	3 (a)	4 (d)
5 (c)	6 (d)	7 (a)	8 (c)

1 (c)

문신하는 것은 잉크를 사용해 피부에 영구적인 자국을 그리는 일을 수반한다. 문신은 종종 현대 예술 형태로 여겨진다. 그러나 사람들은 고대부터 문신을 만들고 새겨왔다. 심지어 기원전 3300년경에 살았던 것으로 여겨지는 사람인 '얼음인간'의 사체에도 문신이 있었다. 과학자들은 이 자국이 <u>알려진 가장 오래된 문신의 증거를 나타낸다</u>고 믿는다. 그리고 기원전 2000년까지 거슬러 올라가는 이집트 미라에서도 문신들이 발견되었다.

(a) 고대 문화의 역사를 자세하게 묘사한다
(b) 왜 문신이 전 세계에서 인기가 많은지 설명한다
(c) 알려진 가장 오래된 문신의 증거를 나타낸다
(d) 많은 역사적 인물들이 은밀한 문신을 가지고 있었음을 증명한다

어휘 tattoo 문신하다; 문신 / decorate 장식하다 / permanent 영구적인 / ancient 고대의 / mummy 미라 / describe 묘사하다 / in detail 상세히 / represent 나타내다 / evidence 증거 / figure 인물

해설 현대 예술의 형태로 여겨지는 문신이 사실 고대부터 있어 왔다는 것이 이 글의 주제이며, 그 예로 얼음인간이나 이집트 미라에서 발견된 문신을 들고 있다. 따라서 기원전 3300년경의 인물로 추정되는 얼음인간의 몸에서 발견된 문신이 문신의 가장 오래된 증거를 보여주고 있다는 내용이 빈칸에 들어가는 것이 적절하다.

2 (d)

곧 여행을 떠날 생각인가요? 여기 배낭을 <u>효과적으로 꾸리는</u> 몇 가지 비결이 있습니다. 가장 가벼운 품목을 아래쪽에, 가장 무거운 것을 위쪽에 배치하는 것으로 시작하세요. 이것은 먼 거리를 가는 동안 가방을 메고 다니는 것을 더욱 편하게 해줄 것입니다. 그리고 항상 빈 비닐 봉지를 몇 개 가지고 다니세요. 깨끗한 옷들로부터 더러운 옷들을 분리하거나 칫솔, 비누, 샴푸를 안전하게 가지고 다니는 데 그것들을 사용할 수 있습니다.

(a) 배낭 무게를 줄이는
(b) 올바른 여행 가방을 고르는
(c) 어떤 옷을 가지고 갈지 고르는
(d) 배낭을 효과적으로 꾸리는

어휘 place 배치하다 / distance 거리 / plastic bag 비닐 봉지 / separate A from B B에서 A를 분리하다 / backpack 배낭 / luggage (여행) 가방 / pack 꾸리다 / efficiently 효과적으로

해설 빈칸 뒤의 내용이 가벼운 것을 가방 아래에 배치할 것, 비닐 봉지를 가지고 다닐 것 등 여행을 할 때 효과적으로 가방을 꾸리는

방법들에 관한 것이므로 빈칸에 들어갈 내용으로는 (d)가 적절하다.

3 (a)

1996년 앰버 해거먼이라는 이름의 어린 소녀가 납치되어 살해되었다. 이와 같은 비극적인 사건이 다시 일어나는 것을 막기 위해 곧 앰버 경보 네트워크가 만들어졌다. 앰버(AMBER)는 '미국의 실종사건: 방송의 비상 대응'을 의미한다. 아이가 행방불명이 되면, 이 네트워크는 그 아이와 범인일 가능성이 있는 납치범에 대한 중요한 정보를 발송하는 데 쓰인다. 이 정보가 <u>경찰들이 아이를 빨리 구해내는 데 도움이 될 것으로</u> 기대된다.

(a) 경찰들이 아이를 빨리 구해내는 데 도움이 될 것으로
(b) 새로운 앰버 네트워크를 만드는 데 사용될 것으로
(c) 부모들에게 자녀들을 더 잘 돌보도록 가르칠 것으로
(d) 사람들에게 돈을 기부하도록 장려할 것으로

어휘 kidnap 납치하다(kidnapper 납치범) / murder 살해하다 / alert 경보 / prevent 막다 / tragic 비극적인 / stand for 의미하다, 상징하다 / missing 행방불명인 / broadcast 방송 / emergency 비상사태 / response 대응 / send out 발송하다 / rescue 구출하다 / donate 기부하다

해설 아이가 실종되면 앰버 경보가 발령이 되고 이 네트워크를 통해 실종된 아이와 용의자에 대한 중요한 정보가 전송된다고 했다. 이렇게 정보를 공개하는 이유는 실종된 아이를 빨리 구해내기 위함일 것이므로 빈칸에는 (a)가 들어가는 것이 적절하다.

4 (d)

'월광 소나타'는 베토벤의 가장 인기 있는 피아노 소나타 중 하나이다. 몇몇 사람들은 그것이 줄리에타 귀차르디라는 이름의 젊은 여성에 대한 그 작곡가의 짝사랑을 표현하기 위한 곡이라고 생각한다. 왜냐하면 이 소나타가 그녀에게 헌정되었기 때문이다. 그러나 다른 이들은 이것이 '월광 소나타'의 주제는 아니라고 믿는다. 그들에 따르면, 베토벤은 그의 친한 친구들 중 한 명이 죽은 후의 감정을 보여주기 위해 그것을 작곡했다고 한다. 만약 당신이 주의 깊게 듣는다면 이 소나타가 장례 음악과 비슷하다는 것을 알 수 있을 것이다.

Q. 지문의 주제는?

(a) '월광 소나타'를 특별하게 만드는 점은 무엇인가
(b) 어떻게 베토벤이 가장 사랑받는 대작을 만들어 냈는가
(c) 베토벤의 낭만적인 영감이었던 여성
(d) 베토벤의 '월광 소나타'의 가능한 의미들

어휘 sonata 소나타 / be meant to-v ~하기로 되어 있다 / dedicate to ~에 바치다 / resemble ~와 비슷하다 / funeral 장례의 / unique 독특한 / masterpiece 대작 / inspiration 영감

해설 '월광 소나타'에 대해 어떤 이들은 베토벤의 짝사랑을 표현한 곡이라고 생각하고, 다른 이들은 친구의 죽음에 대한 슬픔을 표현한 곡이라고 생각한다고 했다. 따라서 이 글의 주제는 베토벤의

'월광 소나타'가 가지고 있을 법한 의미들이라고 할 수 있다.

5 (c)

사람들은 지루할 때, 즐거울 때보다 더 길게 그리고 더 자주 하품을 한다. 사람들은 그들의 신체가 이산화탄소를 제거하고 더 많은 산소를 마실 필요가 있을 때 하품을 하는 것으로 여겨진다. 지루할 때, 우리는 숨을 더 천천히 쉰다. 그 결과, 더 적은 산소가 폐에 도달해서 혈액 속에 너무 많은 이산화탄소를 갖게 된다. 이 상황을 해결하기 위해, 우리의 뇌는 하품을 하도록 만들어서 큰 호흡으로 산소를 우리의 몸 안으로 들여온다.

Q. 지문에 따르면 옳지 않은 것은?
(a) 하품은 몸에서 이산화탄소를 제거하는 데 도움을 준다.
(b) 당신이 지루할 때 호흡은 느려진다.
(c) 지루함을 느끼는 사람들은 더 많은 산소를 만들어내는 경향이 있다.
(d) 당신이 즐거울 때 하품을 덜 자주 한다.

어휘 yawn 하품하다 / get rid of ~을 제거하다 / carbon dioxide(=CO₂) 이산화탄소 / take in 마시다, 흡수하다 / oxygen 산소 / breathe 숨쉬다(breath 숨, 호흡) / lung 폐

해설 (a) 이산화탄소를 제거해야 할 때 하품을 한다고 했으므로 사실이다.
(b) 지루함을 느낄 때 숨을 천천히 쉰다고 했으므로 사실이다.
(c) 산소를 몸에서 생성하는 것이 아니라 호흡을 통해 몸속으로 들여오는 것이며 지루함을 느낄 때에는 더 적은 산소를 흡입한다고 했으므로 사실이 아니다.
(d) 하품은 즐거울 때보다 지루할 때 더 자주한다고 했으므로 사실이다.

6 (d)

오닐 씨께,
저는 당신의 노고에 매우 감사드린다는 것을 알려드리기 위해 편지를 씁니다. 저는 제 하드 드라이브의 데이터를 복구시키는 것이 가능할 것이라고는 생각하지 못했습니다. 그 컴퓨터는 오래된 사양인데다가, 저는 몇 달 동안 데이터를 백업해 두지 않았습니다. 당신의 가게에 가기 전에 몇 군데 가게를 가보았지만 그들은 모두 저에게 불가능하다고 얘기했습니다. 하지만 당신은 제 데이터를 모두 복구시켜 주었을 뿐 아니라, 매우 합리적인 가격에 해주었습니다. 훌륭한 일을 해주신 데 감사드립니다.
피터 란돌프 드림

Q. 편지에 따르면 옳지 않은 것은?
(a) 그 컴퓨터는 신제품이 아니었다.
(b) 오닐 씨는 컴퓨터의 손상된 데이터를 복구했다.
(c) 몇 군데 가게들은 피터를 도울 수 없다고 말했다.
(d) 피터는 서비스에 대해 높은 가격을 지불했다.

어휘 appreciate 감사하다 / recover 회복〔복구〕시키다 / back

up 백업하다 (컴퓨터 (데이터 등의) 카피를 만들다) / reasonable (가격이) 적당한, 합리적인

해설 (a) 피터의 컴퓨터는 오래된 사양이라고 했으므로 사실이다.
(b) 이 편지는 피터가 자신의 컴퓨터 데이터를 복구해 준 것에 대해 오닐 씨에게 감사하는 글이므로 사실이다.
(c) 다른 몇몇의 가게들은 그의 데이터를 복구할 수 없다고 했으므로 사실이다.
(d) 오닐 씨는 합리적인 가격을 제시했다고 했으므로 사실이 아니다.

7 (a)

많은 사람들은 돈을 더 많이 가질수록 더 행복해질 것이라고 생각한다. 그러나 새로운 연구에 따르면, 더 부유한 나라에 사는 사람들이 가난한 나라에 사는 사람들보다 행복한 것은 아니다. 분명히, 사람들이 버는 돈의 양은 행복에 영향을 주지 않는다. 그러나 차이를 만드는 것은 국가의 평균 소득과 비교한 자신의 소득이다. 다시 말하면, 만약 친구들이 모두 이십만 달러를 벌고 있다면 일년에 십만 달러를 버는 것은 그 사람을 행복하게 해주지 않는다.

Q. 지문에서 추론할 수 있는 것은?
(a) 행복은 다른 사람과 비교했을 때 그 사람의 소득이 어떠한지와 관련 있다.
(b) 소득액이 행복의 가장 중요한 요소이다.
(c) 부유한 나라의 사람들은 가난한 나라의 사람들보다 더 행복한 경향이 있다.
(d) 소득의 감소가 실제로는 당신의 행복을 증가시킬 것이다.

어휘 apparently 분명히 / income 소득 / as compared to ~와 비교해서 / be connected to ~와 관계가 있다 / decrease 감소

해설 새로운 연구에 따르면, 소득 자체가 사람의 행복에 영향을 주는 것이 아니라 주변의 사람들과 비교했을 때 자신의 소득이 어떠냐에 따라 행복에 차이가 있다고 했으므로 정답은 (a)이다.

8 (c)

문맹 통계는 특정 지역 성인들의 일반적인 교육 수준을 보여줄 수 있다. (a) 그러나 요즘에는 문맹이 과거와는 다른 방식으로 측정된다. (b) 현재의 초점은 '기능적 문해'에 맞춰져 있는데, 이것은 한 사람이 사회에서 분별 있는 성인으로서 역할을 할 수 있을 만한 정도의 읽기와 쓰기 수준을 의미한다. (c) 옛날에 정부는 문맹을 장려하였는데, 이는 쉽게 의사소통을 할 수 없는 사람들은 쉽게 통제할 수 있기 때문이었다. (d) 그러나 과거의 문맹 조사는 아주 기초적인 수준의 읽기와 쓰기 능력이 달성되었는지만 확인했다.

어휘 illiteracy 문맹(↔literacy 읽고 쓸 줄 앎) / measure 측정하다 / functional 기능적인, 실용적인 / responsible 분별 있는 / survey 조사

해설 과거와 현재의 문맹 측정 방식에 있어서의 차이점을 대조하고 있는 글로, (a)에서는 과거와 현재의 측정 방식에 차이가 있

다는 점을 언급하고 있으며, (b)와 (d)에서는 각각 현재와 과거의 측정 방식에 대해 설명하고 있다. (c)의 과거 정부가 문맹을 장려했다는 내용은 전체 흐름과 어울리지 않는다.

Mini TEST 4

p. 200-203

1 (c)	2 (d)	3 (b)	4 (b)
5 (b)	6 (d)	7 (a)	8 (d)

1 (c)

중국에서 신축된 댐의 설계자들은 댐이 친환경적이며 지구의 기후를 지키는 데 도움이 될 것이라고 주장한다. 그러나 새로운 연구는 그 댐이 지구 온난화를 늦추는 데 기여하지 못할 것임을 시사한다. 설상가상으로, 건설 사업을 위한 공간을 마련하기 위해 7천 명 이상의 사람들이 그들의 집과 농장을 내주어야 했다. 이들 중 많은 사람들은 자신들이 어떠한 선택권도 부여받지 못했다고 항의했다. 정부는 그저 그들을 강제로 이주시켰다. 신축된 댐은 지구에게도, 이 사람들에게도 도움이 안 되는 것으로 보인다.
(a) 계획되었던 대로 건설되지 않을 것
(b) 새로운 사고방식을 나타내는 것
(c) 지구에게도, 이 사람들에게도 도움이 안 되는 것
(d) 지구 온난화와의 싸움에서의 승리인 것

어휘 designer 설계자 / claim 주장하다 / environmentally-friendly 환경 친화적인 / suggest 시사[암시]하다 / contribute 기여하다 / construction 건설(construct 건설하다) / force 강요하다 / represent 나타내다

해설 신축된 댐이 설계자들의 주장과는 달리 지구 온난화를 늦추는 데 도움이 되지 않을 것이라는 내용 다음에 공사 때문에 사람들이 강제로 이주당했다는 이야기가 이어지고 있다. 따라서 빈칸에는 새로운 댐의 건설이 환경과 사람들 모두에게 도움이 되지 않는다는 내용이 들어가는 것이 적절하다.

2 (d)

아르헨티나의 부에노스 아이레스를 방문하는 모든 사람들은 반드시 그곳의 문화 유산과 아름다운 경치를 즐기도록 해야 한다. 남미에서 가장 아름다운 도시 중 하나인 부에노스 아이레스는 매혹적인 문화사를 가지고 있다. 방문객들은 많은 박물관과 극장, 문화센터들과 함께 역사적인 프랑스와 이탈리아의 건축물을 감상할 수 있다. 그리고 걷기를 좋아하는 사람들은 팔레르모를 거닐 기회를 놓쳐서는 안 된다. 도시의 동부에 위치하고 있는 팔레르모는 나무로 가득한 아름다운 지역이다.
(a) 동서양 문화의 혼합
(b) 친근하고 근면한 사람들
(c) 독특하고 매력적인 건물들
(d) 문화유산과 아름다운 경치

어휘 fascinating 매혹적인, 반하게 하는 / architecture 건축물 / opportunity 기회 / wander 걸어다니다 / hardworking 근면한 / unique 독특한 / attractive 매력적인 / heritage 유산 / scenery 풍경

해설 부에노스 아이레스의 문화사를 알 수 있는 박물관, 극장, 문화센터 및 아름다운 경치를 지닌 팔레르모를 방문객들이 놓치지 말아야 할 것으로 소개하고 있다. 따라서 빈칸에는 이 두 가지를 요약한 '문화유산과 아름다운 경치'가 들어가는 것이 적절하다.

3 (b)

대중적인 통념과 반대로, 컴퓨터 화면을 쳐다보는 것은 당신의 눈에 해가 되지 않는다. 분명히 어떤 것이든 몇 시간 동안 쳐다보면 피로할 수 있지만 당신의 시력이 나빠질까 봐 걱정할 필요는 없다. 그럼에도 불구하고, 컴퓨터를 사용할 때 눈을 특별히 관리하는 것은 좋은 생각이다. 화면을 볼 때, 당신은 평소만큼 자주 눈을 깜빡이지 않는다. 이는 당신의 눈을 건조하게 만든다. 이런 문제를 피하기 위해 십분 정도마다 시선을 돌려 반드시 눈을 깜빡이도록 해라.
(a) 더 잘 집중할 수 있게 해준다
(b) 당신의 눈에 해가 되지 않는다
(c) 당신의 눈을 촉촉하게 한다
(d) 사실 당신의 뇌에 좋다

어휘 contrary to ~와 반대로 / obviously 분명히 / tiring 피로하게 하는 / ruin 손상시키다 / eyesight 시력 / nevertheless 그럼에도 불구하고 / blink 눈을 깜빡이다 / concentrate 집중하다 / moist 촉촉한

해설 빈칸 뒤의 문장에서 오랜 시간 동안 무언가를 쳐다보면 눈이 피로할 수는 있지만 시력이 나빠질까 봐 걱정할 필요는 없다고 했다. 빈칸이 있는 문장은 컴퓨터 화면을 쳐다보는 것에 대해 언급하고 있으므로 글의 흐름상 빈칸에는 '당신의 눈에 해가 되지 않는다'라는 내용이 들어가는 것이 적절하다.

4 (b)

학교 식단은 가까운 미래에 더 좋게 바뀔지도 모른다. 정부는 학생들에게 제공되는 음식을 개선할 법률을 만들기 위해 노력하고 있다. 학교들은 구내식당과 자판기 모두에서 더 건강에 좋은 (음식) 선택이 가능하도록 해야 한다. 게다가, 이 법은 더 많은 가난한 학생들이 학교에서 무료 식사를 제공받을 수 있게 해줄 것이다. 또한 영양과 관련한 새로운 교육 프로그램을 만드는 데 수십억 달러를 제공할 것이다.

Q. 기사의 요지는?
(a) 정부가 학교 구내식당을 사들이고 있다.
(b) 학생들의 식단 개선을 위해 새로운 법이 고안된다.
(c) 새로운 프로그램이 모든 학생들에게 무료 급식을 제공할 것이다.
(d) 부모들이 점점 교내 영양 프로그램에 참여하고 있다.

어휘 improve 개선하다 / option 선택(권) / cafeteria 구내식당 / vending machine 자판기 / related to ~에 관련된 / nutrition 영양 / purchase 구매하다

해설 정부가 학교 급식 개선을 위한 법률을 제정하고 있는데, 이 법에 따르면 학교는 더 건강에 좋은 식단을 학생들에게 제공하며, 무료 급식의 확대, 영양 교육 프로그램 신설 등의 다양한 시도를 할 것으로 기대된다고 했다. 따라서 이 기사의 요지는 학생들의 식단 개선을 위한 새로운 법이 고안되고 있다는 것이다.

5 (b)

일반적으로 말하면 '일렉트로닉 음악'이라는 용어는 디지털 방식으로 만들어진 모든 종류의 음악을 지칭한다. 그러나 '일렉트로니카'는 좀 더 특정한 음악 장르이다. 일렉트로니카 음악가들은 그들의 음악을 만들기 위해 컴퓨터를 사용한다. 이는 그들에게 자신들의 음악이 정확히 어떤 소리가 날 것인지를 선택할 수 있는 더 많은 자유를 준다. 그러므로 일렉트로니카 작곡가들은 자신들의 음악을 통해서 그들의 감정을 명확하게 표현할 수 있다. 음악을 듣는 사람들에게 이것은 종종 그 음악에 대한 강한 감정적 반응을 일으킨다.

Q. 지문에 따르면 일렉트로니카에 대해 옳지 <u>않은</u> 것은?
(a) 일렉트로닉 음악의 한 형태이다.
(b) 디지털 음악의 초기 형태이다.
(c) 대개 컴퓨터로 만들어진다.
(d) 음악가들이 스스로를 표현하는 것을 돕는다.

어휘 term 용어 / electronic 전자의, 전자 음악의 / digitally 디지털 방식으로 / specific 특정한, 구체적인 / genre 장르 / composer 작곡가 / emotional 감정적인 / reaction 반응

해설 (a) 일렉트로닉 음악의 보다 특정한 장르라고 했으므로 사실이다.
(b) 디지털 방식으로 만들어진 음악의 한 종류라고 했을 뿐, 초기 형태라고 언급한 것은 아니므로 사실이 아니다.
(c) 일렉트로니카 음악가들은 컴퓨터를 이용해 음악을 만든다고 했으므로 사실이다.
(d) 일렉트로니카 작곡가들이 음악을 통해 음악가 자신의 감정을 명확히 표현할 수 있다고 했으므로 사실이다.

6 (d)

소와 화성은 어떤 공통점을 가지고 있을까? 정답은 메탄이다. 과학자들은 소가 먹이를 먹을 때 이 가스를 만들어 낸다는 것을 오랫동안 알고 있었다. 그러나 새로운 연구에 따르면 화성 역시 메탄 구름을 방출한다고 한다. 이 가스는 행성의 다른 세 지역에서 나온다. 여름에는 더 많은 가스가 방출되며, 겨울에는 덜 방출된다. 과학자들은 이것이 화성의 표면 아래에 살고 있는 박테리아에 의해 생산되는 것이라고 생각한다.

Q. 지문에 따르면 옳은 것은?

(a) 소와 화성은 거의 같은 양의 메탄을 만들어 낸다.
(b) 메탄은 화성 표면 전체에 걸쳐 방출된다.
(c) 화성에서 대부분의 메탄은 겨울에 방출된다.
(d) 박테리아가 화성에서 방출되는 메탄의 근원일지도 모른다.

어휘 have in common 공통점이 있다 / methane 메탄 / feed 먹이를 먹다 / release 방출하다 / beneath ~의 바로 밑에 / surface 표면

해설 (a) 소와 화성이 메탄을 만들어 낸다는 공통점이 있다고는 했으나 각각 어느 정도의 양을 만들어 내는지는 언급되지 않았다.
(b) 메탄은 화성의 세 지역에서 나온다고 했으므로 사실이 아니다.
(c) 여름에 더 많은 메탄이 방출된다고 했으므로 사실이 아니다.
(d) 과학자들은 화성의 표면 아래에 사는 박테리아가 메탄을 만들어 낸다고 추정하고 있다고 했으므로 사실이다.

7 (a)

새로운 연구는 음식 1인분의 양이 어떻게 증가해 왔는지를 보여주었다. 연구자들은 52점의 각기 다른 최후의 만찬 그림들을 분석하는 데 컴퓨터를 사용하였다. 그들은 (그림 속) 접시의 크기를 사람들의 머리 크기에 비교하였다. 그 결과는 지난 천 년 동안 그림 속의 접시가 66퍼센트나 커졌다는 것을 보여주었다. 그리고 접시에 있는 음식의 양도 역시 증가했다. 이는 더 많은 양의 1인분이 더 큰 접시에 제공된다는 지속적인 경향을 보여준다. 불행히도 이것은 과식을 야기하는 것으로 알려진 요인 중 하나이다.

Q. 지문에서 추론할 수 있는 것은?
(a) 예술 작품의 세부 묘사는 실생활을 반영할 수 있다.
(b) 최근에 그려진 최후의 만찬 그림들은 사람들의 식욕을 돋운다.
(c) 예술가들은 좋은 정보원이 아니다.
(d) 큰 접시가 많은 손님을 접대하는 데 유용하다.

어휘 serving 1인분 (= portion) / analyze 분석하다 / compare 비교하다 / continual 지속적인 / overeat 과식하다 / reflect 반영하다 / appetite 식욕

해설 이 글에서 설명하고 있는 연구에서는 '최후의 만찬'을 주제로 한 그림들 속에 나타난 접시 크기와 음식의 양이 증가했고, 이것이 실제 1인분의 양이 지속적으로 증가해왔음을 시사한다고 하였다. 따라서 이 연구는 그림의 세부 묘사가 실생활을 반영한다는 점을 전제로 하고 있음을 알 수 있다.

8 (d)

곧 고등학교를 졸업할 예정이고 이제 어떤 단계를 밟아야 할지 혼란스러우신가요? (a) 그렇다면, 당신은 케임브리지 센터를 방문하는 것으로 혜택을 얻으실 수 있습니다. (b) 잘못된 대학이나 전공을 선택하는 것은 불확실한 미래라는 결과를 낳을 수 있습니다. (c) 케임브리지 센터에서는 당신의 성격이나 타고난 능력, 개인의 흥미에 가장 잘 맞는 진로를 결정하는 데 우리의 증명된 실험 방법들을 사용할 것입니다. (d) 케임브리지 대학의 한 팀의 학생들이

학문적 업적으로 상을 받았습니다.

graduate from ~을 졸업하다 / confused 혼란스러운 / benefit 혜택을 보다 / major 전공 / uncertain 불확실한 / determine 결정하다 / career path 진로 / fit ~에 맞다 / personality 성격 / achievement 업적, 성취

해설 이 글은 학생의 흥미와 적성 등을 고려해 알맞은 진로를 찾는 데 도움을 주는 센터에 대한 광고글이다. (a), (b), (c)는 모두 센터와 관련된 내용인 반면, (d)는 케임브리지 대학의 학생들에 관한 것이므로 전체 글의 흐름에서 벗어난다.

Mini TEST 5

p. 204-207

1 (c)	2 (a)	3 (d)	4 (d)
5 (a)	6 (b)	7 (a)	8 (c)

1 (c)

오늘날 십대들은 문자 메시지를 주고받는 데 많은 시간을 보낸다. 이 때문에 어떤 사람들은 십대들의 읽기와 쓰기 능력이 틀림없이 점점 더 나빠지고 있을 것이라고 생각한다. 그러나 많은 전문가들은 이 새로운 종류의 기술이 읽기와 쓰기를 강조하고 있다고 느낀다. 과거에는 읽고 쓰지 못하는 십대들이 친구들과 쉽게 의사소통을 할 수 있었다. 그것은 모두가 말로 정보를 공유했기 때문이다. 그러나 지금은 이메일, 문자 메시지, 그리고 온라인 메시지가 있어서 십대들이 친구들과 어울리고 싶다면 읽고 쓸 필요가 있다.
(a) 학생들이 새로운 언어를 빨리 배우게 도와준다
(b) 십대들이 충분한 책들을 읽지 못하게 한다
(c) 읽기와 쓰기를 강조하고 있다
(d) 성인들이 자신의 사회적 네트워크를 구축하도록 해준다

text messaging 휴대전화로 문자 메시지를 주고받는 것 / expert 전문가 / communicate 의사소통하다 / instant message 온라인 메시지 / socialize 교제하다, 어울리다 / put emphasis on ~을 강조하다

해설 빈칸 앞에서 십대들이 문자 메시지를 주고받으면서 읽기와 쓰기 능력이 떨어졌을 것이라는 우려가 있음을 설명했다. 빈칸이 있는 문장이 however로 이어지고 있고, 빈칸 이후에는 이메일이나 문자 메시지 때문에 오히려 읽기와 쓰기 능력이 더 중요해졌다는 반대의 내용이 나오므로 빈칸에는 새로운 기술이 읽기와 쓰기 능력을 강조하고 있다는 내용이 들어가는 것이 적절하다.

2 (a)

'엘리베이터 피치'는 사업가들이 누군가로 하여금 프로젝트를 승인하거나 투자하도록 빠르게 설득하는 데 사용되는 방법이다. 프로젝트에 대한 간략한 요약으로서, 약 30초 정도가 소요되어야 한

다. 실제로, 그 이름은 건물의 엘리베이터를 타는 평균 시간이 30초밖에 안 걸린다는 사실에서 유래한다. '엘리베이터 피치'의 주요 내용은 당신이 무언가를 요청하는 것이 아니다. 대신 당신이 상대방을 위해 무엇을 할 수 있는지를 빠르고 분명하게 설명하는 것이다. 이 방법은 왜 고용주가 그들을 고용하는 것이 이득이 되는지 설명하기 위해 구직자들에 의해 사용될 수도 있다.
(a) 왜 고용주가 그들을 고용하는 것이 이득이 되는지
(b) 그들이 어떤 종류의 제품과 서비스를 가지고 있는지
(c) 어느 층에 엘리베이터가 멈출지
(d) 어떻게 광고가 엘리베이터를 타는 것과 같은지

pitch 권유, 홍보 / convince 설득하다 / approve 승인하다 / invest 투자하다 / brief 간단한 / summary 요약 / jobseeker 구직자 / benefit ~에게 이익이 되다 / employer 고용주 / advertising 광고

해설 엘리베이터 피치는 짧은 순간에 하는 자기 광고로 영업을 할 때 사용된다고 설명한 후, 빈칸이 있는 문장에서 구직자들 또한 이 방법을 쓸 수 있다고 했다. 구직자 입장에서의 자기 홍보는 자신이 회사에 취직해야 할 이유에 대해서 알리고 설득하는 목적일 것이므로 빈칸에는 (a)가 들어가는 것이 적절하다.

3 (d)

'혁신'이라는 단어는 '새로운'이라는 의미의 라틴어 nova에서 왔다. 그것은 새로운 아이디어나 방법을 지칭할 때 사용된다. 혁신에는 두 가지 다른 유형이 있다. 첫 번째 유형은 사람들이 이미 존재하는 방식이나 사물에 변화를 주거나 그것들을 사용할 새로운 방식을 발견할 때 나타난다. 반대로, 두 번째 종류의 혁신은 사람들이 완전히 새롭고 현재 존재하는 것과 다른 무언가를 창조할 때이다.
(a) 즉
(b) 예를 들어
(c) 결론적으로
(d) 반대로

innovation 혁신 / occur 나타나다, 발생하다 / existing 현존하는(exist 현존하다) / completely 완전히 / currently 현재

해설 혁신이라는 단어의 유래와 정의, 그리고 두 가지 유형에 대해 설명하고 있다. 빈칸의 앞에서는 첫 번째 유형이 기존에 존재하던 것에 변화를 주는 것이라고 설명했고, 빈칸의 뒤에서는 두 번째 유형의 혁신이 완전히 새로운 것을 만들어 내는 것이라고 했다. 따라서 빈칸에는 대조의 의미를 나타내는 In contrast가 들어가는 것이 적절하다.

4 (d)

어떤 신문광고들은 다른 것들보다 더 효과적이다. 왜 그런지 궁금하다면 당신이 그 광고들을 쳐다보는 시간이 얼마나 되는지 생각해 보아라. 대부분의 사람들은 신문의 각 장을 보는 데 단 4초를 쓴다. 우선 그들은 기사들의 제목만 대충 훑어본다. 그러고 나서 광고들을 빠르게 훑어본다. 사실 보통의 여성들은 신문당 네 개의

광고만을 읽어본다. 그렇다면 이것이 당신에게 무엇을 말해 주는가? 흥미로운 말이나 눈길을 끄는 사진이 있는 광고만이 독자들의 주의를 끌 가능성이 있다.

Q. 지문의 요지는?
(a) 여성들은 남성들보다 더 적은 수의 광고를 읽는다.
(b) 사람들은 신문을 읽는 데 충분한 시간을 쓰지 않는다.
(c) 세부적인 정보는 광고에서 필수적이다.
(d) 광고가 성공적이려면 눈에 띄어야 한다.

어휘 advertisement(=ad) 광고 / effective 효과적인 / look over ~을 대충 훑어보다 / headline 주요 제목 / glance 흘긋 보다 / eye-catching 눈길을 끄는 / essential 필수적인, 가장 중요한 / stand out 눈에 띄다

해설 사람들이 보통 신문을 빠르게 훑어보기 때문에, 신문광고가 효과적이려면 독자의 시선을 끌 수 있을만한 말이나 사진을 갖춰야 한다고 말하고 있다. 따라서 정답은 (d)이다.

5 (a)
직장에서 힘든 하루를 보낸 뒤 저녁을 준비하기가 힘들다고 느끼시나요? 아마도 당신은 무슨 음식을 만들지 결정을 못할 수도 있고, 적절한 재료가 없을지도 모릅니다. 당신이 대부분의 사람들과 같다면 아마 당신은 그냥 패스트푸드를 집어 들거나 냉동 피자를 먹을 것입니다. 그러나 푸드 프렌즈는 당신을 건강하게 해주고 당신의 시간과 돈을 절약해줄 서비스를 제공합니다. 매주 저희는 당신의 집까지 맛있는 요리법과 함께 신선한 식재료를 가져다 드립니다. 저희는 당신이 가족들에게 맛있고 건강에 좋은 집에서 만든 식사를 제공하는 것을 쉽게 만들어 줍니다.

Q. 무엇에 관한 광고인가?
(a) 식료품 배달 사업
(b) 건강 음식 레스토랑
(c) 새로운 요리법 웹사이트
(d) 개인 요리사 서비스

어휘 proper 적절한 / ingredient 재료 / frozen 냉동의 / recipe 요리법 / delivery 배달 / chef 요리사

해설 이 글에서 광고하고 있는 서비스는 신선한 식재료와 요리법을 매주 집까지 배달해 주어 사람들이 식사 준비를 쉽게 할 수 있도록 하는 것이다. 즉 식료품 배달 사업에 대해 광고하고 있는 것이므로 정답은 (a)이다.

6 (b)
지난주 돈이 가득 차 있던 가방이 경비 트럭에서 떨어졌을 때, 다른 운전자들은 가능한 한 많은 돈을 줍기 위해 멈추어 섰다. 경찰은 십만 달러 가량을 회수했으나, 나머지 십만 달러는 여전히 행방을 알 수 없었다. 그 이후, 몇 명의 운전자들이 경찰서를 방문하여 12,000달러를 되돌려 주었다. 그 경비 트럭을 소유한 은행은 아직 행방을 알 수 없는 돈은 도난당한 것으로 간주한다는 경보를 발

표했다. "누가 돈을 가지고 있는지 알아내면 경찰이 그들을 체포하고 절도죄로 고발할 것입니다"라고 은행의 대변인이 말했다.

Q. 기사에 따르면 옳은 것은?
(a) 은행은 여전히 경비 트럭을 찾고 있다.
(b) 사람들은 트럭에서 떨어진 돈을 가져갔다.
(c) 약 만 이천 달러가 현장에서 회수되었다.
(d) 그 돈을 보관하고 있던 몇몇 사람들이 체포되었다.

어휘 security 경비 회사 / recover 회수하다 / issue 발표하다 / warning 경보 / arrest 체포하다 / charge ~ with … ~을 …로 고소(고발)하다 / theft 절도죄 / spokesperson 대변인 / on the spot 현장에서

해설 (a) 은행은 경비 트럭이 아니라 경비 트럭에서 떨어진 돈의 일부를 찾고 있으므로 사실이 아니다.
(b) 은행 경비 트럭이 돈 가방을 떨어뜨렸고 지나가던 운전자들이 돈을 주워갔다고 했으므로 사실이다.
(c) 12,000달러는 돈을 가져갔던 사람의 일부가 나중에 경찰서를 찾아가서 돌려준 금액이므로 사실이 아니다.
(d) 은행 대변인이 돈을 돌려주지 않은 사람들을 절도죄로 체포할 것이라고는 했으나 아직 체포된 사람은 없으므로 사실이 아니다.

7 (a)
이스트사이드 타워는 도시 스카이라인의 아름다운 전망을 갖춘 최신 아파트를 제공합니다. 도심지에서 몇 분밖에 떨어져 있지 않으며, 당신과 당신의 가족이 필요로 하는 모든 것을 갖추고 있습니다. 모든 방이 크며 옷을 수납할 벽장의 공간도 넉넉합니다. 건물에는 헬스장과 세탁실뿐 아니라 두 개의 수영장도 있습니다. 밖에서는 테니스장과 농구장, 큰 주차장을 발견하실 수 있습니다. 걸어갈 수 있는 거리 내에 흥미로운 가게들도 많이 있습니다. 구매 가능한 아파트를 볼 약속을 잡으시려면 3142-0357번으로 전화 주세요.

Q. 이스트사이드 타워의 장점으로 언급되지 않은 것은?
(a) 훌륭한 음식 서비스
(b) 시내로의 편한 접근성
(c) 넓은 방
(d) 운동 시설

어휘 brand-new 신제품의 / view *전망; 시찰하다 / skyline 스카이라인(산, 고층 건물 등이 하늘과 맞닿은 윤곽선) / downtown 도심지 / closet 벽장 / fitness club 헬스장 / laundry room 세탁실 / parking lot 주차장 / distance 거리 / appointment 약속 / merit 장점 / access 접근 / facility 시설

해설 도심지에서 몇 분밖에 떨어져 있지 않으며, 모든 방이 크다고 했고, 또한 헬스장을 비롯하여 수영장이나 테니스장 등의 시설을 갖추고 있다고 했다. 음식에 관련된 사항은 언급되지 않았다.

8 (c)
고딕 소설은 18세기 후반에 아주 인기가 있었던 문학의 한 형태였

다. (a) 그것들은 어두운 문체로 쓰여졌으며 주로 유령이나 다른 무서운 것들에 관한 이야기들이었다. (b) '고딕'이라는 용어는 건축의 고딕 양식에서 따왔는데 이 건물들이 귀신의 집처럼 보였기 때문이다. (c) 고딕 건축은 유럽에서 시작되었으나 이후에 미국으로 퍼져나갔다. (d) 많은 고딕 소설들이 이러한 종류의 건물이나 다른 무서운 장소에서 이야기가 전개된다.

어휘 Gothic 고딕 양식의 / literature 문학 / style 문체; 양식 / scary 무서운 / architecture 건축 / haunted 귀신이 나오는 / take place (사건 등이) 일어나다

해설 첫 문장에서 고딕 소설에 대해 소개한 후, 이어 이 소설들이 주로 어떤 이야기에 관한 것이며, 고딕이라는 용어가 어디에서 유래했는지, 또 이야기의 주된 배경이 어딘지에 대해 설명하고 있다. (c)는 고딕 건축에 대한 이야기이므로 전체 흐름과 어울리지 않는다.

Mini TEST 6
p. 208-211

1 (a)	2 (d)	3 (c)	4 (c)
5 (b)	6 (b)	7 (a)	8 (d)

1 (a)
몇몇 사람들은 매일 약을 먹어야 할 필요가 있다. 만약 그렇지 않으면 그들은 아프거나 심지어 죽을 위험을 감수해야 한다. 그럼에도 불구하고 이런 사람들은 종종 약 먹는 것을 잊어버린다. 새로운 연구에 따르면 다른 연령층의 사람들은 <u>그 당시에 신경 쓰고 있는 일이 얼마나 많은지</u>에 따라 약을 더 잘 기억하거나 기억하지 못한다고 한다. 예를 들어, 젊은 사람들은 평소보다 더 바쁠 때 가장 잘 기억한다. 반면에 나이 든 사람들은 집중할 업무가 더 적은 날에 더 잘 기억하는 경향이 있다.
(a) 그 당시에 신경 쓰고 있는 일이 얼마나 많은지
(b) 그들이 앓고 있는 병의 종류
(c) 약의 맛과 냄새
(d) 약이 중요한 것인가 아닌가

어휘 take medicine 약을 복용하다 / run the risk of ~의 위험을 감수하다 / depend on ~에 달려 있다 / task 업무, 과제 / concentrate on ~에 집중하다 / disease 질병

해설 빈칸 뒤에 이어지는 내용에서 젊은 사람들은 바쁠 때에 약 먹는 것을 잘 기억하고, 나이 든 사람들은 바쁘지 않을 때에 잘 기억한다고 했다. 따라서 다른 연령층에서 약 먹는 것을 잘 기억하고 못하고는 그 사람이 얼마나 신경 쓰고 있는 일이 많은가에 따라 달라진다는 내용이 빈칸에 적절하다.

2 (d)
다다이즘으로 알려진 예술 운동은 1916년 스위스에서 시작되었

으나 곧 다른 나라로 퍼져 나갔다. 다다이스트들은 전쟁에 반대하고 예술의 전통적인 방식과 개념들 대부분을 무시했다. 다다이스트들 중 한 명으로 라울 하우스만이 있었다. 그의 가장 유명한 작품 중 하나는 '기계 두상'이라는 작품이다. 그것은 눈을 꼭 감고 입을 꽉 다물고 있는 나무로 된 머리이며, 몇 개의 기계 장치가 그것에 붙어 있다. 그것은 자신에게 하는 말을 모두 받아들이고 스스로의 생각은 없는 사람의 머리이다. 그것은 <u>절대 논쟁하거나 의견을 내지 않는</u> 사람을 상징한다.
(a) 친구에 대해 나쁘게 얘기하는
(b) 다른 사람의 충고를 듣지 않는
(c) 예술 운동에 참여하는
(d) 절대 논쟁하거나 의견을 내지 않는

어휘 Dadaism 다다이즘, 허무주의(Dadaist 다다이스트) / mechanical 기계의 / wooden 나무로 만든 / shut (눈·입·귀 등을) 감다, 닫다 / tightly 꽉 / device 장치 / attach 붙이다 / represent 상징하다 / take part in 참여하다

해설 빈칸의 앞에서 라울 하우스만의 '기계 두상'이라는 작품은 다른 사람이 자신에게 하는 말을 모두 받아들이며 자기 <u>스스로의</u> 의견이 없는 사람의 머리를 나타낸다고 했다. 따라서 이 작품이 상징하는 바는 스스로 의견을 주장할 줄 모르는 사람이라고 할 수 있다.

3 (c)
고대 그리스인들과 로마인들은 전 유럽으로 퍼진 위대한 문명을 창조했다. 그러나 중세 시대 동안 이 문명은 심각하게 쇠퇴했다. 유럽인들은 <u>좋은 직업과 교육이 있는 편안한 삶을 사는 것</u>에서 가난과 두려움 속의 삶을 살게 되었다. 계속되는 전쟁과 질병, 굶주림 때문에 이 시기는 종종 암흑시대라고 일컬어진다. 안타깝게도 이 끔찍한 시기는 수 세기에 걸쳐 지속되었으며, 여러 세대의 유럽인들은 과거의 부유함이나 지식, 행복을 알지 못한 채 살다 죽었다.
(a) 동양에서 온 침략군에 맞서 싸우는 것
(b) 거듭된 끔찍한 자연재해로 고통받는 것
(c) 좋은 직업과 교육이 있는 편안한 삶을 사는 것
(d) 학교에서 그리스와 로마 역사와 문화를 공부하는 것

어휘 civilization 문명 / the Middle Ages 중세 시대 / decline 쇠퇴하다 / poverty 가난 / constant 끊임 없는 / period 기간 / refer to as ~라고 언급하다 / generation 세대 / invade 침략하다 / a series of 거듭된 / natural disaster 자연재해

해설 고대 유럽인이 창조한 위대한 문명이 중세 시대에 쇠퇴했다고 언급하고 있으므로, 빈칸에는 고대 유럽인이 향유했던 편안한 삶에 대한 내용이 들어가는 것이 적절하다.

4 (c)
사람들은 제품에 대한 정보를 쉽게 이용할 수 있을 때 온라인에서 물건을 살 가능성이 더 높다. 최근에 새로운 연구는 소비자들이 정확히 어떤 종류의 정보에 관심이 있는지를 보여주었는데, 바로 기술적인 상세한 설명이다. 연구에서 사람들은 온라인에서 판매되고

있는 두 개의 상품 중에 한 개를 고르라는 요청을 받았다. 어떤 종류의 제품을 보게 되든지 간에 사람들은 기술면에서 더 많은 상세 설명을 제공하는 것을 고르는 경향이 있었다. 심지어 그 상세 설명이 유용한 정보를 거의 제공하지 않을 때에도 그랬다.

Q. 지문의 요지는?
(a) 사람들은 자신이 쇼핑을 하는 웹사이트에 대해 더 많이 알고 싶어한다.
(b) 소비자들은 추천에 근거하여 결정을 내린다.
(c) 사람들은 상세한 설명이 있는 상품에 끌리는 경향이 있다.
(d) 웹사이트에 있는 상세한 설명은 시간 낭비이다.

어휘 exactly 정확하게 / consumer 소비자 / technical 기술적인 / details 상세한 설명(detailed 상세한) / recommendation 추천 / explanation 설명

해설 소비자들이 온라인 쇼핑을 할 때 기술적인 면에 대해 자세한 설명이 제공되는 제품을 고르는 성향이 있다는 연구 결과를 설명하고 있다. 따라서 소비자들은 상세한 설명이 있는 제품에 끌린다는 (c)가 이 글의 요지로 적합하다.

5 (b)
예술품 관리자들은 미술 박물관, 화랑, 도서관과 같은 다양한 장소에서 일할 수 있다. 그들의 일은 중요한 물품이 시간이 지나면서 부서지는 일이 없도록 잘 보존하는 것이다. 그들은 대개 그림이나 조각, 책과 같은 한 가지 종류의 소재에 집중한다. 일을 하기 위해서 그들은 각 물품의 역사나 구조, 화학적 성질에 대해 이해하고 있어야 한다. 그리고 나서 그들은 그 물품을 보존하기 위한 최상의 방법을 생각해 내는 데 이 정보를 사용한다.

Q. 지문에 따르면 예술품 관리자들에 대해 옳지 <u>않은</u> 것은?
(a) 그들은 대개 특정한 유형의 예술품에 집중한다.
(b) 그들은 대학원에서 예술이나 과학을 전공해야 한다.
(c) 그들은 각 물품에 대한 물리적인 사실을 이해해야 한다.
(d) 그들은 각 물품을 보호하는 방법을 결정하기 위해 연구한다.

어휘 conservator (박물관 등의) 관리자 / preserve 보존하다 / object 물건 / keep ~ from v-ing ~가 …하는 것을 막다 / fall apart 부서지다 / material 물질, 재료 / sculpture 조각 / structure 구조 / chemistry 화학적 성질 / come up with (해답을) 찾다, 고안하다 / specific 특정한, 구체적인 / major in ~를 전공하다 / physical 물리적인

해설 (a) 예술품 관리자들은 대개 그림이나 조각과 같은 특정한 유형의 예술품에 집중한다고 했으므로 사실이다.
(b) 예술품 관리자가 되기 위해서 무엇을 전공해야 하는지 언급되지 않았다.
(c) 예술품의 역사, 구조, 화학적 성질 등을 이해해야 한다고 했으므로 사실이다.
(d) 예술품을 보존하는 최상의 방법을 찾기 위해 그 예술품의 특성에 대한 정보를 이용한다고 했으므로 사실이다.

6 (b)
'재료 피로'는 반복된 움직임으로 인해 야기되는 약해짐이다. 예를 들어 조깅하는 사람은 오랜 시간 동안 달린 후에 무릎이 약해짐을 종종 느낄 것이다. 무릎이 제대로 움직이지 못하게 하는 것은 아니지만 완전히 건강했을 때만큼 잘 움직이진 않을 것이다. 금속과 같은 물질에서도 같은 일이 발생할 수 있다. 오랜 기간 동안 사용되면 배나 비행기, 다리에서 재료 피로가 발견될 수 있다.

Q. 재료 피로의 주된 원인은?
(a) 힘의 증가
(b) 지속적인 움직임
(c) 반복되는 흔들림
(d) 인간의 과실

어휘 fatigue (금속 재료의) 약화, 피로 / repeated 되풀이되는 / motion 움직임 / jogger 조깅하는 사람 / knee 무릎 / fresh 건강한, 기운찬 / metal 금속 / strength 힘 / continual 지속적인

해설 재료 피로 현상은 반복된 움직임으로 야기되는 약해짐이라고 했다. 오랜 달리기 이후 무릎이 약해지는 현상처럼, 반복적이고 지속적인 움직임이 재료가 약해지는 피로 현상의 원인임을 알 수 있다.

7 (a)
ADHD는 때때로 학습 장애로 여겨지는 질환이지만 실제로는 다른 것이다. 학습 장애를 가진 아이들과 달리, ADHD를 앓는 아이들은 학교 공부를 하는 데 도움을 필요로 하지 않는다. 그러나 그들은 수업 중에 집중하는 것에는 어려움을 겪는다. 그들의 질환은 그들이 오랜 시간 동안 가만히 앉아 있는 것을 매우 힘들게 만든다. 비록 ADHD 자체는 학습 장애가 아니지만, 연구에 의하면 ADHD를 앓는 아이들이 학습 장애를 겪을 가능성이 훨씬 높다고 한다.

Q. 지문에서 추론할 수 있는 것은?
(a) 학습 장애가 있는 학생들은 수업 중에 특별한 도움을 필요로 한다.
(b) ADHD가 있는 아이들은 이제 학습 장애를 가진 것으로 여겨진다.
(c) ADHD는 다양한 학습 장애를 설명하는 데 사용되는 일반적인 용어이다.
(d) 가만히 앉아 있는 데 어려움을 겪는 학생들은 학습 장애가 있는 것이다.

어휘 ADHD(=Attention Deficit Hyperactivity Disorder) 주의력결핍 과잉행동장애 / condition *질환; 상태 / learning disability 학습 장애 / still 움직이지 않는 / assistance 보조, 도움

해설 ADHD가 학습 장애와 다르다고 설명하면서 ADHD를 앓는 어린이들은 학습 장애를 가진 어린이들과 달리 수업 중에 도움을 필요로 하지 않는다고 했으므로 학습 장애를 가진 어린이들은 수업 중에 특별한 도움이 필요하다는 것을 추론할 수 있다. ADHD와 학습 장애는 별개라고 했으므로 (b)와 (c)는 틀린 내용이며 가

만히 앉아 있는 데 어려움을 겪는 학생들은 학습 장애가 아니라 ADHD를 앓고 있는 것이므로 (d) 역시 정답이 될 수 없다.

8 (d)

사람들은 문제를 해결해야 할 때가 되면 보통 행동을 취하지만, 종종 생각하기를 잊습니다. (a) 교육 리서치 센터에서 저희는 25년이 넘게 사람들에게 생각할 것을 상기시켜주고 있습니다. (b) 저희는 교사, 교장과 다른 교육자들이 그들이 직면한 문제에 대해 명확한 시각을 갖고 해결책을 찾도록 돕습니다. (c) 더불어서 저희는 전통적인 교육 시스템에서는 너무 복잡한 중요한 문제들에 대한 새로운 접근법을 만들어낼 수 있습니다. (d) 우리 사회는 더욱더 첨단 기술화가 되어가고 있어서, 우리 학교들은 더 많은 과학자와 기술자들을 양성해낼 필요가 있습니다.

어휘 remind 상기시키다 / principal 교장 / face 직면하다 / solution 해답 / approach 접근법 / complex 복잡한 / increasingly 더욱더

해설 이 글은 교육 리서치 센터에서 어떤 일을 하는지에 대해 소개하면서, 교육자들이 문제에 대한 해결책을 찾도록 도와주고 복잡한 문제에 대해 새로운 접근법을 만든다고 설명하고 있다. 첨단화되는 사회 때문에 더 많은 과학자와 기술자를 양성해야 한다는 (d)의 내용은 이 기관이 하는 일에 대한 소개가 아니므로 전체 글의 흐름과 어울리지 않는다.

TEPS BY STEP

TEPS 정복을 위한
단계별 학습서

TEPS BY STEP

Word Book

BASIC

능률교육

WORD BOOK

Basic Drill

1	countryside[kʌ́ntrisàid]	명 시골
	prohibit[prouhíbit]	동 금지하다
	urban[ə́ːrbən]	형 도시의
	yard[jɑːrd]	명 마당

2	claim[kleim]	동 주장하다
	death penalty	사형 (제도)
	scare ~ into v-ing	~에게 겁주어 …하게 하다
	criminal[krímənl]	명 범죄자
	obey[oubéi]	동 준수하다
	murder[mə́ːrdər]	명 살인
	put ~ to death	~를 사형에 처하다
	supporter[səpɔ́ːrtər]	명 지지자
	in reality	사실상
	house[haus]	동 수용하다
	economical[ìːkənámikəl]	형 경제적인

3	promote[prəmóut]	동 조장하다, 장려하다
	dishonest[disánist]	형 부정직한
	behavior[bihéivjər]	명 행동
	suggest[səgdʒést]	동 시사하다
	white lie	선의의 거짓말
	acceptable[ækséptəbl]	형 용납할 수 있는
	politician[pàlitíʃən]	명 정치가

4	unfortunately[ʌnfɔ́ːrtʃənitli]	부 불행히도
	unfair[ʌnféər]	형 불공평한
	treatment[tríːtmənt]	명 대우
	face[feis]	동 직면하다
	lawsuit[lɔ́ːsùːt]	명 소송
	involve[inválv]	동 관련시키다
	court[kɔːrt]	명 법원
	settle[sétl]	동 해결하다
	sue[suː]	동 고소하다
	former[fɔ́ːrmər]	형 이전의

5	cover letter	(취업 시) 자기소개서
	academic[æ̀kədémik]	형 학문의
	field[fiːld]	명 분야
	normally[nɔ́ːrməli]	부 보통(은)
	contain[kəntéin]	동 포함하다
	accomplishment[əkámpliʃmənt]	명 업적
	ideally[aidíːəli]	부 이상적으로
	administrative[ædmínistrèitiv]	형 행정상의
	content[kántent]	명 내용
	differ[dífər]	동 다르다
	significantly[signífikəntli]	부 상당히

Practice Test

1	crocodile[krákədàil]	명 악어
	motionless[móuʃənlis]	형 움직이지 않는
	patiently[péiʃəntli]	부 참을성 있게

come by	오다, 들르다
care about	~에 관심을 가지다
regret [rigrét]	동 후회하다
pretend [priténd]	동 ~인 체하다

2	institute [ínstitjùːt]	명 기관
	found [faund]	동 설립하다
	continuously [kəntínjuəsli]	부 계속해서
	nutrition [njuːtríʃən]	명 영양소
	consist of	~로 구성되다
	primarily [praimérəli]	부 주로
	barley [báːrli]	명 보리
	pea [piː]	명 완두콩
	health care	의료 서비스

3	superstition [sùːpərstíʃən]	명 미신
	tradition [trədíʃən]	명 관습
	sailor [séilər]	명 선원
	delight [diláit]	명 기쁨
	warning [wɔ́ːrniŋ]	명 경고
	sunrise [sʌ́nràiz]	명 일출 (↔ sunset 일몰)
	storm cloud	(폭풍을 몰고 오는) 먹구름
	approach [əpróutʃ]	동 다가오다
	misinformation [mìsinfərméiʃən]	명 잘못된 정보
	principle [prínsəpl]	명 원리

4	atomic bomb	원자폭탄
	originally [ərídʒənəli]	부 원래
	be headed for	~로 향하다

crash [kræʃ]	동 추락하다
fate [feit]	명 운명
tragedy [trædʒədi]	명 비극

UNIT 02 연결어 넣기

Basic Drill

1	ancient [éinʃənt]	형 고대의
	shave [ʃeiv]	동 깎다, 면도하다
	wig [wig]	명 가발
	in public	대중 앞에서
	consider [kənsídər]	동 ~라고 여기다
	bald [bɔːld]	형 대머리의

2	one-way [wʌnwéi]	형 일방적인
	community [kəmjúːnəti]	명 공동체
	ideal [aidí(ː)əl]	형 이상적인
	interact with	~와 상호작용하다
	share [ʃɛər]	동 공유하다
	encourage [inkə́ːridʒ]	동 장려하다, 조장하다

3	degree [digríː]	명 정도
	harmful [háːrmfəl]	형 해로운
	relaxing [riléksiŋ]	형 긴장을 푸는
	handle [hǽndl]	동 다루다, 처리하다

4	counselor[káunsələr]	명 카운슬러, 상담사
	decision[disíʒən]	명 결정
	tip[tip]	명 조언
	get along with	~와 사이좋게 지내다
	improve[imprúːv]	동 향상시키다
5	space[speis]	명 공간
	polar bear	북극곰
	back and forth	여기저기, 왔다 갔다
	in the wild	야생에서
	tiny[táini]	형 작은

Practice Test

1	competition[kàmpətíʃən]	명 경쟁
	cyberspace[sáibərspèis]	명 사이버 공간
	stand out	눈에 띄다, 돋보이다
	demand[diménd]	명 수요
	put together	모으다
	discounted[diskáuntid]	형 할인된
	package[pǽkidʒ]	명 패키지 상품, 꾸러미
	charge[tʃɑːrdʒ]	동 값을 매기다
2	direct[dirékt]	형 직접적인
	relationship[riléiʃənʃip]	명 관계
	overweight[òuvərwéit]	형 과체중의
	appetite[ǽpətàit]	명 식욕
	hormonal[hɔːrmóunl]	형 호르몬의
	lack[læk]	명 부족

3	rock [rɑk]	동 흔들다, 요동시키다
	earthquake [ɔ́ːrθkwèik]	명 지진
	original [ərídʒənl]	형 최초의
	pajamas [pədʒáːməz]	명 잠옷
	official [əfíʃəl]	형 공식의
	seriously [síəriəsli]	부 심각하게
	injure [índʒər]	동 부상을 입히다
4	halogen [hǽlədʒən]	명 할로겐
	affordable [əfɔ́ːrdəbl]	형 (가격이) 알맞은
	electricity [ilektrísəti]	명 전기
	household [háushòuld]	형 가정의
	eventually [ivéntʃuəli]	부 결국, 마침내
	alternative [ɔːltɔ́ːrnətiv]	명 대안, 대체품
	distribute [distríbjuːt]	동 보급하다
	freshman [fréʃmən]	명 신입생
	dormitory [dɔ́ːrmətɔ̀ːri]	명 기숙사
	retail store	소매점

UNIT 03 주제 찾기

Basic Drill

1	curious [kjúəriəs]	형 알고 싶어하는
	cell [sel]	명 세포
	remain [riméin]	동 여전히 ~이다

	active [ǽktiv]	형 활동적인
	unconscious [ʌnkánʃəs]	형 의식이 없는
	take a break	잠시 휴식을 취하다
2	ban [bæn]	동 금지하다
	hooded [húdid]	형 모자가 달린
	top [tɑp]	명 상의
	hang out with	~와 시간을 보내다
	appearance [əpíərəns]	명 외모
	strict [strikt]	형 엄격한
	aim [eim]	동 (~을) 대상으로 하다
3	mentally [méntəli]	부 정신적으로
	disabled [diséibld]	형 장애가 있는
	participate in	~에 참여하다
	physical [fízikəl]	형 신체의
	compete in	~에 참가하다
	track and field	육상 경기
	officially [əfíʃəli]	부 공식적으로
	recognize [rékəgnàiz]	동 인정하다
	committee [kəmíti]	명 위원회
	origin [ɔ́ːridʒin]	명 유래
4	immigrant [ímigrənt]	명 이민자
	paragraph [pǽrəgræf]	명 문단
	escape from	~에서 달아나다
	humidity [hjuːmídəti]	명 습기

5	gene [dʒiːn]	명 유전자
		geneticist [dʒinétəsist] 명 유전학자
	cancer [kǽnsər]	명 암
	chance [tʃæns]	명 가능성
	determine [ditə́ːrmin]	동 밝히다; 결정하다
	sort [sɔːrt]	명 종류
	examine [igzǽmin]	동 조사하다
	generation [dʒènəréiʃən]	명 세대
	medical [médikəl]	형 의료의
	pattern [pǽtərn]	명 (같은 일의) 반복

Practice Test

1	well-suited [wélsúːtid]	형 적합한
	Arctic [áːrtik]	형 북극의
	extremely [ikstríːmli]	부 극도로
	temperature [témpərətʃər]	명 온도
	layer [léiər]	명 겹
	accomplish [əkámpliʃ]	동 달성하다

2	unusual [ʌnjúːʒuəl]	형 특이한
	connection [kənékʃən]	명 연관성
	lack [læk]	동 ~이 없다
	confidence [kánfidəns]	명 자신감
	eventually [ivéntʃuəli]	부 결국
	ability [əbíləti]	명 능력
	influence [ínfluəns]	명 영향

3	freshwater[fréʃwɔ́:tər]	형 담수의
	in harmony with	~와 조화로운
	extinction[ikstíŋkʃən]	명 멸종
	destruction[distrʌ́kʃən]	명 파괴
	rainforest[réinfɔ̀(:)rist]	명 열대우림
	pollution[pəlú:ʃən]	명 오염
	traffic[træfik]	명 운행량, 교통량
	mammal[mæməl]	명 포유동물
	threaten[θrétn]	동 위협하다

4	concern[kənsə́:rn]	동 관련되다
	represent[rèprizént]	동 대표하다
	stationery[stéiʃənèri]	명 문구류
	manufacturer[mænjufæktʃərər]	명 제조업체
	plant[plænt]	명 공장
	deliver[dilívər]	동 배달하다
		delivery[dilívəri] 명 배달
	continent[kántənənt]	명 대륙
	attach[ətǽtʃ]	동 첨부하다
	catalog[kǽtəlɔ̀:g]	명 카탈로그
	look over	검토하다
	discount[diskáunt]	동 할인하다
	request[rikwést]	동 요청하다
	advertise[ǽdvərtàiz]	동 광고하다
	shipping[ʃípiŋ]	명 운송, 선적

Basic Drill

1	reality show	리얼리티 쇼
	participate [pɑːrtísəpèit]	동 참여하다(=take part)
	refuse [rifjúːz]	동 거절하다
	private [práivət]	형 비밀의, 비공개의

2	halfpipe [hǽfpàip]	명 하프파이프(스케이트보딩, 스노우보딩 점프용으로 만든 U자형 구조물)
	finals [fáinlz]	명 결승전
	competitor [kəmpétitər]	명 경쟁자
	beat [biːt]	동 이기다
	secure [sikjúər]	동 확보하다
	pressure [préʃər]	명 압박감
	attempt [ətémpt]	동 시도하다
	trick [trik]	명 묘기

3	awake [əwéik]	형 깨어 있는
	expose [ikspóuz]	동 노출시키다
	indoor [índɔ̀ːr]	형 실내의
	sense [sens]	동 감지하다
	artificial [àːrtəfíʃəl]	형 인위적인
	adjust [ədʒʌ́st]	동 조절하다

4	ancient [éinʃənt]	형 고대의
	engagement [ingéidʒmənt]	명 약혼

weave [wi:v]	동 엮다, 짜다
steel [sti:l]	명 철
fiancee [fi:a:nséi]	명 약혼녀
material [məti:əriəl]	명 재료, 물질
current [kə́:rənt]	형 현재의

5	agreement [əgrí:mənt]	명 동의서, 계약서
	award [əwɔ́:rd]	명 상
	collection [kəlékʃən]	명 수집

Practice Test

1	special effect	특수 효과
	movie-going [mú:vigòuiŋ]	형 영화 관람의
	experiment [ikspérəmənt]	명 실험; 시도
	charge [tʃɑ:rdʒ]	동 요금을 청구하다
	sell out	매진되다
	on a regular basis	정기적으로
	announce [ənáuns]	동 발표하다
	partnership [pá:rtnərʃip]	명 동업, 제휴
	visual [víʒuəl]	형 시각적인

2	sampling [sǽmpliŋ]	명 샘플링
		sample [sǽmpl] 동 (음악의 일부를) 추출하여 이용하다
	musician [mju:zíʃən]	명 음악가
	involve [inválv]	동 포함하다
	result in	~을 야기하다
	original [ərídʒənl]	형 독창적인

illegal [ilí:gəl]	형 불법의
obtain [əbtéin]	동 얻다
permission [pərmíʃən]	명 허가
violate [váiəlèit]	동 위반하다
copyright [kápiràit]	명 저작권
lyrics [líriks]	명 가사

3	chemical [kémikəl]	명 화학물질
	MSG(=monosodium glutamate)	명 글루탐산 소다(인공 조미료 원료로 쓰이는 화학물질)
	enhance [inhǽns]	동 높이다, 향상시키다
	a variety of	다양한
	condition [kəndíʃən]	명 질환
	consumer [kənsú:mər]	명 소비자
	ingredient [ingrí:diənt]	명 재료, 성분
	purchase [pə́:rtʃəs]	동 구매하다
	responsible for	~의 원인이 되는

4	anxiety [æŋzáiəti]	명 염려, 걱정
	generalized anxiety disorder(GAD)	범불안장애
	sufferer [sʌ́fərər]	명 환자
	diagnose [dáiəgnòus]	동 진단하다
	excessively [iksésivli]	부 지나치게
	everyday [évridèi]	형 일상적인
	concentrate [kánsəntrèit]	동 집중하다
	depression [dipréʃən]	명 우울(증)
	cure [kjuər]	동 치료하다

Basic Drill

1	feature [fí:tʃər]	동 특징으로 하다
	available [əvéiləbl]	형 이용 가능한
	complete [kəmplí:t]	형 완전한
	fill out	(문서를) 작성하다
	registration [rèdʒistréiʃən]	명 등록
2	flutist [flú:tist]	명 플루트 연주자
	be scheduled to	~하기로 예정되다
	fall down	넘어지다
	stairs [stɛərz]	명 계단
	wrist [rist]	명 손목
	elbow [élbou]	명 팔꿈치
	replace [ripléis]	동 대체하다
	injury [índʒəri]	명 부상
3	edit [édit]	동 편집하다
	upload [ʌ́plòud]	동 업로드하다
	Mac (=Macintosh)	애플 사의 맥킨토시 컴퓨터의 약어
4	principal [prínsəpəl]	명 교장 선생님
	policy [páləsi]	명 정책
	junk food	정크 푸드(영양가가 낮은 인스턴트 · 패스트 푸드)
5	planet [plǽnit]	명 행성

temperature [témpərətʃər]	명 온도
steadily [stédili]	부 서서히
man-made [mǽnmèid]	형 인간에 의한, 인공적인
Industrial Revolution	산업 혁명
release [rilí:s]	동 배출하다
carbon dioxide	이산화탄소
methane [méθein]	명 메탄
machinery [məʃí:nəri]	명 기계(류)
atmosphere [ǽtməsfiər]	명 대기

Practice Test

1		
	approximately [əpráksəmətli]	부 대략
	tropical [trápikəl]	형 열대의
	low-pressure system	저기압계
	refer to (as)	~라고 언급하다
	term [tə:rm]	명 용어
	cyclone [sáikloun]	명 사이클론
	typhoon [taifú:n]	명 타이푼, 태풍
	formation [fɔ:rméiʃən]	명 생성

2		
	running shoes	운동화
	high-tech [háiték]	형 첨단의
	afford [əfɔ́:rd]	동 ~을 살 여유가 되다
	latest [léitist]	형 최신의
	keep up with	~에 뒤처지지 않다
	must-have [mʌ́sthǽv]	형 꼭 필요한, 반드시 가져야 하는
	blame [bleim]	동 비난하다

3	recently [rí:sntli]	부 최근에
	government [gʌ́vərnmənt]	명 정부
	race [reis]	명 인종
	gender [dʒéndər]	명 성별
	nationality [næ̀ʃənǽləti]	명 국적
	accurate [ǽkjurət]	형 정확한
	student body	전체 학생
	switch over	전환하다
	attached [ətǽtʃt]	형 첨부된
	instruct [instrʌ́kt]	동 지시하다
	in charge of	~을 맡고 있는
	makeup [méikʌ̀p]	명 구성

4	electronic [ilèktránik]	형 전자의
	e-waste [í:wéist]	명 전자폐기물
	reduce [ridjú:s]	동 줄이다
	device [diváis]	명 기기
	last [læst]	동 오래 가다, (기능이) 지속되다
	donate [dóuneit]	동 기부하다
	function [fʌ́ŋkʃən]	동 기능을 하다
	charity [tʃǽrəti]	명 자선 단체
	recycle [ri:sáikl]	동 재활용하다
	component [kəmpóunənt]	명 구성 요소, 부품

Basic Drill

1	benefit [bénəfit]	명 이점
	keep a diary	일기를 쓰다
	look back at	~을 뒤돌아보다
	organize [ɔ́ːrgənàiz]	동 정리하다

2	defeat [difíːt]	동 ~을 이기다, 패배시키다
	unexpected [ʌ̀nikspéktid]	형 예상 밖의
	victory [víktəri]	명 승리
	greet [griːt]	동 반기다

3	influence [ínfluəns]	명 영향, 설득 동 영향을 미치다
	imply [implái]	동 암시하다, 나타내다
	psychological [sàikəládʒikəl]	형 심리학적인
	impressively [imprésivli]	부 인상 깊게도

4	wireless [wáiərlis]	형 무선의
		wire [waiər] 명 전선, 케이블
		wirelessly [wáiərlisli] 부 무선으로
	attempt [ətémpt]	동 시도하다
	resident [rézidənt]	명 거주민
	giant [dʒáiənt]	형 거대한
	frequently [fríːkwəntli]	부 자주

| 5 | lie detector | 거짓말 탐지기 |
| | blood pressure | 혈압 |

be suspected of	~의 혐의를 받다
commit [kəmít]	통 (범죄를) 저지르다
investigator [invéstigèitər]	명 조사관
determine [ditə́:rmin]	통 결정하다, 알아내다
truthfully [trú:θfəli]	부 진실되게
physical [fízikəl]	형 신체적인
effective [iféktiv]	형 효과적인

Practice Test

1	questionnaire [kwèstʃənɛ́ər]	명 설문지
	structure [strʌ́ktʃər]	명 구조
	content [kántent]	명 내용
	brief [bri:f]	형 간략한
	overview [óuvərvjù:]	명 개요
	respond [rispánd]	통 대답하다
	complex [kəmpléks]	형 복잡한
	logical [ládʒikəl]	형 논리적인
		logically [ládʒikəli] 부 논리적으로
	confusion [kənfjú:ʒən]	명 혼란
	intent [intént]	명 의도
2	Spinosaurus [spɑinəsɔ́:rəs]	명 스피노사우루스
	dinosaur [dáinəsɔ̀:r]	명 공룡
	Tyrannosaurus [tirænəsɔ́:rəs]	명 티라노사우루스
	species [spí:ʃi:z]	명 (생물의) 종
	predator [prédətər]	명 포식자
	compete [kəmpí:t]	통 경쟁하다

| crocodile [krákədàil] | 명 악어 |

3	retirement [ritáiərmənt]	명 은퇴, 퇴직
	ensure [inʃúər]	동 확실하게 하다
	investment [invéstmənt]	명 투자
	inadequate [inædikwət]	형 불충분한
	take ~ into account	~을 고려하다
	in advance	사전에
	expert [ékspəːrt]	명 전문가

4	race [reis]	명 민족, 종족
	warrior [wɔ́ːriər]	명 전사
	debate [dibéit]	명 논쟁
	myth [miθ]	명 신화
	archaeologist [àːrkiáːlədʒist]	명 고고학자
		archaeological [àːrkiəládʒikəl] 형 고고학적인
	burial [bériəl]	명 매장
	confirm [kənfəːrm]	동 확인해 주다
	existence [igzístəns]	명 존재
		exist [igzíst] 동 존재하다
	body [bádi]	명 사체
	curved [kəːrvd]	형 구부러진
	battle [bǽtl]	명 전투
	evidence [évidəns]	명 증거

Basic Drill

1   working poor   근로빈곤층

      remain [riméin]   동 여전히 ~이다

      income [ínkʌm]   명 소득

      statistics [stətístiks]   명 통계 (자료)

      welfare [wélfɛər]   명 생활 보조비, 복지비

2   caffeine [kæfíːn]   명 카페인

      active [ǽktiv]   형 활동적인

      ingredient [ingríːdiənt]   명 성분

      theanine [θíænain]   명 테아닌

      reduce [ridʒúːs]   동 줄이다

      effect [ifékt]   명 효능

      awake [əwéik]   형 깨어 있는

      calm down   진정시키다

      contain [kəntéin]   동 포함하다

3   novella [nouvélə]   명 노벨라(단편 소설)

      fiction [fíkʃən]   명 픽션(상상에 의해 쓰여진 이야기)

      aspect [ǽspekt]   명 측면

      plot [plɑt]   명 줄거리

      subplot [sʌ́bplɑt]   명 부차적인 줄거리

      location [loukéiʃən]   명 장소

      concentrate on   ~에 집중하다

4	ad [æd] (=advertisement)	명 광고
	obviously [ábviəsli]	부 분명히
	agency [éidʒənsi]	명 대행사
	make the most of	~을 최대한으로 활용하다
	strategy [strǽtədʒi]	명 전략

5	when it comes to	~에 관해서라면
	visual [víʒuəl]	형 시각의
	auditory [ɔ́:dətɔ̀:ri]	형 청각의
	lecture [léktʃər]	명 강의

Practice Test

1	Cubism [kjú:bizm]	명 입체파
		Cubist [kjú:bist] 형 입체파의
	horror [hɔ́:rər]	명 공포
	field [fi:ld]	명 분야, 영역
	literature [lítərətʃər]	명 문학
	poetry [póuitri]	명 시

2	ripe [raip]	형 익은
	average [ǽvəridʒ]	동 평균하여 ~이 되다
	nutritional [njuːtríʃənl]	형 영양의
	peel [pi:l]	명 껍질

3	overweight [òuvərwéit]	형 과체중의
	discouraged [diskʌ́ridʒd]	형 낙심한, 실망한
	diet [dáiət]	동 식단 조절을 하다
	steadily [stédili]	부 꾸준하게

| regain [rigéin] | 동 되찾다 |
| gradual [grǽdʒuəl] | 형 점진적인 |

4	maximum [mǽksəməm]	형 최대량의
	protection [prətékʃən]	명 보호
	SPF(=Sun Protection Factor)	자외선 차단 지수
	UV(=ultraviolet)	자외선
	initial [iníʃəl]	명 머리글자
	stand for	~을 나타내다
	measure [méʒər]	동 측정하다
	ray [rei]	명 광선

Mini Test 1

1	calorie [kǽləri]	명 칼로리
	contain [kəntéin]	동 포함하다
	state [steit]	명 (미국의) 주
	national [nǽʃənl]	형 국가의
	standard [stǽndərd]	명 표준, 기준
	ensure [inʃúər]	동 반드시 ~하게 하다
	diner [dáinər]	명 식사하는 사람
	exactly [igzǽktli]	부 정확히
	on request	요청시에

2	wild [waild]	명 야생
	diet [dáiət]	명 식단
	bamboo [bæmbú:]	명 대나무
	flower [fláuər]	동 꽃을 피우다
	man-made [mǽnmèid]	인간에 의한

	extinct [ikstíŋkt]	형 멸종된

3	originally [ərídʒənəli]	부 원래, 처음에는
	peach [piːtʃ]	명 복숭아
	net [net]	명 그물, 네트
	steal [stiːl]	동 가로채다
	nearly [níərli]	부 거의
	entire [intáiər]	형 전체의
	instantly [ínstəntli]	부 즉시

4	classical music	클래식 음악
	tempo [témpou]	명 박자
	heartbeat [háːrtbìːt]	명 심장 박동
	pulse [pʌls]	명 맥박
	composer [kəmpóuzər]	명 작곡가

5	threaten [θrétn]	동 위협하다
	shoot [ʃuːt]	동 (총을) 쏘다
	incident [ínsidənt]	명 사건
	point a gun at	~을 향해 총을 겨냥하다
	demand [dimǽnd]	동 요구하다
	refuse [rifjúːz]	동 거절하다
	run away	달아나다
	nearby [níərbài]	형 근처의
	arrest [ərést]	동 체포하다

6	personalize [pə́ːrsənəlàiz]	동 (개인의 필요에) 맞추다, ~에 자기의 이름을 넣다
	feature [fíːtʃər]	동 특색으로 삼다, 주연시키다

spell[spel]	동	철자를 맞게 쓰다
skilled[skild]	형	숙련된
enthusiastic[inθù:ziǽstik]	형	열렬한
definition[dèfəníʃən]	명	정의
expand[ikspǽnd]	동	확장하다
vocabulary[voukǽbjulèri]	명	어휘
blank[blǽŋk]	형	공백의

7		
gravity[grǽvəti]	명	중력, 인력
force[fɔːrs]	명	힘
float[flout]	동	떠돌다
determine[ditə́ːrmin]	동	결정하다
weigh[wei]	동	무게가 ~나가다
object[ábdʒikt]	명	물체, 대상

8		
paragraph[pǽrəgræf]	명	문단
thesis statement		주제문
outline[áutlàin]	명	개요
present[prizént]	동	드러내다
organize[ɔ́ːrgənàiz]	동	조직하다, 구성하다
logical[ládʒikəl]	형	논리적인

Mini Test 2

1		
part[pɑːrt]	명	부품
remove[rimúːv]	동	제거하다
temperature[témpərətʃər]	명	온도
breathe[briːð]	동	통풍이 잘되다

block[blɑk]	동 막다(↔unblock ~에서 방해물을 제거 하다)	
flow[flou]	명 흐름	
	flow out 흘러 나가다	
completely[kəmplí:tli]	부 완전히	

2		
	emotion[imóuʃən]	명 감정
	jealousy[dʒéləsi]	명 질투
	jealous[dʒéləs] 형 질투하는	
	intend[inténd]	동 의도하다
	purpose[pə́:rpəs]	명 목적
	notice[nóutis]	동 알아채다
	react[riǽkt]	동 반응하다
	attention[əténʃən]	명 주목, 관심
	behavior[bihéivjər]	명 행동
	behave[bihéiv] 동 행동하다	
	once[wʌns]	접 일단 ~하면
	affection[əfékʃən]	명 애정
	fall behind	뒤떨어지다
	severe[sivíər]	형 심한

3		
	barbecue[bɑ́:rbikjù:]	동 바비큐 요리를 하다
	grill[gril]	동 그릴로 굽다 명 그릴
	metal[métl]	명 금속
	tray[trei]	명 쟁반
	drip[drip]	동 (액체가) 똑똑 떨어지다
	counter[káuntər]	명 조리대
	separate[sépərèit]	동 분리하다

4
telescope [téləskòup]	명 망원경
planet [plǽnit]	명 행성
astronomer [əstránəmər]	명 천문학자
trash can	쓰레기통
distant [dístənt]	형 (거리가) 먼
galaxy [gǽləksi]	명 은하
faint [feint]	형 희미한

5
cheerful [tʃíərfəl]	형 유쾌한, 기운찬
optimistic [àptəmístik]	형 낙천적인
upset [ʌpsét]	형 마음이 상한
lose one's temper	화를 내다
handle [hǽndl]	동 처리하다
vision [víʒən]	명 시력
calm [kɑ:m]	동 달래다

6
physical therapy	물리치료
press down	누르다, 압박하다
pleasant [plézənt]	형 기분 좋은
muscle [mʌ́sl]	명 근육
benefit [bénəfit]	동 혜택을 주다
internal organs	장기, 내장
material [mətíəriəl]	명 물질

7
government [gʌ́vərnmənt]	명 정부
offer [ɔ́:fər]	동 제공하다
reward [riwɔ́:rd]	명 보상 동 보상하다
financially [finǽnʃəli]	부 재정적으로
politician [pàlətíʃən]	명 정치가

	social [sóuʃəl]	형 사회적인
	cost of living	생활비
	education [èdʒukéiʃən]	명 교육
	birth rate	출생률
8	teaching assistant	조교
	play a role	역할을 하다
	primary [práimeri]	형 주요한
	concentrate on	~에 집중하다
	material [mətíəriəl]	명 자료
	task [tæsk]	명 과제, 과업
	aspect [æspekt]	명 측면

Mini Test 3

1	tattoo [tætú:]	동 문신하다 명 문신
	decorate [dékərèit]	동 장식하다
	permanent [pə́:rmənənt]	형 영구적인
	ancient [éinʃənt]	형 고대의
	mummy [mʌ́mi]	명 미라
	describe [diskráib]	동 묘사하다
	in detail	상세히
	represent [rèprizént]	동 나타내다
	evidence [évidəns]	명 증거
	figure [fígjər]	명 인물
2	place [pleis]	동 배치하다
	distance [dístəns]	명 거리
	plastic bag	비닐 봉지

	separate A from B	B에서 A를 분리하다
	backpack [bǽkpæk]	명 배낭
	luggage [lʌ́gidʒ]	명 (여행) 가방
	pack [pæk]	동 꾸리다
	efficiently [ifíʃəntli]	부 효과적으로

3	kidnap [kídnæp]	동 납치하다
		kidnapper [kídnæpər] 명 납치범
	murder [mə́:rdər]	동 살해하다
	alert [ələ́:rt]	명 경보
	prevent [privént]	동 막다
	tragic [trǽdʒik]	형 비극적인
	stand for	의미하다, 상징하다
	missing [mísiŋ]	형 행방불명인
	broadcast [brɔ́:dkæ̀st]	명 방송
	emergency [imə́:rdʒənsi]	명 비상사태
	response [rispáns]	명 대응
	send out	발송하다
	rescue [réskju:]	동 구출하다
	donate [dóuneit]	동 기부하다

4	sonata [səná:tə]	명 소나타
	be meant to-v	~하기로 되어 있다
	dedicate to	~에 바치다
	resemble [rizémbl]	동 ~와 비슷하다
	funeral [fjú:nərəl]	형 장례의
	unique [ju:ní:k]	형 독특한
	masterpiece [mǽstərpì:s]	명 대작
	inspiration [ìnspəréiʃən]	명 영감

5	yawn[jɔːn]	동 하품하다
	get rid of	~을 제거하다
	carbon dioxide(=CO₂)	이산화탄소
	take in	마시다, 흡수하다
	oxygen[áksidʒən]	명 산소
	breathe[briːð]	동 숨쉬다
		breath[breθ] 명 숨, 호흡
	lung[lʌŋ]	명 폐

6	appreciate[əpríːʃièit]	동 감사하다
	recover[rikʌ́vər]	동 회복(복구)시키다
	back up	백업하다 (컴퓨터 (데이터 등의) 카피를 만들다)
	reasonable[ríːzənəbl]	형 (가격이) 적정한, 합리적인

7	apparently[əpǽrəntli]	부 분명히
	income[ínkʌm]	명 소득
	as compared to	~와 비교해서
	be connected to	~와 관계가 있다
	decrease[díːkriːs]	명 감소

8	illiteracy[ilítərəsi]	명 문맹(↔ literacy 읽고 쓸 줄 앎)
	measure[méʒər]	동 측정하다
	functional[fʌ́ŋkʃənəl]	형 기능적인, 실용적인
	responsible[rispánsəbl]	형 분별 있는
	survey[sə́ːrvei]	명 조사

Mini Test 4

1		
	designer[dizáinər]	명 설계자
	claim[kleim]	동 주장하다
	environmentally-friendly [invàiərənméntlifréndli]	형 환경 친화적인
	suggest[səgʤést]	동 시사[암시]하다
	contribute[kəntríbju:t]	동 기여하다
	construction[kənstrʌ́kʃən]	명 건설
		construct[kənstrʌ́kt] 동 건설하다
	force[fɔ:rs]	동 강요하다
	represent[rèprizént]	동 나타내다

2		
	fascinating[fǽsənèitiŋ]	형 매혹적인, 반하게 하는
	architecture[á:rkətèktʃər]	명 건축물
	opportunity[àpərtjú:nəti]	명 기회
	wander[wándər]	동 걸어다니다
	hardworking[há:rdwə̀:rkiŋ]	형 근면한
	unique[ju:ní:k]	형 독특한
	attractive[ətrǽktiv]	형 매력적인
	heritage[héritiʤ]	명 유산
	scenery[sí:nəri]	명 풍경

3		
	contrary to	~와 반대로
	obviously[ábviəsli]	부 분명히
	tiring[táiəriŋ]	형 피로하게 하는
	ruin[rú:in]	동 손상시키다
	eyesight[áisàit]	명 시력
	nevertheless[nèvərðəlés]	부 그럼에도 불구하고

blink [bliŋk]	동 눈을 깜빡이다	
concentrate [kánsəntrèit]	동 집중하다	
moist [mɔist]	형 촉촉한	

4	improve [imprúːv]	동 개선하다
	option [ápʃən]	명 선택(권)
	cafeteria [kæ̀fətíəriə]	명 구내식당
	vending machine	자판기
	related to	~에 관련된
	nutrition [njuːtríʃən]	명 영양
	purchase [pə́ːrtʃəs]	동 구매하다

5	term [təːrm]	명 용어
	electronic [ilèktránik]	형 전자의, 전자 음악의
	digitally [dídʒitli]	부 디지털 방식으로
	specific [spisífik]	형 특정한, 구체적인
	genre [ʒáːnrə]	명 장르
	composer [kəmpóuzər]	명 작곡가
	emotional [imóuʃənl]	형 감정적인
	reaction [riǽkʃən]	명 반응

6	have in common	공통점이 있다
	methane [méθein]	명 메탄
	feed [fiːd]	동 먹이를 먹다
	release [rilíːs]	동 방출하다
	beneath [biníːθ]	전 ~의 바로 밑에
	surface [sə́ːrfis]	명 표면

7	serving [sə́ːrviŋ]	명 1인분 (=portion)

analyze [ǽnəlàiz]	동 분석하다
compare [kəmpéər]	동 비교하다
continual [kəntínjuəl]	형 지속적인
overeat [òuvərí:t]	동 과식하다
reflect [riflékt]	동 반영하다
appetite [ǽpətàit]	명 식욕

8	graduate from	~을 졸업하다
	confused [kənfjú:zd]	형 혼란스러운
	benefit [bénəfit]	동 혜택을 보다
	major [méidʒər]	명 전공
	uncertain [ʌnsə́:rtn]	형 불확실한
	determine [ditə́:rmin]	동 결정하다
	career path	진로
	fit [fit]	동 ~에 맞다
	personality [pə̀:rsənǽləti]	명 성격
	achievement [ətʃí:vmənt]	명 업적, 성취

Mini Test 5

1	text messaging	휴대전화로 문자 메시지를 주고받는 것
	expert [ékspə:rt]	명 전문가
	communicate [kəmjú:nəkèit]	동 의사소통하다
	instant message	온라인 메시지
	socialize [sóuʃəlàiz]	동 교제하다, 어울리다
	put emphasis on	~을 강조하다

2	pitch [pitʃ]	명 권유, 홍보
	convince [kənvíns]	동 설득하다

approve [əprúːv]	동 승인하다	
invest [invést]	동 투자하다	
brief [briːf]	형 간단한	
summary [sʌ́məri]	명 요약	
jobseeker [dʒábsìːkər]	명 구직자	
benefit [bénəfit]	동 ~에게 이익이 되다	
employer [implɔ́iər]	명 고용주	
advertising [ǽdvərtàiziŋ]	명 광고	

3	innovation [ìnəvéiʃən]	명 혁신
	occur [əkə́ːr]	동 나타나다, 발생하다
	existing [igzístiŋ]	형 현존하는
		exist [igzíst] 동 현존하다
	completely [kəmplíːtli]	부 완전히
	currently [kə́ːrəntli]	부 현재

4	advertisement [ædvərtáizmənt] [=ad]	명 광고
	effective [iféktiv]	형 효과적인
	look over	~을 대충 훑어보다
	headline [hédlàin]	명 주요 제목
	glance [glæns]	동 흘긋 보다
	eye-catching [áikæ̀tʃiŋ]	형 눈길을 끄는
	essential [isénʃəl]	형 필수적인, 가장 중요한
	stand out	눈에 띄다

5	proper [prápər]	형 적절한
	ingredient [ingríːdiənt]	명 재료
	frozen [fróuzn]	형 냉동의
	recipe [résəpì]	명 요리법

	delivery [dilívəri]	명 배달
	chef [ʃef]	명 요리사

6	security [sikjúərəti]	명 경비 회사
	recover [rikʌ́vər]	동 회수하다
	issue [íʃuː]	동 발표하다
	warning [wɔ́ːrniŋ]	명 경보
	arrest [ərést]	동 체포하다
	charge ~ with …	~을 …로 고소[고발]하다
	theft [θeft]	명 절도죄
	spokesperson [spóukspə̀ːrsn]	명 대변인
	on the spot	현장에서

7	brand-new [brǽndnjúː]	형 신제품의
	view [vjuː]	명 전망 동 시찰하다
	skyline [skáilàin]	명 스카이라인(산, 고층 건물 등이 하늘과 맞닿은 윤곽선)
	downtown [dàuntáun]	명 도심지
	closet [klázit]	명 벽장
	fitness club	헬스장
	laundry room	세탁실
	parking lot	주차장
	distance [dístəns]	명 거리
	appointment [əpɔ́intmənt]	명 약속
	merit [mérit]	명 장점
	access [ǽkses]	명 접근
	facility [fəsíləti]	명 시설

8	Gothic [gáθik]	형 고딕 양식의

literature [lítərətʃər]	명 문학
style [stail]	명 문체; 양식
scary [skɛ́əri]	형 무서운
architecture [á:rkətèktʃər]	명 건축
haunted [hɔ́:ntid]	형 귀신이 나오는
take place	(사건 등이) 일어나다

Mini Test 6

1	take medicine	약을 복용하다
	run the risk of	~의 위험을 감수하다
	depend on	~에 달려 있다
	task [tæsk]	명 업무, 과제
	concentrate on	~에 집중하다
	disease [dizí:z]	명 질병

2	Dadaism [dá:da:izm]	명 다다이즘, 허무주의
		Dadaist [dá:da:ist] 명 다다이스트
	mechanical [məkǽnikəl]	형 기계의
	wooden [wúdn]	형 나무로 만든
	shut [ʃʌt]	동 (눈·입·귀 등을) 감다, 닫다
	tightly [táitli]	부 꽉
	device [diváis]	명 장치
	attach [ətǽtʃ]	동 붙이다
	represent [rèprizént]	동 상징하다
	take part in	참여하다

| 3 | civilization [sìvəlizéiʃən] | 명 문명 |
| | the Middle Ages | 중세 시대 |

decline[dikláin]	동 쇠퇴하다	
poverty[pávərti]	명 가난	
constant[kánstənt]	형 끊임 없는	
period[píəriəd]	명 기간	
refer to as	~라고 언급하다	
generation[dʒènəréiʃən]	명 세대	
invade[invéid]	동 침략하다	
a series of	거듭된	
natural disaster	자연재해	

4

exactly[igzǽktli]	부 정확하게	
consumer[kənsú:mər]	명 소비자	
technical[téknikəl]	형 기술적인	
details[dí:teils]	명 상세한 설명	
	detailed[dí:teild] 형 상세한	
recommendation[rèkəməndéiʃən]	명 추천	
explanation[èksplənéiʃən]	명 설명	

5

conservator[kánsərvèitər]	명 (박물관 등의) 관리자	
preserve[prizə́:rv]	동 보존하다	
object[ábdʒikt]	명 물건	
keep ~ from v-ing	~가 …하는 것을 막다	
fall apart	부서지다	
material[mətíəriəl]	명 물질, 재료	
sculpture[skʌ́lptʃər]	명 조각	
structure[strʌ́ktʃər]	명 구조	
chemistry[kémistri]	명 화학적 성질	
come up with	(해답을) 찾다, 고안하다	
specific[spisífik]	형 특정한, 구체적인	

	major in	~를 전공하다
	physical [fízikəl]	형 물리적인
6	fatigue [fətí:g]	명 (금속 재료의) 약화, 피로
	repeated [ripí:tid]	형 되풀이되는
	motion [móuʃən]	명 움직임
	jogger [dʒágər]	명 조깅하는 사람
	knee [ni:]	명 무릎
	fresh [freʃ]	형 건강한, 기운찬
	metal [métl]	명 금속
	strength [streŋkθ]	명 힘
	continual [kəntínjuəl]	형 지속적인
7	ADHD (=Attention Deficit Hyperactivity Disorder)	주의력결핍 과잉행동장애
	condition [kəndíʃən]	명 질환; 상태
	learning disability	학습 장애
	still [stil]	형 움직이지 않는
	assistance [əsístəns]	명 보조, 도움
8	remind [rimáind]	동 상기시키다
	principal [prínsəpəl]	명 교장
	face [feis]	동 직면하다
	solution [səlú:ʃən]	명 해답
	approach [əpróutʃ]	명 접근법
	complex [kəmpléks]	형 복잡한
	increasingly [inkrí:siŋli]	부 더욱더

TEPS BY STEP